Jochen Kleinert

DAS ALTE ROM

Aufstieg
Niedergang
Vermächtnis

Volk und Wissen Verlag GmbH
Berlin

Für die freundliche Unterstützung bei der Beschaffung der Bildvorlagen danken Autor und Verlag dem Münzkabinett der Staatlichen Museen zu Berlin. Die Abbildung auf Seite 111 hat dankenswerterweise die Sächsische Landesbibliothek, Abt. Deutsche Fotothek, zur Verfügung gestellt.
Kartenbeilage: Gerhard Ziegler (Entwürfe), Jürgen Weißig (Reinzeichnungen).

ISBN 3-06-561063-9
9., neubearbeitete Auflage
Die 1. bis 8. Auflage erschienen unter dem Titel
„Zur Geschichte und Kultur der Römer“
5 4 3 2 1 / 95 94 93 92 91
Alle Drucke dieser Auflage sind unverändert und im Unterricht parallel nutzbar.
Die letzte Zahl bedeutet das Jahr dieses Druckes.

Printed in Germany
Satz: Druckhaus Friedrichshain
Druck: Druckerei „G. W. Leibniz“ GmbH, Gräfenhainichen
Redaktion: Peter Witzmann
Einband und typographische Gestaltung: Rainer Fischer

Inhaltsverzeichnis

ZUR GESCHICHTE ROMS

Die Frühzeit Roms bis zur Gründung der Republik

Soziale und politische Grundlagen der römischen Republik

Der Aufstieg Roms zum mächtigsten Staat der Antike

Die soziale und politische Krise der Republik

Die Festigung des römischen Staates im 1. Jahrhundert der Kaiserzeit

Krise und Untergang des Imperium Romanum

ZUR KULTUR DER RÖMER

Die materielle Kultur

Wissenschaft

Literatur

Götterverehrung und öffentliche Spiele

ANHANG

ZUR GESCHICHTE ROMS

Die Frühzeit Roms bis zur Gründung der Republik

Die Entstehung Roms – Wirklichkeit und Sage

Die Römer nannten als Gründer ihrer Stadt Romulus und seinen Zwillingsbruder Remus, als Gründungsjahr errechneten ihre Gelehrten ein Datum, das in unserer Chronologie dem Jahr 753 v. Chr. entspricht. Sie verließen sich bei der Ermittlung dieser Zahl mangels zuverlässiger Nachrichten auf uralte Sagen und Legenden, in denen die Überlieferung manches Körnchen Wahrheit mit poesievoller Erfindung vermischt hatte. Jene Zeitangabe verdient also wenig Glauben. Auch wir können den Anfang der römischen Geschichte nicht mit Sicherheit bestimmen. Trotzdem weiß man heute – so widersprüchlich das zunächst scheinen mag – über die Entstehung Roms dank moderner Forschungsmethoden mehr, als den Römern selbst bekannt war.

Quellen der Frühgeschichte Roms

Allerdings erteilen uns die schriftlichen Quellen nur karge Auskunft. Erst seit dem 3. Jahrhundert v. Chr. gibt es ein lateinisches Schrifttum, dem – nach dem uns geläufigen Sinne des Wortes – der Name Literatur zukommt. Aber die Autoren jener Zeit hatten die Gründung der Stadt doch nicht erlebt, und historische Forschung, zu der exaktes Quellenstudium und kritisches Urteil gehören, war den meisten von ihnen fremd. Daher fielen sie manchem Irrtum zum Opfer, wollten hier und da auch einer einflußreichen Familie gefallen und rühmten bisweilen Taten, die nie vollbracht worden waren. Ihre Werke sind also sehr vorsichtig und kritisch zu benutzen. Mehr können uns da die Zweige der Altertumswissenschaften helfen, welche die materielle Kultur erforschen. Ein Bauwerk oder eine Plastik, der Grundriß einer Wohnstätte, Gefäße, Werkzeuge, Schmuckstücke, Inschriften, Münzen – sie alle sind, richtige Einordnung und Bewertung vorausgesetzt, nahezu unbestechliche Zeugen ihrer Zeit.

Erste Siedlungen

Das 10. oder 9. Jahrhundert v. Chr. sahen auf einigen der Hügel, die sich aus dem Sumpfgebiet des unteren Tiber erhoben, primitive Siedlungen, aber noch nichts von dem, was auf die später so machtvolle Stadt hätte schließen lassen. Im 7. Jahrhundert v. Chr. – so können wir vermuten – zogen sich die Wohnstätten allmählich die Hänge hinab und berührten einander in den Tälern. Damals mögen sich einige Siedlungen bereits zu größeren Gemeinden vereinigt haben. Die Bezeichnung Stadt verdienten sie auch jetzt noch nicht, denn noch fehlte ihnen die Gemeinsamkeit des wirtschaftlichen und politischen Lebens. Erst für den Anfang des 6. Jahrhunderts v. Chr. kann ein gesellschaftliches Zentrum nachgewiesen werden. Es ist das später berühmte, damals freilich noch recht dürftig ausgestattete Forum Romanum: Markt-, Gerichts- und Versammlungsplatz, gelegen zwischen den Bergen Palatinus und Capitolinus. Etwa zur gleichen Zeit wurde die nördliche Kuppe des felsigen Mons Capitolinus befestigt, brauchte doch die inzwischen beträchtlich gewachsene Siedlung einen Ort, der bei Gefahr Zuflucht und günstige Verteidigungsmöglichkeiten bot. Diese Burg nannten die Römer „Arx" (zu *arcere – durch Verschließen fernhalten*).

Rom war damit also gegründet, wenn man den Zusammenschluß einzelner Siedlungen als Gründung, die Entstehung eines gesellschaftlichen Mittelpunktes, einer Befestigung und sicher auch einer oder mehrerer Kultstätten als Merkmale einer Stadt betrachten darf.

Vom Stamm zum Staat

Eher ist Rom jedoch dem Typus der „gewachsenen" Stadt zuzurechnen, bei deren Entstehung ein eigentlicher Gründungsakt überhaupt nicht stattzufinden brauchte. Zweifellos haben daran tiefgreifende gesellschaftliche Veränderungen mitgewirkt, die in der Geschichte zu unterschiedlichen Zeiten allenthalben zu beobachten sind, sich bei den alten Völkern Mittelitaliens jedenfalls zwischen dem 10. und 6. Jh. v. Chr. vollzogen haben.

Die Verbände, in denen die Menschen auf dieser Stufe ihrer historischen Entwicklung zusammenlebten, werden als Gentes *(gens – Geschlecht, Sippe)* bezeichnet: Was wir Staat nennen, war noch nicht vorhanden, die kleine soziale Gruppe der Familie jedoch war bereits durch eine andere größere Gemeinschaft abgelöst worden. Die Mitglieder einer Gens waren durch Blutsverwandtschaft miteinander verbunden. Aus der Vereinigung mehrerer Gentes entstand der Stamm, der sich von Nachbarstämmen durch Gemeinsamkeit des Territoriums und der materiellen Kultur, meist auch der Sprache, abgrenzte. Die Angehörigen von Gens und Stamm hatten Formen gemeinschaftlichen Eigentums an Grund und Boden, und so dürfte auch an Verteilung und Verbrauch der Produkte ursprünglich ein gemeinschaftliches Recht bestanden haben.

Als die Menschen die Kunst der Metallbearbeitung gelernt hatten, vollbrachten sie mit besseren Werkzeugen höhere Arbeitsleistungen. Waffen und Geräte ließen sich nunmehr zwar leichter und in größerer Zahl herstellen, aber zugleich verlangten Herstellung und Handhabung metallener Werkzeuge von den Produzenten bestimmte Spezialkenntnisse. Nicht mehr jedes Mitglied des Stammes konnte jede beliebige Tätigkeit ausüben.

Diese Arbeitsteilung war eine Vorbedingung für die Entstehung von Städten. Denn erst das Handwerk und einfache Formen des Produktentauschs schufen die Beziehungen wechselseitiger Abhängigkeit, die das städtische Leben kennzeichnen. Diese Stufe der Entwicklung erreichten die Völker Mittelitaliens im 7. und 6. Jh. v. Chr.

Die Steigerung der Produktion und der Arbeitsproduktivität verlieh der menschlichen Arbeitskraft die Fähigkeit, mehr zu produzieren, als für ihren bloßen Erhalt benötigt wurde.

Mit der Erzeugung eines ständigen Mehrprodukts, d. h. eines Überschusses über die unbedingt notwendigen Existenzmittel, war eine Voraussetzung für die Entstehung persönlichen Eigentums an Produktionsmitteln und Produkten gegeben. Die Menschen konnten ihre Erzeugnisse als privaten Besitz betrachten. Besitz- und Eigentumsrechte dehnten sie allmählich auf alle bewegliche Habe, besonders das Vieh, und schließlich selbst auf das Ackerland aus. Aus ständiger Nutzung entstand nach und nach ständiges Eigentum, und während es den einen gelang, das Hab und Gut, das ihr Vermögen ausmachte, zu mehren, wurden andere ärmer, entbehrten ebendieses Vermögens und gerieten in Abhängigkeit.

Damit aber komplizierten sich die Beziehungen zwischen einzelnen Menschen und mehr noch zwischen Gruppen, die sich unter dem Gesichtspunkt sozial gleicher Interessen zu formieren begannen. Die Aufstellung von Verhaltensnormen wurde zur Notwendigkeit. Anfänglich genügten allein gewohnheitsmäßig geübte Regeln, aber allmählich mußten die Normen durch Gebote Herrschender und schließlich durch schriftlich fixierte Gesetze bestimmt werden. Unerläßliche Vorschriften für die Organisation des Gemeinwesens kamen hinzu. Das sind Erscheinungen, die die Entstehung des Staates begleiten, sie geradezu kennzeichnen.

Erst die Existenz staatlicher Einrichtungen berechtigt dazu, ein Gemeinwesen schließlich Stadt zu nennen. Rom trat in dieses Stadium um 600 v. Chr. ein. In einem langen und komplizierten Prozeß hatte es sich

Stadtstaat

aus einer Siedlung etlicher Gentes zum Stadtstaat umgebildet. Der Stadtstaat ist, von der territorialen Ausdehnung und Begrenzung her gesehen, die früheste Erscheinungsform des Staates. Die Sprache der Griechen zeigt die ursprüngliche Identität von Stadt und Staat im Wortschatz sehr sinnfällig. Ihr Begriff *polis* (Ausgangswort für unser Vokabular von *Poliklinik* über *Politik* bis *Polizei*) bezeichnet beides.

Romulus und Remus

Aber wer war dann Romulus, der legendäre Gründer und erste „König", dem die Stadt angeblich ihren Namen verdankt?

Da seine Zeit sich tief im Dunkel der frühen Geschichte verlor, schien es den Römern wohl am einfachsten und zugleich überzeugendsten, seine Herkunft auf einen Gott zurückzuführen.

Die Mutter der Zwillinge Romulus und Remus, Rhea Silvia, sei, so erzählten sie, eine Tochter Numitors, des Herrschers von Alba Longa, einer Siedlung am Albanersee, gewesen. Numitor wurde von seinem Bruder Amulius, der sich selbst der Herrscherwürde bemächtigen wollte, vertrieben. Um sich vor Gegenmaßnahmen zu sichern, tötete Amulius Numitors Sohn. Rhea zwang er zum Dienst im Heiligtum der Göttin Vesta. Das war zwar eine hohe Ehre, aber zugleich der wirksamste Schutz vor weiteren Nachkommen, weil die Vestalinnen unverheiratet und kinderlos bleiben mußten.

Die Römer wußten Rat, indem sie den Kriegsgott Mars zum Vater der Zwillinge erklärten. Galt nämlich ein Gott als deren Erzeuger, so war der Vestakult nicht geschändet, und Romulus und mit ihm die Römer hatten nicht nur eine makellose, sondern sogar sehr vornehme Herkunft.

Als Amulius vom unerwünschten Nachwuchs erfuhr, ließ er seine Nichte in den Fluten des Anio ertränken. Den Zwillingen hatte der König ein ähnliches Schicksal im Tiber zugedacht. Doch dieser Plan mißlang. Der Fluß führte gerade Hochwasser, und die Diener setzten den Kasten mit den Knaben an einer seichten Stelle aus. Sie hofften wohl, die zurückweichende Strömung würde die beiden fortreißen. Aber als das Wasser sank, ließ es die Säuglinge am Ufer zurück. Eine Wölfin, des Kriegsgottes heiliges Tier, gab ihnen erste Nahrung. Als die Jungen im Essen anspruchsvoller wurden, trug der Specht, der dem Mars geweihte Vogel, Fleisch und Früchte herbei. Schließlich fand der Hirt Faustulus die Knaben und ließ sie von seiner Frau großziehen.

Die Brüder wurden tüchtige junge Männer. Als sie ihre Herkunft erfuhren, töteten sie Amulius und erneuerten die Herrschaft Numitors. Dann faßten sie den Plan, eine eigene Stadt zu bauen, und zwar dort, wo sie ihre Kindheit verbracht hatten. Während des Gründungszeremoniells sollen sie in Streit geraten sein: Romulus zog nach altem Brauch mit dem Pflug eine Furche, die das künftige Stadtgebiet begrenzen sollte. Längs dieser Furche wurde ein niedriger Erdwall aufgeworfen: die Andeutung der Stadtmauer. Remus spottete der unzureichenden Befestigung und sprang darüber hinweg. In blinder Wut erschlug Romulus seinen Bruder und rief: „So ergehe es jedem, der diese Mauern überschreiten will!“ In einer anderen Fassung dieser Geschichte heißt es, Remus sei in einem Handgemenge zwischen den Anhängern beider Brüder von unbekannter Hand getötet worden.

Silberdenar des SEX(tus) PO(mpeius) FOSTLUS, Vs. Kopf der Roma, X (= 10 asses), Rs. der Hirt Faustulus, sagenhafter Ahnherr des Münzbeamten von 137 v. Chr., findet die Wölfin mit Romulus und Remus, ROMA

Die Sage legte den Gründungsakt auf den Mons Palatinus. Noch im 2. Jahrhundert n. Chr. konnten die Römer die Grenzen der Roma Quadrata (das ist die Fläche, die Romulus mit dem Pflug als Stadtgebiet bezeichnet haben soll) genau angeben. In der Tat spricht einiges dafür, daß der Palatinus (mit 52 m über dem Meeresspiegel der höchste Hügel linksseits des Tibers) die Keimzelle der Stadt war. Er trug – das ist erwiesen – im 9. Jahrhundert v. Chr. bereits seit langem Wohnstätten.

Romulus regierte lange. War er Sohn eines Gottes, so schien es nur angemessen, daß auch sein Tod von göttlicher Weihe überstrahlt war. Während einer Heeresübung zog ein mächtiges Gewitter auf. Der Kriegsgott erschien in seinem Wagen und nahm den Sohn wieder zu sich. Die Römer verehrten ihren ersten König fortan als selbständige Gottheit unter dem Namen Quirinus, womit ihm freilich nur der Name eines anderen Gottes beigegeben wurde, den die Siedler am unteren Tiber seit alters verehrt hatten.

Der Schluß der Geschichte wurde auch anders erzählt: Romulus sei von rivalisierenden Patriziern erschlagen worden und auf dem Forum Romanum begraben. – An der Stelle, die ihm die Legende als Ruhestätte zugewiesen hatte, entdeckten Archäologen im Jahre 1899 einen schwarzen Stein, den sogenannten Lapis Niger. Ein Pfeiler, der sich unterhalb des Steines befindet, trägt eine alte Inschrift. Ihre Buchstaben sind denen des griechischen Alphabets sehr ähnlich, doch nur wenige Wörter sind mit einiger Sicherheit zu entziffern, darunter allerdings RECEI. Ist das eine alte Form für REGI, bedeutet es etwa „dem König"?

Legendärer Gründungsakt

Daß Romulus eine geschichtliche Persönlichkeit war, ist nicht bestätigt, aber ebensowenig ist es widerlegt. Zweifellos hatten die gesellschaftlichen Bedingungen den Zusammenschluß der Stämme auf den Tiberhügeln erzwungen. Doch könnte nicht ein tatkräftiger Stammesfürst die notwendige Einigung beschleunigt und den Mons Palatinus als gemeinsamen Wohnsitz empfohlen haben? Ob er Romulus geheißen hat, ist freilich mehr als fraglich. Vielmehr dürften die Römer jenem Mann den Namen der Stadt erst nachträglich verliehen haben.

Wissenschaftlicher Exaktheit werden solche Überlegungen allerdings nicht gerecht. Auch wer die Mitwirkung eines „Gründers" bei der Entstehung Roms nicht ausschließen will, muß die Veränderungen des gesellschaftlichen Lebens als eigentliche Ursache jenes historischen Vorganges anerkennen:

Die „Gründung" Roms war der geschichtliche Wendepunkt, an dem sich am Unterlauf des Tibers ein Stammessystem in einen Stadtstaat zu verwandeln begann, an dem Mitglieder von Gentes und Stämmen zu Bürgern des Populus Romanus, des römischen Volkes, wurden.

Das vorrömische Italien

Um ihre Geschichte möglichst großartig beginnen zu lassen und sich einer bedeutenden Herkunft rühmen zu können, erzählten die Römer auch folgende Sage:

Ahnherr des Romulus war Aeneas. Dieser gehörte zu den Helden von Troja und hatte (so verraten es schon die griechischen Mythen) eine höchst vornehme Mutter: die Liebesgöttin Aphrodite oder – wie sie bei den Römern heißt – Venus. Damit hatte sich Rom neben Mars eine zweite Gottheit als Urahn zugelegt. Aeneas und Julus

Als Troja von den Griechen erobert und zerstört worden war, konnten sich der Sage zufolge nur wenige Trojaner unter der Führung des Aeneas retten. Nach langen Irrfahrten ging Aeneas mit seinen Leuten im mittelitalischen Latium an Land. Dort nahm ihn der König Latinus freundlich auf. Nach dem Tode des Latinus erlangte Aeneas die Herrschaft, von ihm übernahm sein Sohn Julus, der Ahnherr der römischen Familie der Julier, die Königswürde. Julus erbaute am Fuße der Albanerberge die Stadt Alba Longa, wo später sein Nachkomme Numitor König war.

Vom hohen Alter der Sage zeugen zahlreiche bildliche Darstellungen des Aeneas, die vor allem im mittelitalisch-etruskischen Gebiet gefunden wurden und mindestens bis ins 5. Jahrhundert v. Chr. zurückgehen. Die von griechischen Historikern und Mythographen besonders seit dem 4. Jahrhundert v. Chr. mit immer reicheren Zügen ausgestattete Aeneas-Sage fand in Rom vor allem deshalb so großen Anklang, weil sie der Stadt – wurden doch damit ihre Anfänge in früheste Frühzeit und gar auf göttlichen Ursprung zurückgeführt – eine außerordentliche politisch-religiöse Legitimation verlieh.

Die Latiner gehören zur Gruppe der Italiker. Unter diesem Namen faßt man mehrere Völkerschaften indoeuropäischer Abstammung zusammen, die seit Ende des 2. Jahrtausends v. Chr. von Nordosten nach Italien zuwanderten. Die Mehrzahl der italischen Stämme drang bis zum mittleren Teil der Halbinsel vor. Neben den Latinern sind die wichtigsten die Osker, die Umbrer und die sabellischen Stämme. Zu den letzteren gehören auch die Sabiner, die später nach Süden weiterzogen, sich mit den Oskern vereinigten und mit ihnen zusammen den Namen Samniten führten. Alle diese Völker siedelten in der Entstehungszeit Roms fast ausschließlich linksseits des Tibers. Der Tiber bildete die natürliche Grenze zum Volk der Etrusker, die seit dem 8. Jahrhundert v. Chr. in Mittelitalien eine bedeutende Rolle spielten. Auf sie deutet noch heute der Name der Landschaft Toscana hin. Italiker Etrusker

Das Siedlungsgebiet der Etrusker erstreckte sich von der westitalischen Küste bis tief ins Landesinnere, nordwärts bis in die Po-Ebene, südwärts bis nach Kampanien. Ihr wichtigster Erwerbszweig war der Akkerbau, doch sehr früh schon blühten bei ihnen auch Handwerk und Handel. Sie verstanden den Boden durch Ableitungsgräben und Dränagesysteme in Form von unterirdischen Rohrleitungen zu entwässern, eine Fähigkeit, durch die sie sumpfiges Gebiet überhaupt erst bewohnbar machen konnten. Beträchtlichen Reichtum verschafften ihnen Erzbergbau und Hüttenwesen. Geräte, Schmuck, Waffen und keramische Erzeugnisse künden von hoher Kunstfertigkeit und waren bei vielen Völkern berühmt und begehrt. Der Außenhandel der Etrusker reichte bis Griechenland, Ägypten, Phönikien und Gallien. Selbst Bernstein von der Ostseeküste fehlte ihnen nicht.

Im 7. und 6. Jahrhundert v. Chr. war die soziale Differenzierung bei ihnen so weit gediehen, daß von mächtigen Mauern geschützte Städte entstanden, zu deren bedeutendsten Veji und Caere zählten. Zwölf dieser Städte vereinigten sich bereits im 7. Jahrhundert v. Chr. zu einer Föderation, die wir den Etruskischen Städtebund nennen. Er gehört zu den ersten politischen Einrichtungen, in denen der Staat die Grenzen der Stadt zu überschreiten beginnt. Denn obwohl jede der zwölf Städte ihre Selbstverwaltung behielt, wählten sie ein gemeinsames Oberhaupt, strebten also nach staatlich-politischem Zusammenschluß.

Die Geschichte der Etrusker gibt uns Rätsel auf, die gegenwärtig noch der Lösung harren.

Herodot, ein griechischer Schriftsteller aus dem 5. Jahrhundert v. Chr., ist der erste, der dieses Volk – unter dem Namen Tyrrhener – erwähnt. Er berichtet, ein Teil der kleinasiatischen Lyder sei auf dem Seewege nach Italien gekommen und habe daselbst den Namen Tyrrhener angenommen. Dionys von Halikarnass, ebenfalls ein Grieche, der etwa 400 Jahre nach Herodot lebte, behauptete, sie seien seit je in Italien ansässig. Wahrscheinlich haben sich aus der östlichen Ägäis einwandernde Gruppen mit bereits in Italien ansässigen Bevölkerungen vermischt. Die ostmittelmeerischen und die italischen Komponenten verbanden sich unter einem starken griechischen Einfluß zu der eigenartigen Kultur der Etrusker.

Die Frage nach der Herkunft der Etrusker wird man wohl an dem Tage beantworten können, an dem wir ihre Sprache verstehen werden. Sie hinterließen uns nämlich etwa 12 000 Inschriften, an deren Entschlüsselung die Forscher seit Generationen arbeiten. Die Etrusker benutzten eine Buchstabenschrift, die dem griechischen Alphabet sehr ähnelt. Aber hinter den Schriftzeichen verbirgt sich eine Sprache, die uns völlig unbekannt und offenbar nicht indoeuropäisch ist. Bis zur jüngsten Gegenwart gelang lediglich die Deutung von Grabinschriften, Votiven, Besitzangaben u. ä. (das sind über 90 % der erhaltenen Sprachdenkmäler der Etrusker), einiger Zahlen, weniger sonstiger Wörter.

Latiner und Sabiner, also zwei der italischen Völkerschaften, und die Etrusker beeinflußten Rom in den ersten Jahrhunderten seiner Entwicklung maßgeblich. Angehörige dieser drei Völker bildeten sicher auch den Hauptteil der Einwohnerschaft der jungen Stadt. Trotzdem hatten die Römer mit Latinern, Sabinern und Etruskern lange Zeit zahlreiche Kämpfe zu bestehen. Denn nicht die drei Völkerschaften hatten sich vereinigt, vielmehr hatten sich nur kleinere Gruppen dieser Völker auf den Hügeln am Tiber angesiedelt.

Etruskischer Einfluß auf Rom

Besonders nachhaltig wirkte die etruskische Zivilisation auf die gesellschaftliche und kulturelle Entwicklung Roms. Dieses Volk vermittelte als erstes den Italikern die Kultur des Ostens, weil es zu den dort lebenden Völkern enge Beziehungen unterhielt. Der Bau von Häusern, Tempeln und ganzen Städten, der Gewölbebau, viele handwerkliche Fertigkeiten, besonders in der Tonwarenherstellung und der Metallbearbeitung, landwirtschaftliche Techniken, vor allem die Bodenmelioration durch Entwässerung, das alles gelangte zuerst durch die Etrusker auf die Apenninenhalbinsel. Auch eine der größten Errungenschaften der Mittelmeervölker, die Buchstabenschrift, haben sie – wie die Römer – von den in Italien ansässigen Griechen entlehnt. Und so lieferten dann die Römer die Vorlage für die Schriftzeichen, die heute der Mehrzahl der europäischen und vielen anderen Völkern dienen.

Griechen

Dabei darf man freilich nicht übersehen, daß die Etrusker in vielem bereits die Nehmenden waren und aus dem reichen Quell griechischen und orientalischen Könnens und Wissens schöpften. Den Römern floß dieser Strom dann allerdings auch unmittelbar und ursprünglicher von anderer Seite zu, nämlich von den Griechen selbst, die schon im 8. Jahrhundert v. Chr. in Süditalien Niederlassungen gegründet hatten.

Während die Siedlungen am Unterlauf des Tiber noch dabei waren, sich aus Gemeinschaften von Gentes und Stämmen zu einer Stadt umzubilden, kannten die Griechen bereits Stadtstaaten mit deren sozialen Verflechtungen und gesellschaftlichen Unterschieden und Gesetzesvorschriften. Längst hatte sich bei ihnen die Kluft zwischen Vermögenden und Armen weit aufgetan, so daß große Bevölkerungsteile, die in erbitterten sozialen Kämpfen unterlagen, auswanderten und neuen Siedlungsraum suchten. Diesen Vorgang, der seinen Höhepunkt im 7. Jahrhundert v. Chr. erreichte, nennen wir die Griechische Kolonisation. Sizilien und der Süden der Apenninenhalbinsel waren wegen ihrer Fruchtbarkeit und günstiger Seelage bevorzugte Ziele der Umsiedler. Die Kolonisation des Landes war so durchgreifend, daß Süditalien den Namen Magna Graecia, *Großgriechenland*, erhielt.

Griechischer Einfluß auf Rom

Die Kolonisatoren brachten reiche handwerkliche und technische Kenntnisse mit. Sie verstanden sich auf den Bau von Tempeln und festen Häusern, von Straßen und Schiffen, und sie verfügten über außerordentliche Fertigkeiten in der keramischen Produktion.

Silbernes Tetradrachmon, Syrakus, vor 350 v. Chr., Vs. Viergespann mit Siegesgöttin, Rs. die Quellnymphe Arethusa

In der griechischen Polis, dem Stadtstaat ihrer Heimat, hatten sie bereits staatliche Organisationsformen geschaffen. Die Geldwirtschaft löste bei ihnen primitive Formen des Warenaustausches ab. In ihren kulturellen Bedürfnissen waren sie ungleich anspruchsvoller als die italischen Völker, sie kannten die homerischen Gesänge und manche andere frühe griechische Dichtung, kannten prächtige Tempel und kunstvolle Bildwerke, sie kannten Philosophie, Mathematik und Naturwissenschaften. Viele Lehnwörter künden von griechischem Einfluß:
μηχανή – machina, *βαλανεῖον* – balineum, *ναύτης* – nauta, *ἄγκυρα* – ancora, *ἀντέμνα* – antenna, *κυβερνήτης* – gubernator, *ποιητής* – poeta, *θέατρον* – theatrum, *ἐπιστολή* – epistula, *πορφύρα* purpura u. v. a.

Freilich war diese frühe griechische Bildung und Kultur noch nicht die klassische. Aber die Verbindung der Kolonien zum Mutterland riß nie ab. Solange die griechische Kultur die Welt des Mittelmeeres beherrschte, versiegte nicht der Strom, der nach Italien hinüberfloß. Auch als diese Welt ganz den Römern gehörte, erfrischte sich das lernfreudige Rom immer wieder am griechischen Geist. Das war den Römern selbst

Kupferbarren, römisch-kampanisch, 3. Jh. v. Chr., ca. 1350 g (9×16,5 cm)

bewußt. Ihr Dichter Horaz, ein durchaus patriotischer Mann im patriotischen Zeitalter des Augustus, vergab sich nichts, als er den Vorrang der griechischen Kultur vorbehaltlos anerkannte:

„Graecia capta ferum victorem cepit et artes intulit agresti Latio – Griechenland, wenn auch besiegt, bezwang den wilden Sieger und brachte dem bäurischen Latium Bildung".

In der ersten Hälfte des 1. Jahrtausends v. Chr. war also die Apenninenhalbinsel hauptsächlich von den Italikern, Etruskern und Griechen besiedelt. Alle drei Völker wirkten, wenn auch in verschiedener Form und mit verschiedenem Gewicht, bereits in der Frühzeit Roms bestimmend auf das Leben der jungen Stadt.

Gesellschaft und Staat in der Königszeit

Der Begriff „Königszeit"

Nach der Überlieferung folgten dem ersten „König" Romulus sechs weitere Herrscher. Der letzte von ihnen, Tarquinius Superbus, wurde im Jahre 509 v. Chr. vertrieben. Mit seinem Sturz endet der erste Abschnitt der römischen Geschichte, der in Geschichtsbüchern „Königszeit" heißt.

Wer den Begriff „Königszeit" verwendet, muß wissen, daß er aus zwei Gründen einer wissenschaftlichen Betrachtungsweise nur bedingt standhält:

1. Am Anfang der römischen Geschichte gab es kaum soziale Unterschiede und erst recht keinen Staat. Als Tarquinius vertrieben wurde, war beides vorhanden.

Ein Einschnitt müßte eigentlich dort gemacht werden, wo die Existenz des Staates nachweisbar ist. Diesen Zeitpunkt genau zu bestimmen ist deshalb nicht möglich, weil sich der Übergang aus der Gemeinschaft von Gentes und Stämmen in ein noch so einfaches Staatswesen über einen langen Zeitraum erstreckte.

2. Die Bezeichnung für die Würde des Romulus und seiner Nachfolger lautet im Lateinischen *rex*. Die Wörterbücher übersetzen dieses Wort mit *König*. Gerade dadurch wird leicht eine falsche Vorstellung von der gesellschaftlichen Struktur jener Zeit erweckt.

Der Begriff *rex*

Geht man dagegen dem ursprünglichen Begriffsinhalt des Wortes nach, so werden zugleich die gesellschaftlichen Verhältnisse der Menschen deutlicher, die dieses Wort schufen.

Die Übersicht auf S. 18 veranschaulicht, daß Übertragungen, die einfach dem Wörterbuch entnommen sind, der Vorstellung der Sprechenden oft nicht gerecht werden. Dem lateinischen *rex* und dem neuhochdeutschen *König* ist dabei zur Verdeutlichung das althochdeutsche Wort *kuning* an die Seite gestellt.

	Lateinisch	Althochdeutsch	Neuhochdeutsch
	rex	kuning	König
Verallgemeinerung im Wörterbuch	König		
Herkunft des Wortes	Aus *rego* – *„richten", lenken*	aus *kunni* (verw. mit lat. *genus, gens*) – *Geschlecht, Abkunft*	aus ahd. *kuning*
Zeitalter	Gemeinschaft von Gentes oder des Stammes		Feudalismus
Vorstellung des Sprechenden	der Lenkende, Führende	Führer einer durch verwandtschaftliche Bindungen geeinten Gruppe, einer „Gens"	gekrönter Lehnsherr, höchste monarchische Würde nach dem Kaiser
Zutreffende Verallgemeinerung	eine führende Persönlichkeit, der Stammesfürst		

Gemeinsam ist allen Vorstellungen der Gedanke an eine führende Persönlichkeit; der Unterschied liegt darin, daß jeweils ein anderer Aspekt als das wesentliche Merkmal der Spitzenstellung angesehen wurde. Unsere Vorfahren rückten – war doch die Würde vererbbar – die Verwandtschaft in den Vordergrund, die Lateiner fanden, wahrscheinlich weil sie bei ihrem „König" alle Gewalten vereinigt sahen (ihr *rex* war Heerführer, Richter und Oberpriester), eine sehr allgemeine und umfassende Bezeichnung.

Die Nachfolger des Romulus

Die Sage und die auf sie bauende römische Geschichtsschreibung gab den sieben Königen Roms folgende Namen:

(1) Romulus
(2) Numa Pompilius
(3) Tullus Hostilius
(4) Ancus Marcius
(5) Tarquinius Priscus
(6) Servius Tullius
(7) Tarquinius Superbus

Trotz aller Vorbehalte gegenüber der legendären Tradition verdienen zumindest die Nachrichten über Ancus Marcius, Servius Tullius und Tarquinius Superbus Beachtung auch von der Wissenschaft. Denn gerade die Volksüberlieferung teilt manche Einzelheit mit, aus der sich wichtige Rückschlüsse auf gesellschaftliche Vorgänge der Frühzeit ziehen lassen.

Schildert die römische Sage die letzten Könige als Gewaltherrscher, so rühmt sie bei den ersten die väterliche Fürsorge fürs Volk, verleiht ihnen also Eigenschaften, die dem Stammesfürsten durchaus zukommen.

Hatte der Tod den Führer dahingerafft, so wurde der neue „König" durch eine Wahl bestimmt. Damit bestätigt die Überlieferung einen Umstand, der für das Leben der Stammesgemeinschaft sehr typisch ist. Da nämlich der Fürst nur erster Mann des Stammes war, da es noch kein privates Eigentum gab, das zur Machtvergrößerung reizte, hatte auch niemand den Wunsch, die Herrscherwürde durch Erbfolge für die eigene Familie zu sichern. Den erfahrensten, besonnensten und tüchtigsten Mann als *rex* einzusetzen, war ein ganz selbstverständliches Verfahren. Als aber soziale Unterschiede die Menschen entzweiten, hatte der Fürst freilich die günstigste Aussicht, den eigenen Besitz und die eigene Macht zu erweitern. Nahezu zwangsläufig weckten solche Bedingungen das Verlangen, den eigenen Nachkommen die Würde und mit ihr die Macht zu übertragen. Egoismus und Graumsamkeit wurden jetzt erregt und gefördert. Prompt weiß die Sage zu erzählen, daß seit dem Tode des Ancus Marcius Intrigen, Betrug, ja Mord den Thronwechsel vorbereiteten. In einer packenden, dramatischen Darstellung lesen wir bei Livius:

Privateigentum und Machtkämpfe

Nach dem Ende dieses Königs sollte die Herrschaft seinen beiden Söhnen vorbehalten sein. Dennoch kam das Volk zusammen, um die Nachfolge durch eine Wahl zu bestätigen. Die Söhne fehlten jedoch, denn ihr Vormund Tarquinius hatte sie zur Jagd geschickt – ihre Anwesenheit hätte seine eigenen Pläne durchkreuzt. Dieser Tarquinius nämlich – Vater des Tarquinius Superbus – war aus Etrurien nach Rom gekommen und hatte sich das Vertrauen des Ancus Marcius erschlichen. Er hatte den Tod des Königs abgewartet und wollte sich nun selbst zum Herrscher ausrufen lassen.

Die Söhne des Ancus Marcius indes wußten seinen Ehrgeiz zu parieren, indem sie ihn von gedungenen Mördern erschlagen ließen. Trotzdem erlangten sie nicht die Herrschaft, denn Tanaquil, die Ehefrau des ermordeten Königs, brachte ihren Schützling Servius Tullius an die Macht.

Dieser Bericht enthält einige bemerkenswerte Einzelheiten, die für die gesellschaftlichen Vorgänge geradezu charakteristisch sind:

1. Beim Tode des Ancus Marcius taucht für das römische Stammesfürstentum erstmals der Gedanke der Erbfolge auf.

2. Der Stamm folgt trotzdem traditionellem Brauch und will den neuen Fürsten durch eine Wahl berufen.

3. Nach der Ermordung des Tarquinius ist die Macht so weit gefestigt, daß Servius Tullius bereits ohne Befragung des Volkes eingesetzt werden kann.

Intrigen, Ehrgeiz und rücksichtsloses Machtstreben, von denen hier die Rede ist, wären für die urtümliche Stammesgemeinschaft undenkbar. Sie sind erst an der Schwelle einer Gesellschaft möglich, in der soziale Unterschiede krasse Dimensionen anzunehmen beginnen. Sie verraten zugleich, daß die Stammesorganisation allmählich vom Staate abgelöst wird.

Servius Tullius

Die Existenz des Staates wird durch die Erzählungen über die Regierung des Servius Tullius vollends bestätigt. Ihm schreibt die Überlieferung eine Verwaltungsreform zu, die offenkundig die Züge einer Staatsverfassung trägt.

Die Tradition über dieses Verfassungswerk hat – wie die Zuweisung des Baues der sogenannten Servianischen Mauer an diesen König – verdientermaßen Zweifel gefunden. Die Römer neigten dazu, Bräuchen, Institutionen, Baudenkmälern ein möglichst hohes Alter zuzuschreiben, auch anzudichten. Tatsächlich gehören beide Ereignisse – Mauerbau und Verfassungswerk – wohl erst in das 4. Jh. v. Chr.

Weil die sogenannten Reformen des Servius Tullius laut römischer Tradition einen so deutlichen Einschnitt in der gesellschaftlichen Entwicklung Roms bildeten, empfiehlt sich eine nähere Betrachtung dieser Überlieferung. Es heißt, daß seit alters her – also vor Servius – die Stadt in drei Tribus gegliedert war. Dabei handelt es sich nicht um eine territoriale Gliederung, sondern wohl um den Nachklang einer ursprünglichen, gewissermaßen natürlichen Einteilung nach Stammeszugehörigkeiten. Die drei Tribus bildeten den Populus Romanus.

Tribus gehört zu *tribuere – zu-, einteilen*, ist also eine *Abteilung*, ein *Teil*. *Populus* ist vermutlich verwandt mit *plenus – voll, plere – füllen*. Es meint die *Masse* , die *Gesamtheit*. Zuerst wurden diese beiden Begriffe wohl nur auf das Kriegsvolk, auf die waffenfähigen Männer angewandt (vgl. *populari – verheeren*). Später bezeichnete dann *tribus* allgemein einen Teil des *populus*, des ganzen Volkes. – So zeigt sich auch in der Grundbedeutung dieser Wörter, daß die Bevölkerung Roms anfänglich gar keine Einheit war.

Jede Tribus zerfiel in zehn Kurien, zu jeder Kurie gehörten wiederum zehn Unterabteilungen, Dekurien genannt.

Der streng zahlenmäßige Aufbau spricht dafür, daß diese Einteilung eine künstliche, aus späterer Zeit stammende Konstruktion darstellt, daß sie bereits eine Verwaltungsmaßnahme war und sich nicht etwa zufällig aus der Zusammensetzung der Gesamtbevölkerung ergeben hatte. Dagegen geht die Anzahl der Tribus möglicherweise auf die Zusammenfassung von latinischen, sabinischen und etruskischen Bevölkerungsteilen zurück.

Schon im frühen Rom treffen wir also keine rein gentilgesellschaftlichen Verhältnisse mehr an, sondern nur noch deren Reste und Auflösungsstadien; die soziale Differenzierung ist bereits im Gange.

Den Anstoß zu verwaltungstechnischen Entscheidungen hatten ohne Zweifel die Entstehung von sozialen Unterschieden und die damit komplizierter werdenden Beziehungen in dem wachsenden Gemeinwesen geliefert. Für Jahrhunderte waren die wichtigsten sozialen Gruppen, die sich später in erbitterten Kämpfen gegenüberstanden, die Patrizier und Plebejer.

Patrizier und Plebejer

Der Begriffsinhalt der Wörter *patricii* und *plebeii* war einem bezeichnenden Wandel unterworfen:

	patricius	plebeius
Abstammung des Wortes	von *pater – Vater*	von *plebs* (verw. mit *plenus – voll*) – Masse, Menge
Urspr. Bedeutung bzw. Vorstellung des Sprechenden	Nachkomme des Vaters	der die Stadt füllt oder der zur „Masse" gehört
Begriffsinhalt gegen Ende der Königszeit	der Angehörige der seit alters in Rom ansässigen, angesehenen Familien	der Zugewanderte, auch der verarmte Gentilgenosse, und daher:
Begriffsinhalt in der Folgezeit	der Vornehme, der Vorrechte besitzt	der Minderberechtigte
Begriffsinhalt in der Spätantike	ranghöchster Titel, den der Kaiser vergeben konnte	der ärmste Stadtbewohner

Zwischen den „alteingesessenen" Einwohnern, die zunächst allein Angehörige der Tribus waren, und den Neuankömmlingen entstand zwangsläufig ein ökonomischer und damit ein sozialer Unterschied: Grundlage des Lebensunterhaltes war der Ackerbau – das Land aber war im Besitz der Familien, die als Mitglieder der Tribus aus dem ursprünglichen Bevölkerungsbestand hervorgegangen waren. Da half nur ein Kompromiß: die Zuwanderer, die die Stadt füllten (Plebejer), erhielten kleine Ackerflächen zur Bewirtschaftung. Damit gewährten ihnen die Mitglieder der angestammten angesehenen und führenden Gentes Lebensmöglichkeit und Schutz. Sie gaben sich gegenüber der Bevölkerungsmasse als *patres – Väter*. Ihre Nachkommen hießen Patricii, die Angehörigen der Ärmeren und der Zuwanderer blieben Plebeii. Die wirtschaftliche Macht und damit selbstverständlich die größeren Rechte lagen in den Händen der Patrizier. So entstanden die beiden sozialen und politischen Hauptgruppen der römischen Bevölkerung in der Frühzeit der Stadt.

Sklaven

Die Zahl der Sklaven war in der Königszeit gering, die Sklaverei trug damals und in den folgenden Jahrhunderten zunächst patriarchalischen Charakter, d. h. der Sklave wurde etwa als dienender Hausgenosse angesehen und behandelt. Die Stufe der Sklaverei, die römischer Wirtschaft und römischem Staat für lange Zeit das Gepräge verlieh, wurde erst erreicht, als die ökonomische Macht einiger patrizischer Gentes so gewachsen war, daß sie über abhängige Einwohner, z. B. über verschuldete Plebejer, uneingeschränkt herrschen konnten. Ihren Höhepunkt erlangte sie schließlich, als infolge ausgedehnter Kriege zahlreiche Gefangene nach Rom kamen, die ein nahezu unerschöpfliches Arbeitskräftepotential bildeten.

Seit alters kannten die Stämme Volksversammlungen, in denen die waffenfähigen Stammesangehörigen wichtige Entscheidungen trafen.

Volksversammlung

Da die Bewohner Roms nach den Kurien gegliedert zusammentraten, hießen die Versammlungen Comitia Curiata – Kuriatkomitien.

Die zugewanderten Plebejer waren anfänglich vom Mitspracherecht in der Volksversammlung ausgeschlossen, denn sie gehörten ja nicht den Kurien an, sondern standen außerhalb der gentilen (auf gemeinsamer Abstammung, gemeinsamem Landbesitz und gemeinsamem Kult beruhenden) Bindungen.

Ort der Zusammenkünfte war das Comitium (zu *co-ire – zusammenkommen*) auf dem Forum.

Die Kuriatkomitien hatten wichtige Befugnisse. Sie wählten den Rex; außerdem fiel ihnen die Entscheidung über den Beginn eines Krieges zu, und schließlich fällten sie als letzte Gerichtsinstanz den endgültigen Spruch beim Todesurteil an römischen Bürgern.

Senat

Neben den Kuriatkomitien nahm die Versammlung der Ältesten, der Senat (zu *senex* – der *Alte*), als beratendes Organ des Rex die Interessen des Populus wahr. Jede Dekurie entsandte ihr erfahrenstes und angesehenstes Mitglied in den Ältestenrat. Die Gesamtzahl der Senatoren – auch sie hießen Patres – betrug demnach 300.

Rex

Der Rex stand an der Spitze der Stammesvereinigung und lenkte deren Geschicke. Nach seiner Bestätigung durch das Volk war er oberster

Feldherr und oberster Richter. Zugleich regelte er als oberster Priester den Verkehr mit den Göttern. Im übrigen war seine Macht durch den Senat und durch einige Befugnisse der Kuriatkomitien eingeschränkt. Er hatte keine Gewalt über Leben und Tod (ausgenommen während eines Kriegszuges) und durfte ohne Zustimmung der Volksversammlung keine Entscheidung über den Beginn eines Krieges treffen.

Dem Rex standen zwölf Liktoren zur Verfügung. Sie bildeten eine Art Leibgarde und trugen schon in sehr früher Zeit Rutenbündel als Zeichen der Macht des Königs. Die zusammengebundenen Ruten symbolisierten die Herrschergewalt auf anschauliche Weise: der König hatte das Recht, mit der Rute strafen zu lassen. Im Feldlager ragte aus dem Bündel seitwärts die Schneide eines Beiles heraus – drohende Mahnung, daß der Feldherr hier Herr über Leben und Tod war.

Die Reform des Servius Tullius

Servius Tullius beseitigte – so die römische Überlieferung – die Gliederung der Stadt in drei Tribus, die der Volkszugehörigkeit entsprachen, und setzte an ihre Stelle vier städtische Tribus, die nach territorialen Gesichtspunkten gebildet wurden. Das waren wirkliche Stadtbezirke, geschaffen aus verwaltungstechnischen Gründen. Später kamen noch 17 ländliche Tribus hinzu. Die Reste einer noch gentilgesellschaftlichen Gliederung der römischen Bevölkerung waren damit beseitigt.

Diese Maßnahme veränderte grundlegend das Gesicht des Populus Romanus. Während bis dahin nur die Mitglieder der patrizischen Geschlechter als Angehörige des Populus galten, schloß die Neueinteilung der Stadt die Plebejer in das Bürgerrecht ein. Denn zu den Servianischen Tribus gehörten alle freien Bürger, die in dem entsprechenden Bezirk über Grund und Boden verfügten. Zweifellos hatten die Plebejer politische Rechte zuvor nachdrücklich beansprucht.

Servius teilte die Bürger Roms in fünf Classes ein. Die „Klassifizierung" schuf gesetzliche Grundlagen der Steuererhebung. Die Gruppe mit dem höchsten Census (das ist eigentlich die Schätzung des Vermögens, dann aber auch das Vermögen selbst) hatte die höchsten Leistungen zu erbringen. Ihr fielen damit allerdings auch die größten politischen Rechte zu.

Jede dieser Klassen war in eine bestimmte Anzahl von Zenturien gegliedert. Die Zenturie war eigentlich eine militärische Einheit von hundert *(centum)* Mann. Die einzelnen Klassen mußten nun – je nach Vermögen – unterschiedliche Truppenkontingente ausrüsten.

Diese Zenturien waren aber auch zugleich Körperschaften bei politischen Abstimmungen. Daraus ergaben sich die Vorrechte der reichsten Bürger.

Proletarii

Eine Bevölkerungsgruppe bildete keine Classis: die Proletarii. Ein römischer Proletarius verfügte über kein anderes Vermögen als über Nachkommenschaft, Kinder (*proles*), und über das römische Bürgerrecht. Unabhängig von ihrer tatsächlichen Anzahl aber waren die Proletarii in einer einzigen Stimm-Zenturie zusammengefaßt und damit vom politischen Mitspracherecht faktisch ausgeschlossen. Sie besaßen aber dank ihrem Bürgerrecht dennoch einen Unterhaltsanspruch gegenüber der Bürgerschaft, und sie bildeten dank ihrer Anzahl ein soziales und politisches Potential, mit dem die Herrschenden rechnen mußten.

Das System der militärischen Dienstleistungspflicht wurde zugleich die Grundlage der politischen Organisation. Denn an die Stelle der althergebrachten Kuriatkomitien traten Zenturiatkomitien als neue Form der Volksversammlung. Man fand sich also nicht mehr nach Kurien, sondern nach Zenturien geordnet zusammen.

Zenturiatkomitien

Diese Ordnung sicherte die Vorherrschaft der Vermögenden. Denn nach ihrem Besitz wurden die Bürger in 18 Reiterzenturien und 175 Zenturien Fußsoldaten eingeteilt. Die letzten wiederum gliederten sich in fünf Klassen, deren erste (die Classici) 80, die zweite bis vierte je 20 und die fünfte 30 Zenturien umfaßten. Schließlich kamen fünf Zenturien hinzu, in denen Handwerker, Bläser und Proletarii vereinigt waren. Da jede Zenturie nicht mehr als eine Stimme abgeben durfte, konnten also die 18 Reiterzenturien und die 80 der Classici 98 von insgesamt 193 Stimmen aufbringen. Die Abstimmung begann bei den Equites (Reitern) und wurde abgebrochen, sobald die Mehrheit erreicht war. Die Klassen zwei bis fünf brauchten in einem solchen Falle, dem gewöhnlichen, also gar nicht mehr befragt zu werden.

Die Zenturiatskomitien hatten das Wahlrecht, die Entscheidung über Krieg und Frieden, über Zustimmung oder Ablehnung von Gesetzesvorschlägen, über die Anwendung der Todesstrafe gegen Bürger.

Die Kuriatkomitien bestanden zwar noch fort, befaßten sich aber vornehmlich mit Sakralangelegenheiten.

Der Senat setzte sich nach wie vor aus den Vertretern der angesehensten Patriziergeschlechter zusammen. Er führte seine Existenz bis auf Romulus, der die Senatoren berufen hatte, zurück. Die Aufnahme von Plebejern in den Senat schrieb man zwar bereits Servius zu, jedoch blieb ihnen der Zugang zum Senat wohl bis um 400 v. Chr. verschlossen.

Die Servianische Reform war das Resultat einer langen historischen Entwicklung. Da sich die Gesellschaft in Besitzende und Besitzlose, in Vermögende und Unvermögende gespalten hatte, suchten die einflußreichen Schichten ihre Position mit geeigneten Maßnahmen zu sichern. Keinem anderen Zweck diente die neue Verfassung: sie beseitigte endgültig die Reste der Stammesorganisation und schuf feste Grundlagen für die Lenkung des entstehenden Staates. *Eine* Einrichtung der Stammesordnung aber blieb vorerst noch erhalten, obwohl sie eigentlich ebenso überholt war. Aus erklärlichen Gründen wurde sie bei einer Reform durch Könige vergessen: nämlich das Königtum selbst.

Wiederum offenbart die Sage, wie sehr das Königtum in Widerspruch zur gesellschaftlichen Entwicklung geraten war, wie notwendig es war, der sozialen Wirklichkeit folgend, die sogenannte Königsherrschaft als Institution zu beseitigen.

Tarquinius Superbus

Der Ermordung des Tarquinius Priscus schloß sich die – nach überkommenem Brauch ungerechtfertigte – Einsetzung des Servius Tullius an. Servius wurde ebenfalls ein Opfer zügelloser Machtgier. Lucius Tarquinius, der Sohn des Tarquinius Priscus, räumte erst seinen eigenen Bruder Aruns aus dem Wege und ließ dann Servius Tullius töten. Seine Schreckensherrschaft war ein Muster der Despotie. Die Überlieferung erzählt unter anderem, daß er die durch Tod frei gewordenen Senatorenstellen nicht mehr besetzte. Kein Wunder, daß tatkräftige Männer sich verschworen, Tarquinius zu stürzen und mit seinem Sturz die Königsherrschaft zu beenden.

Die „Königszeit" ist also – auch in den durch Sage und Erfindungen späterer Zeit so sehr getrübten, nur scheinbar klaren Überlieferungen – die Phase der römischen Geschichte, in der sich die Stämme am Unterlauf des Tibers zur Siedlungsgemeinschaft zusammenschlossen und soziale Schichten und Staat entstanden.

Soziale und politische Grundlagen der römischen Republik

Begriff und Wesen der „Res publica"

Die Periode der römischen Geschichte, die der Königsherrschaft folgte, wird die Zeit der Republik genannt. Sie begann mit dem Sturz des Tarquinius Superbus (angeblich 509 v. Chr.). Ihr Ende wird gewöhnlich auf 27 v. Chr. festgesetzt. In diesem Jahre trat mit Kaiser Augustus wiederum ein Alleinherrscher an die Spitze des Staates.

Der Begriff „Res publica"

Res ist schlechthin jede Sache, jede Angelegenheit. *Publicus* ist ein Adjektiv zu *populus*. *Populus* erwies sich als die Gesamtheit der römischen Bürger. *Res publica* bezeichnet also zunächst die Sache aller, das, was alle Bürger, ihre gemeinsamen Interessen betrifft (im Unterschied zur *res privata*).

Als Tarquinius vertrieben war, rückte der Begriff der „Res publica" im Sinne der „Sache des Volkes" in den Mittelpunkt des politischen Denkens der Römer. Das war eine sehr verständliche Reaktion. Die Hingabe an die Res publica zum höchsten Lebensprinzip des Bürgers, zu einer Art gesellschaftlichem Grundgesetz zu machen, erscheint auf den ersten Blick als eine wahrhaft erhabene Auffassung von der Beziehung des einzelnen zur Gesellschaft. Die Wirklichkeit indes mußte hinter diesem hohen Anspruch zurückbleiben.

Die römische Gesellschaft um 500 v. Chr

Um 500 v. Chr. gab es in Rom innerhalb der freien Bevölkerung folgende soziale Gruppen:

- Bürger, Angehörige des Populus Romanus, die sich wiederum in Patrizier und Plebejer gliederten; letztere bildeten eine sozialökonomisch durchaus uneinheitliche Schicht;
- Freie, die aber in Rom kein Bürgerrecht hatten;
- Sklaven, zahlenmäßig und in ihrer sozialökonomischen Bedeutung noch recht gering.

„Demokratie“ konnte es damals also nur für Bürger, für Angehörige des Populus Romanus geben, zwischen denen es jedoch keine ökonomische, soziale, politische Gleichheit gab. Im Gegenteil: Die Patrizier versuchten mit vielerlei Mitteln, ihre herrschende Position aufrechtzuerhalten und die ärmeren Plebejer in Abhängigkeit zu bringen. In langwierigen Kämpfen mußten die Plebejer den Patriziern politische Rechte erst abringen. Obwohl es den Plebejern gelang, das soziale und politische Kräfteverhältnis zu ihren Gunsten zu verändern, bot die Wirklichkeit folgendes Bild:

Zwischen 509 und 366 v. Chr. wurden die höchsten Staatsbeamten, insgesamt über 400, von etwa 60 Gentes gestellt, von denen wiederum allein 12 etwa 300 der höchsten Magistraturen besetzten, 7 patrizische Gentes stellten je 19 bis 34mal die Konsuln; zwischen 366 und 265 v. Chr. wurden aus 19 patrizischen Gentes 116 Konsuln gewählt, darunter aber allein aus 5 Gentes 65 Konsuln (gleichzeitig stellten 28 plebejische Gentes 75 Konsuln, von denen wieder 26 aus allein 4 Gentes stammten); von 366 bis zum Ende der Republik finden sich unter den etwa 600 Konsuln nur 15 „Neulinge“ in diesem Amt, d. h. Personen, deren Familien aus gesellschaftlichen Gründen diese Würde bisher nicht erlangen konnten. Diese Fakten zeigen: das neue, republikanische Staatswesen konnte nur die organisierte Macht der ökonomisch, sozial und politisch überlegenen patrizischen Gentes darstellen.

Die römische Republik bestand fast 500 Jahre. Das ist ein Zeitraum, in dem die ökonomischen und sozialen Verhältnisse mannigfachen Veränderungen unterworfen waren:

Die Zuspitzung der wirtschaftlichen und politischen Gegensätze zwischen Patriziern und Plebejern gipfelte in inneren Auseinandersetzungen, in deren Folge die Plebejer die formale Gleichstellung errangen. Die römische Gesellschaft erlangte dadurch für einen längeren Zeitraum eine solche Stabilität, daß der Staat allen Nachbarn überlegen war und eine großangelegte Expansions- und Eroberungspolitik einleiten konnte. Die so gewonnenen Reichtümer taten ein übriges zur Festigung ständig wachsender Macht.

Zugleich wuchs unaufhörlich die Zahl der Sklaven, anfangs zwar nur langsam, im Ergebnis der Eroberungskriege jedoch so gewaltig, daß Sklavenarbeit zu einem wesentlichen Faktor der Wirtschaft und des gesamten gesellschaftlichen Lebens wurde. Die Sklavenarbeit erzeugte ihrerseits einen neuerlichen Überfluß an allen Gütern, der neue soziale Umschichtungen nach sich zog, die wiederum den inneren Frieden bedrohten. So wird die anfänglich relativ fest gefügte Ordnung erneut erschüttert – die Republik treibt in das Zeitalter der Bürgerkriege.

Die staatlichen Einrichtungen der Republik

Wenngleich die politische Wirklichkeit zeigte, daß der Grundgedanke der römischen Res publica als Staatsdoktrin sich nur unvollkommen praktizieren ließ, so beweist doch die Idee selbst, daß ihre Schöpfer von einem bemerkenswerten Sinn für das Gemeinwohl erfüllt waren. Die Grundsätze, Mittel und Methoden, mit denen sie die Idee von der Res publica durchzusetzen versuchten, lassen die Römer erstmals als hervorragende Staatstheoretiker erscheinen.

Tarquinius Superbus hatte durch sein Schreckensregiment die Königsherrschaft so verhaßt gemacht, daß die bloße Erwähnung des Titels „Rex" auch später noch bei den Römern Furcht und Abscheu auslöste. Entschieden traten sie daher allen Bestrebungen entgegen, das Königtum zu erneuern. Es gab Fälle, in denen Patrizier und Senat ihnen unliebsame Männer beschuldigten, die Königsherrschaft erstrebt zu haben, um sich ihrer auf bequeme Art zu entledigen. Unter diesem Vorwurf standen z. B. Spurius Cassius im 5. Jahrhundert v. Chr. und Tiberius Gracchus 133 v. Chr. So kam es, daß noch 500 Jahre nach der Vertreibung der Tarquinier weder Caesar noch Augustus, obwohl sie doch alle Macht besaßen, es wagten, den Titel „Rex" zu führen.

Konsul

Jetzt war der neue erste Mann im Staat der Konsul. Ihm oblagen anfangs alle Aufgaben, die zuvor der König zu erfüllen hatte, mit Ausnahme der Priesterpflichten. Die bisherige Alleinherrschaft des Rex wurde dadurch aufgehoben, daß zwei Konsuln gleichzeitig ihr Amt antraten. Der eine sollte über die korrekte Amtsführung des anderen wachen. Damit eine lang dauernde Amtszeit den jeweiligen Konsuln nicht zuviel Einfluß verlieh, legten sie nach einem Jahr ihr Amt nieder und machten ihren Nachfolgern Platz. Schließlich war den neuen Männern an der Spitze des Staates die Rechenschaftspflicht auferlegt. Sie bestand hauptsächlich darin, daß die abgehenden Konsuln feierlich schwören mußten, ihren Antrittseid gehalten und nicht gegen die Gesetze verstoßen zu haben.

Honores

Zunächst konnten nur Patrizier dieses höchste Amt des Staates bekleiden. Im übrigen war der breiten Öffentlichkeit der Zugang zu solchen Funktionen schon dadurch verschlossen, daß es sich um *Honores*, Ehrenämter, nicht etwa um besoldete Stellen handelte. Der Konsul war also weder Staatsangestellter noch Gehaltsempfänger. Diese Festlegung entspringt edlen, in gentilgemeinschaftlichen Vorstellungen verwurzelten Motiven: eine Leistung für das Gemeinwohl sollte weder durch materielle Vergütung abgegolten werden, noch sollte die Funktion um des Geldes willen begehrt sein. Aber dieser Grundsatz diente selbstredend auch dem Ziel, den Plebejern, die ja anfangs alle nicht sonderlich begütert waren, möglichst für immer den Zugang zum Konsulat zu verwehren.

Anfänglich konnte sich die Republik wohl mit dem Konsulat als einzigem Amte begnügen. Doch je mehr der Staat wuchs, desto vielfältiger wurden die Aufgaben der Verwaltung – die Konsuln brauchten Helfer. So wurden nach und nach weitere Ämter eingerichtet. Tatsächlich aber nahm die Staatsordnung der aristokratischen Republik erst im Verlauf längerer, heftiger politischer und sozialer Kämpfe in Rom Gestalt an.

Quästor

Die Verwaltung der Staatskasse übernahmen die Quästoren, die als besondere Beamte seit 447 v. Chr. regelmäßig gewählt wurden.

Zensor

Der Zensus, die Vermögenseinschätzung mit der Einteilung in Klassen und die damit verbundene Aufstellung von Bürgerlisten, wurde von den Zensoren – seit 443 v. Chr. (nach anderer Auffassung erst seit 366) alle fünf Jahre gewählt – vorgenommen. Ihnen oblag ferner die Kontrolle über die Einhaltung der *Mores maiorum*, der Sitten der Vorfahren. Sie rügten alles, was jenen Sitten schädlich sein konnte: Pflichtversäumnisse gegen die Götter, schlechte Wirtschaftsführung, allzu großen Luxus, unmoralischen Lebenswandel und vieles andere mehr. Es leuchtet ein, daß ein Beamter mit so weitreichender Befugnis größte Achtung genoß, zumal der Zensor das Recht hatte, Ehrenstrafen zu verhängen. Ein Senator z. B., der die Mores maiorum verletzte, mußte gewärtig sein, den Sitz im Senat zu verlieren.

Ädil

Andere Beamte, die Ädilen, versahen die Polizeiaufsicht und waren für die Getreideversorgung, die Kontrolle der Märkte und des Verkehrswesens, überhaupt für Fragen der städtischen Wirtschaft verantwortlich. Sie richteten auch die öffentlichen Spiele aus, und zwar vor allem auf eigene Kosten. Das erlaubte ihnen, sich beim Volk beliebt zu machen und die Erfolgschancen für die Wahl in höhere Ämter zu vergrößern.

Prätor

Das zweithöchste Amt, 367 v. Chr. zur Unterstützung der Konsuln geschaffen, war das des Prätors. Die Prätoren hatten sich hauptsächlich der

Aufsicht über die Rechtsprechung in Vermögensstreitigkeiten und einer Reihe privater Strafsachen zu widmen. Schwere Vergehen gegen die Res publica behandelten die Konsuln. Als die außeritalischen Provinzen entstanden, wurde den Prätoren deren Verwaltung übertragen. Dort verfügten sie über die volle Befehlsgewalt *(imperium)*.

Die römischen Magistraturen bildeten sich innerhalb vieler Jahrzehnte aus, und es entstand eine regelrechte Beamtenlaufbahn, der *Cursus honorum*, der 180 v. Chr. gesetzlich festgelegt wurde.

Cursus honorum

Jeder römische Bürger besaß das Recht, sich um die Ämter zu bewerben. Ausgenommen waren anfänglich freilich die Plebejer. Sie errangen nur schrittweise Zugang zu den höchsten Staatsfunktionen, bis die Leges Liciniae Sextiae (Gesetze des Licinius und des Sextius) im Jahre 367 v. Chr. verlangten, daß einer der beiden Konsuln plebejisch sein sollte.

Alle Ämter wurden mit mindestens zwei Amtskollegen besetzt. Die Amtsbefugnis erlosch nach einem bestimmten Zeitraum, meist nach einem Jahr. Jeder Beamte, der Zensor ausgenommen, unterlag der Rechenschaftspflicht.

Vorbedingungen für die Bewerbung waren freie Geburt, Unbescholtenheit und die ehrenvolle Erfüllung des Militärdienstes. Ein bestimmtes Vermögen brauchte nicht nachgewiesen zu werden, bildete aber eine unerläßliche Voraussetzung, da ja alle Stellen unbesoldete Ehrenämter waren und sogar erheblichen eigenen Aufwand erforderten. Ferner war für jedes Amt ein bestimmtes Mindestalter vorgeschrieben.

Der reguläre Cursus honorum (Ausnahmen wurden gelegentlich zugelassen) hatte diese Reihenfolge:

Quästur: 30. Lebensjahr → Ädilität: 37. Lebensjahr → Prätur: 40. Lebensjahr → Konsulat: 43. Lebensjahr.

Die Zensur stand außerhalb des eigentlichen Cursus honorum. Für dieses äußerst wichtige Amt wurden nur Männer besonders erprobter Tüchtigkeit zugelassen, meist solche, die schon das Konsulat bekleidet hatten.

Die Beamten trugen insgesamt die Bezeichnung Magistratus (zu *magister – der Vorgesetzte, Aufseher, ‚Meister‘*). Alle Magistrate waren an einem Purpurstreifen zu erkennen, der ihre weiße Toga zierte. Die Konsuln, Prätoren und Zensoren, auch die Ädilen, sofern sie patrizisch waren, durften sich im Senat auf einem mit Elfenbein verzierten Klappstuhl, der sogenannten Sella curulis, niederlassen. Deshalb werden diese Funktionen auch „kurulische Ämter“ genannt. Die Liktoren, die schon den König begleitet hatten, wurden auch den Magistraten gestattet. Ihre Zahl richtete sich nach der Rangfolge des Amtes. Den beiden Konsuln standen je zwölf Liktoren zur Verfügung. Weitere Hilfsbeamte waren z. B. die Scribae quaestorii, Sekretäre bei Staatskasse und Staatsarchiv, Boten und Ausrufer (s. auch servi publici!).

Wahlen

Die Magistrate wurden in den Zenturiatkomitien gewählt. Wer sich um ein Amt bewerben wollte, mußte seine Absicht rechtzeitig, spätestens am Morgen des Wahltages, dem die Wahl leitenden Beamten mitteilen. Wenn dieser das Gesuch annahm, pflegte sich der Bewerber in einer glänzend weißen Toga *(weiß – candidus)* den Bürgern zu zeigen, er war „Kandidat". Unterstützt von seinen Freunden, suchte er nun die Sympathien der Wähler zu gewinnen, um schließlich bei der Abstimmung in den Komitien als Sieger hervorzugehen.

Später – vor allem in den Zeiten innenpolitischer Kämpfe – wurde mit diesem Verfahren oft grober Mißbrauch getrieben. Zahlungskräftige Kandidaten kauften die Stimmen, die ihnen den Wahlsieg einbringen sollten. Selbst Gesetze, die Wahlbestechungen unter Strafe stellten, vermochten dem Stimmenschacher kaum Einhalt zu gebieten.

Das System der römischen Magistrate schloß formal einen Amtsmißbrauch weitgehend aus. Aber eine solche Dezentralisierung birgt auch eine Gefahr. Wo nämlich eine ernste Situation eine rasche Entscheidung fordert, können viele Köpfe zu viele Meinungen haben. Dem trug die Staatsverfassung der Republik Rechnung, indem sie für Notzeiten die Einsetzung eines Diktators zuließ.

Diktator

Der Diktator erhielt seine Ernennung vom Konsul auf Beschluß des Senats. Dieses Amt wurde im Gegensatz zu allen anderen nur von einer Person bekleidet, die während der Amtsdauer nahezu unbeschränkte Vollmachten besaß. Der Diktator war in seinen Entscheidungen völlig unabhängig und brauchte, außer in Finanzangelegenheiten, nicht einmal den Senat zu befragen. Alle übrigen Beamten waren ihm während seiner Amtszeit unterstellt. Lediglich die Zuständigkeit der Prätoren in Zivilprozessen wurde durch die Diktatur nicht berührt. Der Diktator war auch nach Niederlegung des Amtes von der Rechenschaftslegung befreit, verfügte also fast über die gleichen Befugnisse wie einst der Rex.

Nach außen wurde seine Sonderstellung dadurch unterstrichen, daß ihm 24 Liktoren zur Seite standen. Nur die Liktoren des Diktators durften innerhalb der Stadt die Fasces mit dem Beil führen, um zu bekunden, daß er Herr über Leben und Tod war.

Gewisse Einschränkungen mußten ihm jedoch auferlegt werden, damit er seine Befugnisse nicht mißbrauchen und die Diktatur nicht ausbauen konnte. Deshalb wurde er nur zur Erledigung einer ganz bestimmten Aufgabe eingesetzt, vor allem im Kriegsfall. War sein Auftrag erfüllt, so hatte er seine Vollmachten, spätestens nach sechs Monaten, zurückzugeben. Der letzte Diktator dieses Typs ist für das Jahr 202 v. Chr. bezeugt.

Die Einsetzung der Magistrate, die Einführung der Prinzipien der Kollegialität und Annuität, die für fast alle Ämter (ausgenommen: Zensur, Diktatur) galten –, das sind die wichtigsten Merkmale der formalen Organisation des Staates in der republikanischen Zeit.

Die Teilung der politischen Macht zwischen den Beamten, dem Senat und den Zenturiatkomitien (diese beiden Einrichtungen wurden aus der Königszeit übernommen) erscheint formal als Muster einer demokratischen Verfassung.

Senat

In der Zeit des Stammesfürstentums war der Senat der Rat der Alten, der Häupter der patrizischen Geschlechter. Vermutlich seit Tarquinius Priscus war er auf 300 Mitglieder festgelegt, eine Zahl, die auch nach Errichtung der Republik vorerst beibehalten wurde. Die Auswahl nahmen nunmehr die obersten Beamten vor, seit 312 v. Chr. die Zensoren durch die *lectio senatus*.

Der Senat war die zentrale politische Körperschaft, das Zentrum politischer Entscheidungen. „Princeps salutis mentisque publicae – Lenker des Wohles und der Gesinnung des Volkes" nannte ihn Cicero. Die Buchstaben SPQR – SENATUS POPULUSQUE ROMANUS (auch die Römer kannten Abkürzungen) zierten viele Denkmäler und öffentliche Gebäude Roms wie auch die Feldzeichen der Legionen. Sie sollten ein Symbol der Einheit von Volk und Senat sein.

In der Tat könnte manche Regelung der Staatsverfassung glauben machen, daß es dem Senat nicht möglich war, seine Beschlüsse gegen den Populus zu richten:

Der Senat wurde als Berater der Magistrate angesehen. Formell hatte er nicht das Recht, die Maßnahmen und Entscheidungen der Beamten zu bestimmen. Das Senatus consultum, der Senatsbeschluß, galt lediglich als Empfehlung für die Magistrate. Allmählich entwickelte sich die Empfehlung jedoch in ein autoritäres Weisungsrecht.

Der Senat hatte vielerlei wichtige Befugnisse: Beschlußfassung über die Verwendung der Staatseinkünfte, Aufsicht über die Magistrate, Regelung der Beziehungen zu anderen Völkern, einige richterliche Vollmachten und manche andere bedeutende Entscheidungsgewalt. Er hatte aber nicht die Möglichkeit, Gesetze zu beschließen. Die Gesetzgebung war einzig den Komitien, also der Versammlung des Populus, vorbehalten.

Volksversammlung

Den Zenturiatkomitien oblag die Wahl der Magistrate, sie entschieden über den Beginn eines Angriffskrieges, und sie waren vor allem (jedenfalls in der Frühzeit der Republik) die einzige gesetzgebende Körperschaft.

Scheinbar verwirklicht diese Verfassung die Einheit von Senat und Volk und macht dem stolzen Zeichen „SPQR" alle Ehre. Aber die Möglichkeit, die eigenen Interessen und Vorteile dennoch zu sichern, hatten sich die römischen Patrizier durchaus vorbehalten:

Die Zenturiatkomitien traten nach der schon in der Königszeit festgelegten Gliederung zusammen. Die Patrizier dachten gar nicht daran, jenen Vermögenszensus und jene Einteilung zu ändern, die der höchsten Klasse bei jeder Abstimmung die Mehrheit einbrachte.

Die Volksversammlungen – in ihnen wurden Gesetze und andere Entscheidungen nicht demokratisch diskutiert, sondern nur in abgeschlossener Form zur Abstimmung vorgelegt – konnten nur unter der Leitung eines Beamten und bei strikter Beachtung gewisser religiöser Formalitäten gesetzlich bindende Entscheidungen fällen.

... und Senat

Die Befugnisse des Senats, die unter den letzten Königen eingeschränkt waren, wurden bei der Gründung der Republik erneuert. Dazu gehörte ein Recht, das zwar dem Senat selbst den Erlaß von Gesetzen nicht erlaubte, das aber für jeden Gesetzentwurf, der den Komitien vorgelegt werden sollte, die *Auctoritas senatus,* die Ermächtigung durch den Senat, verlangte. Ohne diese Auctoritas konnte die Volksversammlung kein Gesetz beschließen. Doch damit nicht genug: war das Gesetz verabschiedet, wurde es, wie überhaupt jeder Komitialbeschluß, erneut dem Senat zugeleitet, um erst jetzt endgültig bestätigt zu werden.

Die letzte Entscheidung aller Dinge lag also schließlich doch allein beim Senat. Seitdem es Beamte gab, setzte sich der Senat aber hauptsächlich aus solchen Personen zusammen, die schon staatliche Funktionen bekleidet hatten, also aus Mitgliedern patrizischer Familien. Die scheinbar demokratische Verfassung der Republik erweist sich damit als ureigenes Machtmittel der Patrizier.

Spurius Cassius

Daß dieses Mittel auch skrupellos eingesetzt wurde, zeigt das (allerdings in bedenklicher Überlieferung berichtete) Schicksal des Konsuls Spurius Cassius. Er hatte, obwohl selbst Patrizier, bereits 486 v. Chr. innenpolitische Schwierigkeiten durch Landzuweisungen an Plebejer mindern wollen. Dazu war ein Ackergesetz erforderlich. Der Senat verweigerte die Auctoritas. Kraft seiner konsularischen Gewalt setzte Spurius Cassius trotzdem einen entsprechenden Beschluß der Komitien durch. Er hatte sich damit – vom Standpunkt der Patrizier gesehen – in zweifacher Hinsicht vergangen. Einmal wollte er die ökonomische Macht des patrizischen Adels einschränken, sodann hatte er dem Senat getrotzt, obwohl der Konsul doch nur dessen Willen ausführen durfte.

Während des Amtsjahres war der Konsul unantastbar. Kaum aber hatte Spurius Cassius das Amt seinem Nachfolger übergeben, wurde er vor Gericht gestellt. Die völlig verdrehte Anklage bezichtigte ihn des Hochverrats und behauptete, er habe gegen die Res publica vorgehen und die Königsherrschaft wiederherstellen wollen. – Man beachte, wie gerade durch diese Anschuldigung der erhabene Sinn des Wortes Res publica demagogisch verdreht wird. Denn eigentlich hatte Spurius Cassius dem Volke doch helfen wollen! – Am Ende stand das Todesurteil, das der Vater kraft der *patria potestas,* der väterlichen Gewalt, am eigenen Sohne vollstrecken mußte, weil die Patrizier nicht wagten, diesen Mann öffentlich hinrichten zu lassen.

Der Gegensatz zwischen der herrschenden Schicht der Patrizier und den benachteiligten Plebejern hatte offenbar bereits in der Königszeit zu sozialen Kämpfen geführt. Schon die ersten Jahre der Republik brachten neue erbitterte Auseinandersetzungen.

Volkstribunen

Im Laufe ihres Ringens um politischen Einfluß erreichten die Plebejer (wahrscheinlich) im Jahre 494 v. Chr. einen bedeutenden Erfolg. Sie erhielten das Recht, jährlich zwei eigene Beamte zu wählen, die ihre Interessen wahrnehmen sollten. Das waren die *Tribuni plebis,* die Volkstribunen.

Wie jedes andere römische Amt war die Funktion des Volkstribunen eine unbezahlte Ehrenstellung, stand aber völlig außerhalb der staatlichen Magistrate. Auch das Volkstribunat war kollegial. Die Zahl von zwei Tribunen wurde sehr bald auf fünf und dann sogar auf zehn erhöht. Gewählt wurden sie in den Tribusversammlungen (daher *tribuni*), die seit dem 5. Jahrhundert v. Chr. mit der Erweiterung der Rechte der Plebs an Bedeutung gewannen.

Die Befugnisse der Tribunen waren anfangs nur unerheblich. Aber noch während des 5. Jahrhunderts v. Chr. erlangten die Vertreter des Volkes wichtige Rechte. In den Tributkomitien durften sie Volksbeschlüsse herbeiführen, die die gleiche Gesetzeskraft wie die Entscheidungen der Zenturiatkomitien erlangten. Die Volkstribunen konnten von abgehenden Beamten (außer vom Zensor und Diktator) wegen etwaiger Pflichtversäumnisse Rechenschaft fordern. Ihr wichtigstes politisches Mittel aber war das Vetorecht. Wenn in den Sitzungen des Senats, denen sie beiwohnten, eine Entscheidung zum Nachteil des Volkes getroffen wurde, so sprach der Volkstribun sein „veto – ich verbiete es!". Diesen Einspruch durften die Tribunen auch gegen Anordnungen der Magistrate vorbringen. Für die Dauer ihres Amtes waren sie durch die Unverletzlichkeit ihrer Person geschützt und besaßen zudem das Recht, Verfolgten in ihrem Hause Asyl zu gewähren.

Das Volkstribunat und im weiteren Gang der Geschichte den Zugang zu den staatlichen Ämtern hatten sich die Plebejer erkämpft. Das war nur möglich, weil sie zugleich größeren ökonomischen Einfluß errangen. Damit war ein grundlegender Wandel der sozialen Struktur der römischen Republik verbunden.

Die römische Gesellschaft in der Zeit der Republik bis zur politischen Gleichstellung der Plebejer

Als die Republik gegründet wurde, war die Wirtschaft Roms noch verhältnismäßig primitiv. Deshalb war auch die soziale Struktur noch wenig differenziert.

Die ökonomische und politische Macht lag in den Händen der Patrizier. Sie waren die Herren des Bodens, ohne allerdings Privateigentümer des gesamten nutzbaren Landes zu sein. Sie hatten aber außer dem Eigentumsrecht über ihren Anteil am Ager privatus vor allem das Nutzungsrecht am Ager publicus.

Ager publicus

Das Nutzungsrecht am Ager publicus ist eine Form des Gemeindeeigentums, die aus gentilgemeinschaftlichen Eigentumsverhältnissen herstammt. Noch für Jahrhunderte blieb der Ager publicus, das einstige Gemeinde-, nunmehrige Staatsland, eine Art unveräußerliches Gemeindeeigentum, das den dazu berechtigten Bürgern zur Nutzung überlassen oder übergeben oder verpachtet wurde.

Vollberechtigte Bürger waren, wie wir sahen, zu Beginn der Republik nur die Patrizier, die den Ager publicus meist als Weidefläche nutzten. Die Plebejer, obwohl in den populus aufgenommen, waren Bürger minderen Rechts geblieben, ihr Anteil am Ager publicus war sehr begrenzt und eingeschränkt (Aufnahme und Ansiedlung neuer Bevölkerungsgruppen als bäuerliche Kleinproduzenten) oder überhaupt verwehrt (daher Ausweichen in Handwerk oder Tagelöhnerei).

Klientelsystem

Nicht wenige Plebejer begaben sich, eben als Bürger minderen Rechts, in ein Klientelverhältnis. Auch das Klientelsystem ist eine Einrichtung, die auf spätgentilgemeinschaftliche Lebensformen zurückgeht. Nach Rom gelangte es wahrscheinlich über die Etrusker. Übersiedler, Fremdlinge, konnten sich unter den Schutz eines Herrn, eines Patronus, stellen. Diesen Weg werden viele Plebejer gewählt haben. Denn sie blieben frei und genossen die Fürsorge ihres Patrons in so reichem Maße, daß es wohl verlockend schien, die Sicherheit eines Klientelverhältnisses zu suchen.

Der Herr vertrat seinen Schützling vor Gericht und in vermögensrechtlicher Beziehung. Ein Unrecht, das dem Klienten geschah, betrachtete der Patron fast so, als wäre es ihm selbst widerfahren. Solchen Schutz gewährten die Patrizier freilich nicht umsonst. Die Gegenleistungen bestanden nicht nur in der Pflicht zum Heeresdienst, sondern auch in mancherlei finanziellen Belastungen. Geriet zum Beispiel der Patron in Kriegsgefangenschaft, so mußten die Klienten ihn loskaufen; heiratete seine Tochter, so hatten sie sich an der Aussteuer zu beteiligen. Nicht zuletzt war der Klient verpflichtet, seinen Patronus auch politisch, etwa bei Wahlen, zu unterstützen.

Die Klientel war während des Überganges aus Stammesgemeinschaften in frühe Staatsbildungen bei vielen Völkern bekannt. Sie entstand wohl daher, daß zwar einfachste Formen des Privateigentums schon vorhanden waren (die Menschen waren also nicht mehr in gleicher Weise an der Verteilung der Produkte beteiligt), soziale Schichten und Staat sich aber noch nicht so weit ausgebildet hatten, daß die weniger begüterten Bevölkerungsteile wie Sklaven unterdrückt werden konnten.

Der soziale und politische Unterschied zwischen Patriziern und Plebejern beruhte also auf dem unterschiedlichen Anteil am Boden.

Die Patrizier erhielten vom Ager publicus so viel zugeteilt, wie sie selbst mit ihren Klienten gemeinsam bearbeiten konnten. Je mehr Klienten ein Patrizier hatte, desto größer konnte also der Acker sein, den er bebaute. Im Grunde arbeiteten die Klienten dabei zwar für sich, aber der Patron zog aus ihrer Tätigkeit Gewinn, weil die Klienten für das ihnen zur Nutzung überlassene Land einen Grundzins zahlen mußten. Theoretisch setzte diese Regelung dem Landbesitz der Patrizier keine Grenzen. Eine Grenze war lediglich durch die Zahl der Klienten gegeben, da der Herr das Land, das er aus dem Ager publicus erhalten hatte, auch wirklich bebauen mußte.

Soziale Lage der Plebejer

Die Plebejer hatten, da sie kein volles Bürgerrecht besaßen, am Ager publicus keinerlei Anteil. Das war um so widersinniger, als durch ihr Zutun das Gemeindeland fast unaufhörlich wuchs. Sie leisteten nahezu jährlich Kriegsdienst und waren an der Eroberung neuer Ackerflächen und Weideplätze maßgeblich beteiligt. Das Land schlug man bis zu zwei Dritteln dem Ager publicus zu; die plebejischen Krieger gingen jedoch leer aus. Während in verhältnismäßig kurzer Zeit der Besitz der Patrizier erheblich zunahm, blieben die Plebejer ökonomisch benachteiligt.

Der Vermögensunterschied der beiden Schichten wurde durch die allmählich wachsende Sklavenzahl noch beträchtlich vergrößert. Bereits die Verfügungsgewalt über nur wenige Sklaven, die in der Regel zu unproduktiven Leistungen wie Kriegsdienst nicht herangezogen wurden, bedeutete einen nicht zu unterschätzenden ökonomischen Gewinn. Die Sklaven mußten, sollte ihre Arbeitskraft erhalten bleiben und rationell genutzt werden, bescheidene Wohnung und Kleidung und ausreichend Nahrung erhalten. Nur wenige Plebejer besaßen die dafür notwendigen Mittel. Auch die Patrizier leisteten Kriegsdienst. Aber während auf ihren Ländereien Sklaven arbeiteten, wurden die Flächen der ärmeren Bauern in Kriegszeiten nur mangelhaft oder gar nicht bewirtschaftet. Nach der Rückkehr aus dem Kriege konnte der plebejische Bauer zwar einen Kredit aufnehmen. Doch damit kam zur Last der harten Arbeit noch die Last von Schulden und Zinsen. Gab es Schwierigkeiten bei der Rückzahlung – und die blieben bei den Wucherzinsen nicht aus –, so waren Haus und Hof verloren. Mehr noch, der Schuldner mußte mit seiner Arbeitskraft die Ansprüche des Gläubigers befriedigen. Damit war er selbst von der Schuldsklaverei bedroht.

Die Plebejer, die von der Landwirtschaft lebten, standen demnach letztlich vor der Frage, entweder das Los von Sklaven zu teilen oder durch erbitterten Kampf das volle Bürgerrecht und damit den Zugang zur Nutzung des Ager publicus zu erringen.

Ökonomische und politische Erfolge der Plebejer

Diese Auseinandersetzung endete schließlich mit dem Sieg der Plebejer.

Die Hauptetappen des fast zwei Jahrhunderte währenden Ringens sind durch folgende Ereignisse gekennzeichnet:

494 v. Chr.	Einrichtung des Volkstribunats Die Plebejer sollen diesen Erfolg durch eine Auswanderung erzwungen haben. Wegen drohender Kriegsgefahr sah sich der Senat zu Zugeständnissen gezwungen.
486	Der Versuch des Konsuls Spurius Cassius, den Plebejern Land zu geben, scheitert.
456	lex Icilia: Verteilung von Land auf dem Mons Aventinus an die Plebejer.
451/50	XII-Tafel-Gesetze
445	lex Canuleia: Ehen zwischen Patriziern und Plebejern werden gestattet.
367	leges Liciniae Sextiae erleichterten die Schuldrückzahlen; beschränkten den Landanteil, der aus dem Ager publicus den Patriziern zur Nutzung überlassen wurde; einer der beiden Konsuln sollte ein Plebejer sein.
326	lex Poetelia: Einschränkung der Schuldknechtschaft.
300	lex Ogulnia: die Priesterämter werden auch Plebejern zugänglich, das bedeutet Abschaffung der religionspolitischen Vorrangstellung der Patrizier.
287	lex Hortensia: die in den Tributkomitien gefaßten Beschlüsse der Plebs erhalten Gesetzeskraft für den gesamten Populus und bedürfen nicht mehr der Bestätigung (auctoritas) des Senats.

Gesellschaftliche Struktur um 300 v. Chr.

Die politische Gleichberechtigung der Plebejer war durch die Zulassung eines plebejischen Konsuls (seit 367 v. Chr.) entschieden. Der Kampf, den die Plebejer zuvor geführt hatten, war mit ökonomischen Zielen aufs engste verknüpft. Der politische Erfolg verschaffte allerdings nur einem Teil der Plebejer größere wirtschaftliche Macht. Denn innerhalb der Plebs hatten sich längst soziale Unterschiede ausgebildet. Während ein Teil ihrer Mitglieder zu Reichtum und Einfluß gelangt war, blieben die meisten mittlere oder kleine Grundbesitzer, Handwerker oder Händler. Es entstand eine plebejische Aristokratie, die den Patriziern ökonomisch ebenbürtig war und mit ihnen zusammen die Schicht der Sklavenhalter bildete. Daneben bestand die soziale Gruppe der freien Kleinproduzenten, die keinen oder nur geringen Anteil am Besitz von Sklaven hatte.

Dabei ist zu beachten, daß in jener Zeit die Sklaverei zwar schon vorhanden, ihr Anteil an der Produktion materieller Güter aber noch sehr gering war. Erst nach dem 3. Jahrhundert v. Chr., als der Machtbereich Roms durch zahlreiche Kriege bedeutend wuchs, wurde sie zu einem charakteristischen Merkmal der römischen Wirtschaft.

Die römische Gesellschaft in den letzten Jahrhunderten der Republik

Ökonomische Veränderungen im 3. und 2. Jh. v. Chr.

Die Kriege des 3. und 2. Jahrhunderts v. Chr. brachten Rom einen gewaltigen Zuwachs an Land, Sklaven und beweglicher materieller Beute (Produkte aus Landwirtschaft und Handwerk, Rohmaterialien, angehäufte Schätze, Kunstgegenstände). Daraus ergaben sich wesentliche Veränderungen des wirtschaftlichen Lebens:

Der Einsatz des Arbeitsvermögens zahlloser Sklaven bot völlig neue Möglichkeiten für die Entwicklung der Produktion.

Mit der Eroberung fremder Länder wuchs unaufhörlich der Grundbesitz. Der Zuwachs an Boden, der Einsatz besserer Geräte und die Anwendung neuer Arbeitsmethoden, die zum Teil von anderen Völkern übernommen wurden, sowie die direkte Aneignung von oft hochqualifizierten Arbeitskräften (Sklaven aus hellenistischen Staaten) hatten eine erhebliche Steigerung der Produktion zur Folge.

Die Erweiterung des römischen Reiches schuf Grundlagen eines ausgedehnten Handels. Die Entwicklung des Außenhandels wurde dadurch begünstigt, daß Rom, von den Erfordernissen der Kriege gezwungen, inzwischen zur Seemacht geworden war.

Durch die rücksichtslose Ausplünderung der besetzten Gebiete flossen gewaltige Reichtümer in die Stadt. Edelmetalle und gemünztes Geld (vorher nur in dem Maße vorhanden, wie es zum Warenaustausch unerläßlich war) konnten nunmehr von Privatpersonen angehäuft werden und ließen das Gewerbe der Bankiers entstehen.

Die Ausdehnung des gesamten Wirtschaftslebens bezog auch das Handwerk ein. So entstand eine Reihe neuer Erwerbszweige, teils aus praktischer Notwendigkeit (z. B. Schiffbau), teils aus dem Luxusbedürfnis der herrschenden Schichten (z. B. Juweliere).

Mit den genannten ökonomischen Veränderungen war eine beschleunigte Differenzierung des gesellschaftlichen Gefüges des römischen Staates aufs engste verbunden. Die Bevölkerung Roms schied sich in Freie und Unfreie. Die Unfreien bildeten gegenüber den Freien eine eigene, wenn auch in sich nicht einheitliche soziale Gruppe.

Die freie Bevölkerung dagegen bietet in ihren unterschiedlichen ökonomischen und damit auch politischen Interessen ein sehr buntes Bild mit unterschiedlichen Zielen, Strömungen, Tendenzen.

Nicht nur die neuen ökonomischen Bedingungen komplizierten die soziale Struktur. Wesentlichen Einfluß auf die gesellschaftliche Differenzierung hatte auch der Umstand, daß mit der politischen Gleichstellung der Plebejer längst nicht die Agrarfrage gelöst war.

Hauptsächlich in der Landwirtschaft veränderten die wachsenden Sklavenzahlen die Produktion, und zwar in einer Weise, die für viele freien Bauern zum Ruin und für den Staat zu einer ernsten Gefahr wurde. Ein Teil der Grundbesitzer vermochte nämlich durch den Erwerb immer neuer Sklaven derart viel Land zu bebauen, daß die Wirtschaften zu großen Gütern, (*villae*, seit dem 2. Jh. v. Chr. auch *latifundia*), anwuchsen. Den kleinen Produzenten war es kaum noch möglich, mit den Großgrundbesitzern zu konkurrieren. Sie wurden wirtschaftlich ruiniert und verarmten. Ein Teil der kleinen und mittleren Höfe, die bis ins 2. Jahrhundert v. Chr. das Bild der römischen Landwirtschaft bestimmt hatten, hörte auf zu bestehen. Ihr Land geriet in den Besitz der großen Sklavenhalter. Zu den Folgen des unerbittlichen Konkurrenzkampfes kamen die Auswirkungen der Kriege, vor allem des Zweiten Punischen Krieges, der in Italien selbst getobt hatte. Die Bauern hatten über Jahre ihren Acker nicht bestellen können oder standen, wenn sie aus dem Kampfe zurückkehrten, gar vor verwüsteten Höfen.

Latifundien und Villae

Wenn der Lebensunterhalt aus der Landwirtschaft verloren war, mußte sich der Bauer einen anderen Erwerb suchen. Manchem gelang es, im Handwerk Arbeit und Einkommen zu finden. Doch die Mehrzahl konnte auch in diesen Berufen kaum unterkommen, da viele Sklaven, besonders aus dem hellenistischen Osten, handwerkliche Spezialisten waren.

So zogen viele Bauern, vor allem sofern sie römisches Bürgerrecht besaßen, nach Rom und bildeten dort eine zahlenmäßig bedeutende, aber ökonomisch höchst unnütze, eine unsichere oder gar gefährliche Schicht, die als Proletariat bezeichnet wurde. Diese Menschen lebten als Tagelöhner von Gelegenheitsarbeiten, ließen sich für Geld zu jedem politischen Zweck mißbrauchen und gaben bei einer Wahl ihre Stimme dem Kandidaten, der am besten dafür zahlte. Im übrigen reichte das nicht, um den Lebensunterhalt zu decken. Was noch fehlte, versuchte der Staat durch Almosenverteilung zu geben. Die vielen, die auch davon noch nicht leben konnten, bettelten und stahlen obendrein.

Städtisches Proletariat

Mancher reiche Römer nutzte die Lage aus, griff in die eigene Tasche und sorgte so für seine (freilich fragwürdige) Popularität, die ihm bei der nächsten Wahl oder in innenpolitischen Kämpfen zugute kommen sollte. So konnte das römische „Proletariat" zum politischen Faktor werden, ohne eine selbständige politische Kraft zu sein. Es bildete eine große, oft käufliche Masse.

Außenhandel

Nicht nur der Ruin freier Bauern und die Entstehung des städtischen Lumpenproletariats hatten die ökonomischen und gesellschaftlichen Verhältnisse Roms verändert. Nicht nur innerhalb der Landwirtschaft hatte sich das Bild gewandelt, sie war vor allem nicht mehr der allein bestimmende Zweig der Wirtschaft. Mit dem aufblühenden Handel stärkte sich die Schicht der Kaufleute.

Was ein Geschäftspartner von einem anderen kauft, muß er gewöhnlich mit Geld oder mit eigenen Erzeugnissen bezahlen. Deshalb kann ein Land kaum mehr importieren, als es exportiert. Übersteigt die Einfuhr den Export, dann bezeichnet man die Handelsbilanz als passiv. Eine passive Handelsbilanz kann sich auf die Dauer niemand leisten, denn sie ist ja nichts anderes als eine Verschuldung. Die Römer konnten das, denn sie hatten immer eine aktive Zahlungsbilanz. Sie bezahlten nämlich mit dem Reichtum, den sie anderen Völkern geraubt hatten.

Als Lucius Aemilius Paullus im Jahre 168 v. Chr. die Schlacht bei Pydna gewonnen und damit Makedonien besiegt hatte, durfte er in Rom einen Triumph feiern; das war die höchste Auszeichnung, die einem Feldherrn zuerkannt werden konnte. Beim Triumphzug wurde die Kriegsbeute mitgeführt. Der griechische Schriftsteller Plutarch wußte rund 250 Jahre später über jenes Ereignis folgendes zu berichten:

„Der Triumphzug war auf drei Tage verteilt. Der erste Tag, der für die erbeuteten Statuen, Gemälde ... kaum ausreichen wollte ..., erfreute durch den Anblick der eben genannten Gegenstände. Am folgenden Tage wurden auf einer Menge von Wagen die ... kostbarsten makedonischen Waffenstücke vorgeführt ... Nach den Waffenwagen folgte ein Aufmarsch von 3 000 Mann, welche in 750 Gefäßen, deren jedes drei Talente (*talentum* = Geld- und Maßeinheit von etwa 26 kg) enthielt und von je vier Mann getragen wurde, gemünztes Silbergeld brachten."

Münzprägung

Die Hervorhebung der Silbermünzen wird um so verständlicher, wenn man weiß, daß in Rom bis zum Jahre 270 v. Chr. nur geprägtes Kupfer als Zahlungsmittel im Umlauf war. Etwa 100 Jahre vor jenem Triumph gab der Senat erstmals Silber-, 217 v. Chr. Goldmünzen heraus. Geld aus Edelmetallen blieb trotzdem noch lange eine Rarität. Erst nach dem 2. Punischen Kriege setzte eine kontinuierliche Silberprägung ein. Die Prägung von Kupfermünzen soll bereits Servius Tullius eingeführt haben. Vorher wurde das Metall einfach nach Gewicht in Zahlung gegeben.

Handels- und Wucherkapital

Die Entwicklung des Handels und die Einfuhr (besser: der Raub) von Münzen und Edelmetallen ermöglichten die Anhäufung von Geld in Privathänden. Damit entstand das Handels- und Wucherkapital und mit ihm ein neuer Geschäftszweig, nämlich das Bankgewerbe. Die Bankiers – meist waren sie zugleich Kaufleute – wußten den Vorteil des Geldes sogleich zu nutzen: sie gewährten Kredite und strichen dafür hohe Zinsen ein. Mit ihnen und aus ihrem Kreis bildete sich eine weitere „Berufsgruppe", die sogenannten Publicani oder Steuerpächter. Ihr Tätig-

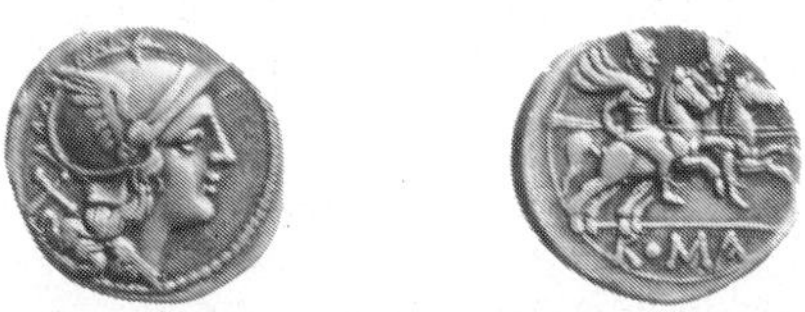

Silberdenar, Ende 3. Jh. v. Chr., Vs. Roma mit Helm, X, Rs. Dioskuren, ROMA

keitsfeld lag vornehmlich in den Provinzen, den außeritalischen Besitzungen Roms. Das unsaubere Geschäft, das sie dort betrieben, ist ein Musterbeispiel für verbrecherische Bereicherungspraxis.

Publicani

Das Recht, die Finanzabgaben für Rom, die Vectigalia, einzuziehen, verpachtete die Republik, die sich unternehmerischer Tätigkeit enthielt, vertreten durch den Zensor, an Privatpersonen, die in öffentlichem (staatlichem) Auftrag handelten und deshalb Publicani hießen. Für den Staat war diese Verfahrensweise eine äußerst bequeme Sicherstellung der Einnahmen. Er vereinbarte nämlich mit dem Publicanus eine feste Summe, die jener für das Recht der Steuereintreibung – und zwar im voraus – zu zahlen hatte. Was danach geschah, kümmerte die Beamten und den Senat wenig. Der Pächter sorgte in dem ihm überlassenen Bereiche dafür, daß er den verauslagten Betrag in doppelter und dreifacher Höhe wieder einstrich. Bei der Wahl der Methoden fragte er nicht nach Gesetz, Recht oder Menschlichkeit. Selbst der römische Geschichtsschreiber Livius bestätigt: „... wo ein Publicanus auftauchte, war das öffentliche Recht ein leerer Wahn ..." Auch in diesem Stande bildeten sich Interessengruppen, die auf gemeinsame Rechnung arbeiteten und zu einem politischen Machtfaktor wurden. Sie waren im höchsten Zensus, der höchsten Classis der Servianischen Verfassung, vereint. Die Angehörigen dieser Vermögensgruppe hatten einst im Heere als Equites, als Reiter, gedient. Auch im Zivilleben führten sie diesen Namen. Jetzt wurde der Begriff „Equites" zur Bezeichnung des neuen Standes. (In diesem Sinne wird das Wort dann meist nicht mehr mit „Reiter", sondern mit „Ritter" übersetzt, um auch in unserer Sprache den Bedeutungswandel anzuzeigen und die neuentstandene Geldaristokratie als gehobene Schicht bezeichnen zu können.)

Equites

Soziale Differenzierung im 3. Jh. v. u. Z.

Es scheint angebracht, noch einmal auf die soziale Differenzierung hinzuweisen, die sich innerhalb des Standes der Plebejer während seines ökonomischen und politischen Kampfes vollzog. Der eine Teil der Plebejer gelangte zu Wohlstand und Reichtum, der andere sank ins Lumpenproletariat. Zwischen ihnen stand und blieb die Schicht der kleinen Produzenten. Doch solche Unterschiede untergruben die einstige selbstbewußte Einheit des ganzen Standes und verteilten ihn auf die inzwischen neu ausgebildeten sozialen Gruppen.

Der frühere Streit zwischen Patriziern und Plebejern schien zwar beigelegt, aber die wohlhabenden Plebejer verfolgten mit den Patriziern nun ein gemeinsames Ziel: den Erhalt der wirtschaftlichen und politischen Macht in den Händen der Großgrundbesitzer. Unter diesen Bedingungen kam dem Geburtsadel der Patrizier nicht mehr die überragende Geltung zu, die er einst in der frühen Republik für sich in Anspruch nehmen konnte. Viel wichtiger wurde nun der Adel des persönlichen Erfolges, der sich aus der politischen Karriere und der Mitgliedschaft im Senat ergab.

Diese Gruppe, die sich bereits in den ersten Jahrhunderten der Republik als beherrschende Schicht formiert hatte, nannte sich Nobilitas, Nobilität (von *nobilis,e* – das Adjektiv gehört dem gleichen Bedeutungsfeld an wie das Verbum *noscere* und bezeichnet jemanden, der durch eine Eigenschaft oder eine Tat erkennbar, bekannt, berühmt, angesehen, also adlig ist). Wir könnten also die Nobilität im Unterschied zum patrizischen Geburtsadel als „Amtsadel" bezeichnen. Solcherart „Amts- oder Verdienstadel" war freilich keineswegs immer durch persönliche Verdienste oder Vorzüge seines Trägers, sondern häufig durch Verwandtschaftsbeziehungen, also die Standeszugehörigkeit, erworben. Nobilität

Da jeder römische Bürger formal das Recht hatte, sich um die Ehrenämter zu bewerben, konnten auch Menschen in den Ordo senatorius, den Senatorenstand, gelangen, deren Familie bis dahin noch nicht zur Nobilität gehört hatte. Hatten die Vorfahren diesen Vorzug noch nicht genossen, so hieß der „Neue" ein Homo novus. Das Wort wurde gewiß nicht von allen Römern mit der Geringschätzung ausgesprochen, die in unserer Übersetzung „Emporkömmling" liegt. Mancher Homo novus, wie z. B. Marius oder Cicero, errang durch seine Tüchtigkeit höchste Anerkennung breiter Kreise der römischen Bevölkerung. In der Regel waren die Neulinge besonders eifrige und geschickte, treue und wirkungsvolle Vertreter der Nobilität. Homo novus

Erbitterte Gegner der Nobilität wurden jene Leute, die inzwischen durch die Handelskonjunktur und den Wucher Reichtum erlangt hatten: die Equites, die Leute, die „adlig" waren durch ihr Geld. Mit zwingender Notwendigkeit mußten sie sich gegen den Amtsadel wenden. Denn ihrem wirtschaftlichen Einfluß fehlte die politische Macht, und dieser Widerspruch verlangte eine Lösung. Die Nobilität versuchte, sich gegen den politischen Ehrgeiz des Ordo equester, des „Ritterstandes", zu schützen. Sie grenzte sich von den Equites z. B. dadurch ab, daß sie Geldgeschäfte für unanständig und des Senatorenstandes unwürdig erklärte. Doch hatte sie eigentlich nur damit sich selbst um die Möglichkeit gebracht, bei Handels- und Wuchergeschäften mitzuverdienen, und so blühte hinter dieser Fassade senatorischen Adelsstolzes dann das Geschäft über Mittelsmänner. „Geldadel"

Der Widerspruch zwischen Equites und Nobiles war in keiner Weise zu überbrücken; eines Tages mußte er in den offenen Kampf führen. Der Geldadel wußte dabei die indifferente Haltung der ärmeren Volksschichten zu nutzen und suchte heute in den Massen der städtischen und morgen in denen der ländlichen Plebs Verbündete. Das war leicht, denn die Plebs war zwar eine politische Kraft, hatte aber kein eigenes politisches Ziel und vor allem keine führenden Köpfe. So ließ sie sich – konnte sie dabei verdienen – von der einen Seite zur anderen ziehen und wurde zum Spielball der oft als „Parteien" bezeichneten politischen Gruppierungen der sogenannten Optimaten und Popularen. Es waren Optimaten und Popularen dies jedoch nicht Parteien im Sinne fest geordneter politischer Organisationen, wie wir sie in unseren Tagen kennen. Sie hatten kein klares Programm und erst recht keine durch ein gemeinsames soziales oder ideelles Ziel bestimmte Zusammensetzung.

Grundprobleme der innenpolitischen Kämpfe

Die innenpolitischen Kämpfe in den letzten beiden Jahrhunderten der Republik wurden durch folgende Widersprüche, die sich teils gegenseitig bedingten, teils untereinander verflochten, vorangetrieben: die Widersprüche zwischen Freien und Sklaven, zwischen Sklavenhaltern und Sklaven, zwischen großem und kleinem Grundeigentum, zwischen Bürgern und Nicht-Bürgern, unter denen sich die socii Italici, die italischen Bundesgenossen Roms, befanden, zwischen Rom und seinen Provinzen, zwischen Gruppen und Einzelpersonen innerhalb der Spitzen der Gesellschaft.

Die sozialen Gegensätze, die sich im Rom des 2. Jh. v. Chr. ausbildeten, führten die Republik als Staatsform in eine tiefe, schwere, lang dauernde Krise. Die Republik als Staatsform und ihr Beamtenapparat konnten ihre Aufgaben als Organisator des gesellschaftlichen Lebens und als Ordnungsfaktor nur noch unvollkommen erfüllen. Das erzwang eine Erneuerung, eine Umbildung des Staates, eine Ablösung der Republik durch eine wirksamere Herrschaftsform, die der römischen Gesellschaft wieder eine gewisse Stabilität verlieh. Dieser Umbildung ging Rom nicht sehr schnell, aber stetig entgegen.

Status und Lebensbedingungen der Sklaven

Die sprechenden Werkzeuge

Nach der Definition des römischen Universalgelehrten Marcus Terentius Varro (116–27 v. Chr.) gehörten zum Ackergerät drei Gruppen von Werkzeugen. Es bestand nämlich aus dem *instrumentum mutum,* dem stummen Gerät, dem *instrumentum semivocale,* dem zwar lebendigen, aber gewissermaßen nur mit halber, jedenfalls nicht menschlicher Stimme bedachten, dem Tiere also, und schließlich dem *instrumentum vocale,* dem sprechenden Werkzeug. Das ist die menschenverachtende Bezeichnung für den Sklaven.

Tatsächlich galt der Sklave als Sache (*res*), der Herr hatte an ihm das Eigentumsrecht wie an einem beliebigen anderen Gegenstand, er konnte ihn wieder verkaufen, durfte ihn nach Gutdünken strafen und – zumindest in der Zeit der Republik – sogar töten. Dem Sklaven dagegen war es nicht gestattet, in eigenem Namen und Interesse Rechtsgeschäfte abzuschließen. – Diese Stellung des Sklaven außerhalb der für einen Freien geltenden Ordnung ist für uns freilich erst von dem Zeitpunkt an mit Sicherheit erkennbar, zu dem geschriebene Gesetze etwas über die Rechtsnormen verraten. In der Frühzeit Roms mag ein Hausherr seinem Gesinde gegenüber einer durchaus menschlicheren Einstellung gefolgt sein. Und im übrigen sagt die juristische Festschreibung als Sacheigentum nur wenig aus über die im Alltag praktizierten Beziehungen zwischen Herrn und Sklaven.

Schuldsklaverei

In jedem Falle jedoch war die Versklavung selbst ein Akt nackter Gewalt. Als solcher begegnet sie uns in Rom zuerst in Gestalt des Nexum (Schuldknechtschaft), bei dem ein zahlungsunfähiger Schuldner mit seiner Arbeitskraft Eigentum des Gläubigers wird. Dieses Zugriffsrecht des Gläubigers auf die Person des Schuldners ist durch die erste Niederschrift römischen Rechts in den Zwölftafelgesetzen (451/50 v. Chr.) belegt. In seiner unabdingbaren Strenge war es ein unerbittliches Instrument der Patrizier gegen die Plebejer. Die Lex Poetelia (326 v. Chr.) milderte lediglich die Verfahrensweise, änderte aber nicht das Prinzip. Erst allmählich scheinen danach Selbstverpfändung und Schuldsklaverei außer Gebrauch gekommen zu sein.

Quellen der Sklaverei

Seit dem 3. und 2. Jh. v. Chr. taten sich neue, ergiebigere, tagtäglich fließende Quellen für die Sklavenbeschaffung auf, so der Sklavenhandel mit seinen berüchtigten Hauptmärkten, den griechischen Inseln Delos und Rhodos, die gewaltsame Versklavung von Freien, z. B. durch Piraterie und Straßenraub, die von den Römern zeitweilig nicht nur geduldet, sondern gefördert wurde, die regelrechte Nachzucht – wurde doch das Kind einer Sklavin bereits als Sklave geboren –, die Verurteilung von Verbrechern zur Zwangsarbeit im Bergwerk oder zur Ausbildung in der Gladiatorenschule und manche anderen Ressourcen mehr. Dazu kamen die in den Eroberungskriegen eingebrachten Gefangenen, nicht die einzige, aber wohl die Hauptquelle für die Sklavenheere, die das Bild der römischen Wirtschaft prägten.

Lebensbedingungen

Die Sklaven trugen ein schweres Los. Unzählige Fälle von Mißhandlungen und Tötungen haben sich in den Jahrhunderten der Republik ereignet und blieben auch in der folgenden Kaiserzeit nicht aus, obwohl gesetzliche Bestimmungen der grausamen Behandlung entgegenwirken sollten.

Aber die Lebensbedingungen der Sklaven waren nicht einheitlich. Ein kluger und rechnender Herr wußte nämlich, daß er die Arbeitskraft des Sklaven nur dann ausnutzen konnte, wenn er bereit war, sie zu erhalten. Er bot also ausreichend Nahrung und gab Wohnung und Kleidung. Was nützte dem Herrn ein mißhandelter oder gar getöteter Sklave? Er hatte ihn bezahlt und eine bestimmte Zeit ernährt. Aus einem toten Sklaven konnte man keinen Gewinn ziehen.

Die Behandlung der Sklaven hing nicht nur von der Willkür des Herrn, also von subjektiven Faktoren wie Gutmütigkeit oder Grausamkeit ab, sondern in entscheidendem Maße von objektiven ökonomischen und sozialen Faktoren. Je besser es den Domini gelang, die Produktionsprozesse in ihren Villae oder Werkstätten zu organisieren, um so mehr wurden die Methoden des bloßen physischen Zwanges zur Arbeit durch andere, geeignetere Methoden ergänzt und teilweise sogar verdrängt: Spezialisierung und Arbeitsteilung, Vorgabe von Arbeitsnormen, differenzierte Anwendung von Strafe und Belohnung, Bemühen um größere Interessiertheit an der Arbeit usw.

Die Sklavenhalter reagierten auf Versuche der Sklaven, sich zu befreien, stets mit Härte, aber sie lernten es allmählich auch, im Interesse der Erhaltung des gesamten gesellschaftlichen Gefüges, also ihrer Herrschaft, die Verschärfung der Gegensätze abzuschwächen und durch gesetzgeberische Maßnahmen abzufangen. Vor allem im 2. Jahrhundert n. Chr. wurde die Willkür der Herren durch Gesetze beschränkt und die Tötung eines Sklaven unter Strafe gestellt. Der Staat griff damit zwar in die privaten Rechte des einzelnen Dominus ein, er tat dies aber im gemeinsamen Herrschaftsinteresse aller Domini.

Tätigkeiten

Uneinheitlichkeit in der Lage der Sklaven ergab sich auch aus den verschiedenen Arbeiten und Aufgaben, die ihnen zugewiesen wurden. Sie verrichteten nicht nur harte körperliche Arbeit. In ihren Reihen gab es sogar eine Art Rangfolge und sehr begehrte Stellungen.

Unter mühseligsten Bedingungen lebten jene, die auf Feldern, in Mühlen, Steinbrüchen oder gar Bergwerken arbeiten mußten. Ständig vom Tode bedroht waren die Gladiatoren, die in eigens dafür eingerichteten Privatschulen für den Kampf im Amphitheater ausgebildet wurden.

Zahlreiche Sklaven wirkten als Diener in den Haushalten der reichen Römer. Die einen waren für die Sauberkeit des Hauses verantwortlich, andere mußten sich der Wartung von Schmuck und Garderobe annehmen. Einer weiteren Gruppe oblagen der Küchendienst und die Bedienung bei Tisch. Kräftige Träger brachten den vornehmen Herrn in seiner Sänfte zum Forum oder zur Villa eines Freundes. Außerdem begleiteten ihn einige Sklaven, die ihm unterwegs zu kleinen Besorgungen zur Verfügung standen. Neben diesen einfachen Diensten wurden auch verantwortungsvollere Aufgaben von besonders klugen und geschickten Sklaven verrichtet. Vor allem den oft sehr gebildeten griechischen Gefangenen fielen Tätigkeiten zu, die ihrem Wissen entsprachen. Sie verwalteten die private Bibliothek und die Kunstsammlung, beaufsichtigten und erzogen die Kinder und erledigten die Korrespondenz des Herrn. Auch der Hausarzt war gewöhnlich ein griechischer Sklave. Persönliche Berater in Fragen des künstlerischen Geschmacks brauchte der Herr ebenso wie vertrauenswürdige Diener, die für ihn Geschäfte in den Provinzen erledigen durften. Selbst die Verwaltung der Häuser und Güter, des Vermögens und der Kasse lag in den Händen der Sklaven. Sie genossen die Achtung ihres Herrn und wurden oft reichlich beschenkt.

Nicht nur Rom, sondern auch andere italische Städte kauften Sklaven aus Mitteln der Gemeindekasse. Diese Servi publici versahen öffentliche Dienste. Viele von ihnen mußten in kommunalen Bergwerken und Steinbrüchen arbeiten. Andere wurden bei der Errichtung öffentlicher Bauten, z. B. der Wasserleitungen, eingesetzt. Darunter befanden sich geschätzte Fachkräfte, die auch entsprechend belohnt wurden. Selbst manche Amtsdiener der höheren Magistrate waren Servi publici. Servi publici

Da die Sklaven Eigentum des Herrn waren, konnten sie rechtlich selbst kein persönliches Eigentum besitzen. Dem Herrn war jedoch nicht verboten, seine Sklaven zu entlohnen. Die Sklaven, die auf den Feldern arbeiteten, werden freilich selten eine regelmäßige Vergütung erhalten haben. Dagegen wurden besondere Leistungen der Haussklaven oft durch Schenkungen anerkannt. Mancher von ihnen erwarb dadurch ein beträchtliches Vermögen. Juristisch blieb allerdings der Besitz des Sklaven Eigentum des Herrn und ging erst dann in die Verfügungsgewalt des Sklaven über, wenn der Herr ihn freiließ. Die Servi publici erhielten übrigens ein regelmäßiges Handgeld. Viele Herren erlaubten ihren Sklaven, Geld zu sparen, den Kaufpreis schließlich zurückzuerstatten und sich damit freizukaufen. Grundsätzlich war es dem Sklavenhalter gestattet, einen Sklaven zu jedem Zeitpunkt freizulassen. Das Verfahren der Freilassung war durch Gesetze geregelt. Zum ehemaligen Herrn blieb ein Abhängigkeitsverhältnis in Form der Klientel bestehen. Entlohnung Freikauf Freilassung

Zur Freilassung gehörte die Annahme des Gentilnamens des ehemaligen Besitzers. Der Sklave Tiro des Marcus Tullius Cicero hieß also nach der Freilassung Tullius Tiro. Oft wurde auch der Vorname des Herrn – hier also Marcus – mit übernommen.

Der Libertinus, der Freigelassene, galt als freier, jedoch nicht vollberechtigter Bürger. Er besaß zwar das Stimmrecht, konnte sich aber nicht um Staatsämter bewerben. Das war nur Freigeborenen möglich. Als freigeboren galten u. U. erst die Enkel, noch nicht einmal die Kinder des Libertinus. Privatrechtlich war ihm gestattet, Eigentum zu erwerben und zu veräußern, also Rechtsgeschäfte abzuschließen. Freigelassene konnten untereinander eine rechtsgültige Ehe eingehen. Das Kind einer Libertina mit einem Vollbürger hatte jedoch nach dem Ius conubii den Rechtsstatus eines Libertinus. Dieses Ius conubii, das Recht, eine gültige Ehe einzugehen, hatte wesentliche Bedeutung. Es bestimmte, daß nur Bürger des gleichen Standes heiraten durften. 445 v. Chr. erhielten Patrizier und Plebejer gegenseitiges Conubium. Die Bestimmung blieb aber weiterhin wichtig für das Verhältnis von römischen Bürgern zu Nichtbürgern oder von Freien zu Unfreien. Entstanden nämlich aus einer Verbindung, die nach dem Eherecht nicht gültig war, Kinder, so entsprach deren Rechtsstellung stets der der Mutter. Daraus ergab sich auch, daß das Kind einer Sklavin von Geburt unfrei war und der Bestand an Sklaven auf diese Weise vergrößert wurde. Rechtslage des Libertinus

Der Aufstieg Roms zum mächtigsten Staat der Antike

Die Grundlagen der römischen Eroberungspolitik in der Zeit der Republik

Als die Staatsform der Republik die Königsherrschaft ablöste, war Rom ein kleiner Stadtstaat in Latium, der noch nichts von seiner späteren Macht ahnen ließ.

Die italischen Nachbarstämme und vor allem die etruskischen Städte beobachteten die innere Festigung und den langsamen Aufstieg Roms mit Argwohn. Für die Etrusker bedeutete die Beseitigung des römischen Königtums mehr als eine Änderung der Staatsform. Mit der Vertreibung des Tarquinius hatten sie nämlich ihren Einfluß auf die junge Stadt verloren und setzten nun alles daran, ihre Macht zurückzugewinnen. So sah sich die Republik schon in den ersten Jahren ihres Bestehens von starken Feinden umgeben. Wollte Rom seine Selbständigkeit behaupten, so mußte es sich hartnäckig verteidigen und, wenn möglich, die eigene Macht, vor allem den Besitz von Land als der allgemeinen Existenzgrundlage, erweitern. Kämpferischer Mut wurde damit zur Lebensnotwendigkeit. Das war eine der wichtigsten Ursachen für die spätere Kriegstüchtigkeit der Römer.

Einen wesentlichen Anteil an der aufopferungsvollen Kampfbereitschaft hatten ferner die Idee und die Organisationsformen der Res publica. Etwas Ähnliches kannten die Nachbarvölker nicht. Zwar war bei den Etruskern der Staat früher ausgebildet als bei den Römern, aber die etruskischen Städte hatten das Königtum noch nicht überwunden. Deshalb unterschieden sich die Interessen der Herrscher von denen des Volkes. Die Masse der Menschen hatte erkannt, daß der Erfolg eines Krieges doch hauptsächlich nur den Machthabern zugute kam. Die römischen Patrizier dagegen wußten, wofür sie kämpften, und selbst die Plebejer sahen die Behauptung der Selbständigkeit Roms als notwendig an. Die Niederlage der Stadt hätte sie ihrer bescheidenen Existenz beraubt und ihnen die Unfreiheit gebracht. Die republikanische Verfassung verlieh also den Römern eine höhere Kampfmoral, die auf die Dauer die Überlegenheit ihrer Heere mitbestimmte.

Als Rom die führende Machtposition in Mittelitalien errungen hatte, hatten sich die ökonomischen und sozialen Bedingungen bereits entschieden geändert. Es bestand schon ein echtes Interesse, den Besitz an Land zu mehren und den Reichtum durch die Arbeit größerer Sklavenscharen zu erhöhen. Damit wurde die grenzenlose Ausdehnung der Macht zum Ziel der römischen Politik, der Eroberungskrieg zum wichtigsten Mittel, dieses Ziel zu erreichen. Die kampferprobten römischen Legionen unterwarfen Gegner um Gegner und machten Rom zum mächtigsten Staat der Antike.

In der Zeit der Republik erhielt Rom den größten Machtzuwachs etwa bis zum Ende des 2. Jahrhunderts v. Chr. Dabei sind deutlich zwei Hauptphasen zu unterscheiden. Die erste schließt mit der Eroberung Italiens, in die zweite fällt der Erwerb zahlreicher außeritalischer Besitzungen. Die Hauptereignisse der zweiten Phase sind die drei Kriege gegen Karthago.

Die Ausweitung der Macht bis zur Eroberung Süditaliens

Ganz am Anfang sehen wir erbitterte Kämpfe um die Existenz des jungen Stadtstaates Rom, die unter den damaligen geschichtlichen Bedingungen nur als Kämpfe um die Überlegenheit, die Vormachtstellung gegenüber den Nachbarn und Gegnern geführt werden mußten. Die Okkupation fremder Territorien erfolgte anfangs zugunsten des Ager Romanus (ager publicus), allmählich jedoch zugunsten des Privateigentums, bis wir dann am Ende dieses Zeitraums ganz offensichtliche Aggressions- und Expansionskriege im Interesse der herrschenden Schichten erkennen können.

Kämpfe gegen die Etrusker

Tarquinius Superbus – selbst etruskischer Herkunft – floh nach seinem Sturz nach Etrurien. Er bewog die Einwohner der Städte Veji und Tarquinii, gegen Rom zu Felde zu ziehen. Die Römer trugen den Sieg davon. Tarquinius wandte sich jetzt an den etruskischen Fürsten Porsenna: bereitwillig rüstete dieser ein Heer und belagerte die Stadt erneut.

Porsenna

Die Römer konnten den Feind nicht in offener Feldschlacht stellen und richteten sich auf die Belagerung ein. Doch ehe noch die Verteidiger alle Vorbereitungen getroffen hatten, stürmten die Etrusker schon heran. Eine einzige Holzbrücke, der Pons sublicius am Hügel Janiculus, lag noch zwischen den Römern und der schützenden Stadtmauer. Die Überlieferung feiert den Heldenmut des Horatius Cocles, der im Kampf um diese Brücke mit nur zwei anderen Soldaten den Rückzug der Römer in die Stadt gedeckt haben soll.

Horatius Cocles

Als die Not der Belagerten immer größer wurde, trug sich der Senat mit dem Gedanken, die Stadt zu übergeben. Einem jungen Mann namens Gaius Mucius schreibt die Sage die Wendung der Dinge zu. Er bat den Senat, allein in das Lager des Feindes gehen zu dürfen. Vor dem Eingang des etruskischen Feldherrenzeltes erblickte er zwei prächtig gekleidete Männer und etliche Soldaten. Mucius zog den Dolch und erstach, wie er glaubte, den König. Allerdings war ihm ein Irrtum unterlaufen: sein Opfer war nicht Porsenna, sondern dessen Schreiber, der den Soldaten gerade den Sold zahlte. Als Porsenna den Feind verhörte und ihn mit Feuer zu foltern drohte, hielt Mucius entschlossen seine rechte Hand in die Flamme des nächststehenden Opferbeckens und ließ sie ohne eine Äußerung des Schmerzes langsam verbrennen. Angeblich schenkte Porsenna dem Römer die Freiheit und bot Rom den Frieden an, weil Mucius ihm zurief, daß gleich ihm viele Römer bereit seien, den König zu töten. Ihrem Retter verlieh die Stadt den Beinamen Scaevola – Linkshand.

Mucius Scaevola

Die Sage läßt diesen Kampf glücklich enden. In Wirklichkeit scheint Porsenna damals jedoch Rom erobert zu haben. Denn eine weitere Sage berichtet von dem tapferen römischen Mädchen Cloelia, dem die Befreiung vornehmer römischer Geiseln aus der Gewalt des etruskischen Fürsten gelang. Die dankbaren Römer errichteten ihr später dafür eine Reiterstatue.

Cloelia

Wenn die Etrusker ihre Macht trotzdem nicht festigen konnten, so verdankten die Römer das einem Umstand, der Rettung von außen brachte. Die griechische Siedlung Cumae an der westitalischen Küste fühlte sich nämlich stark genug, es mit den Etruskern aufzunehmen. Ihr Heer versetzte den Etruskern um das Jahr 500 v. Chr. einen Schlag, von dem sie sich offenbar in Jahrzehnten nicht erholen konnten.

Kämpfe gegen die Volsker

Neben den Etruskern waren in jener Zeit die zu den sabellischen Stämmen gehörenden Volsker erbitterte Gegner Roms. Auch über sie trugen die Römer schließlich den Sieg davon. Wenn die Sage das Heldentum der römischen Soldaten preist, verrät sie zwangsläufig, wie bedrohlich die Lage für die Stadt manchmal war. Das zeigt sich auch in der Erzählung von Coriolan, dessen eigenartiges Schicksal später oft künstlerisch nachgestaltet wurde (z. B. in Dramen von Shakespeare und Brecht und in der Coriolanouvertüre von Ludwig van Beethoven). Der eigentliche Name dieses Mannes war Marcius. In einem erbitterten Gefecht mit den Volskern rettete er die Vaterstadt durch todesmutigen Einsatz und eroberte das volskische Corioli. Der Senat ehrte ihn deshalb mit dem Beinamen Coriolanus.

Coriolan

Coriolan war ein entschiedener Gegner der Plebejer. Er wollte eine Hungersnot ausnutzen, um durch überhöhte Getreidepreise die Plebejer zu erpressen: Sie sollten die inzwischen errungenen Rechte wieder aufgeben oder kein Brot erhalten. Der Zorn, der die Plebejer erfaßte, war für die Patrizier so bedrohlich, daß sie den einst gefeierten Retter der

Stadt nun als Feind des Volkes vor Gericht stellen mußten. Das Urteil lautete auf lebenslängliche Verbannung.

Während seine Familie in Rom blieb, verließ Coriolan die Stadt. Auf Rache sinnend, erbot er sich den Volskern, gegen die er einst gekämpft hatte, an der Spitze ihres Heeres Rom für sie zu erobern. Die Römer, der Gefahr nicht gewachsen, verlegten sich aufs Bitten. Nacheinander suchten zwei vom Senat entsandte Delegationen den Verräter auf und versprachen ihm seine alten Rechte. Coriolan zeigte nur Spott und Verachtung. Da machte sich die sonderbarste Gesandtschaft auf den Weg, die es in der römischen Geschichte je gegeben hat: eine Gruppe von Frauen, in ihrer Mitte Coriolans Mutter Veturia. Diese brach den harten Sinn ihres Sohnes mit den Worten: „Denke daran, Marcius, daß du über den toten Körper deiner Mutter schreiten mußt, wenn du die Vaterstadt vernichten willst. Ich kann es nicht ertragen, daß mein Sohn an der Spitze der Feinde in unser Rom einmarschiert." Coriolan zog ab und wurde von den enttäuschten und erbitterten Volskern erschlagen.

Aus den Kämpfen mit den Volskern kennen wir kaum Einzelheiten. Sie erstreckten sich augenscheinlich über lange Jahre und brachten keiner Partei deutlichen Gewinn, so daß sich die Feinde dann wohl für geraume Zeit in Ruhe ließen. Rom nutzte diese Pause und eröffnete nun von seiner Seite einen neuen Krieg gegen die Etrusker. Zehn Jahre soll der Feldherr Marcus Furius Camillus die Stadt Veji, nicht ganz 20 Kilometer nördlich von Rom, belagert haben. Schließlich fiel sie im Jahre 396 v. Chr. in die Hände der Römer. Die Bevölkerung Vejis wurde versklavt, ihr Ackerland von ca. 37 000 Hektar dem Ager publicus zugefügt. Damit hatten die Römer auch auf dem rechten Tiberufer festen Fuß gefaßt.

Eroberung Vejis

Wenig später ereignete sich eine Katastrophe, die in allen Zeiten zu den schwärzesten Tagen der römischen Geschichte gezählt wurde. Das Volk der Kelten – in der lateinischen Sprache führt es den Namen Gallier –, das weite Gebiete Mitteleuropas bewohnte, war in Bewegung geraten und stieß auf der Suche nach neuem Siedlungsraum nach Osten und Süden vor. Große Heereszüge hatten die Alpen überschritten, drangen in die Poebene ein und gerieten in Kämpfe mit den Etruskern. Zwar schickte Rom den anrückenden Scharen ein Heer entgegen, das den Feind am Flüßchen Allia zum Kampfe stellte. Aber die Römer erlitten eine bittere Niederlage, und der Weg nach Rom stand den Kelten offen. Die Feinde waren so überraschend in der Stadt, daß es nicht einmal allen Bürgern gelang, Zuflucht auf dem Kapitol zu finden. Die Häuser wurden in Brand gesteckt, die Bevölkerung in den Wohnungen oder auf den Straßen dahingemordet.

Gallier-einfall

Die Gallier belagerten das Kapitol. Vom Hunger gequält, lieferte die Besatzung der Burg sich schließlich dem Feinde aus. König Brennus soll als Tribut den unerhörten Betrag von 1 000 Talenten reinen Goldes verlangt haben. Als die Kelten das Lösegeld empfangen hatten, rückten sie wahrscheinlich ab. Die Sage wußte ihrem Abzug jedoch noch einen besonders dramatischen Effekt hinzuzusetzen: Just zu dem Zeitpunkt, da das Gold zusammengetragen und auf dem Forum gewogen wurde, kehrte der siegreiche Diktator Camillus aus Veji zurück. Mit seinem Heere schlug er die Gallier und vertrieb sie aus Rom.

Die Stadt brauchte fast ein halbes Jahrhundert, um sich von der Katastrophe zu erholen. Ihr Wiederaufstieg war um so mühsamer, als die Föderation der latinischen Städte, die unter Führung Roms entstanden war, nach dem Galliereinfall zerbrach. Wenn die Römer sich der Angriffe der Volsker, der Etrusker und einiger latinischer Städte, die sich von der Vorherrschaft Roms befreien wollten, erwehren konnten, so lag das hauptsächlich daran, daß die feindlichen Mächte nicht geeint vorgingen und teils auch selbst durch die keltische Invasion geschwächt waren. Bis zur Mitte des 4. Jahrhunderts v. Chr. gelang es Rom, seine Vormachtstellung in Latium wieder zu sichern. Es begann erneut eine Eroberungspolitik, die durch die Uneinigkeit der mittelitalischen Völker begünstigt wurde.

Latinerkrieg

Der erste entscheidende Krieg wurde 340 bis 338 v. Chr. gegen die Latiner geführt. Trotz des Bündnisses zwischen Latinern und Volskern und einigen kleineren Völkerschaften erfochten die römischen Heere den Sieg und diktierten den Feinden die Friedensverträge. Die benachbarten Städte wurden dem römischen Gebiet angegliedert und erhielten römisches Bürgerrecht, jedoch kein Stimmrecht in der Volksversammlung. Das Latinerland wurde teilweise zum römischen Ager publicus erklärt und von römischen Bauern als Stützen der römischen Macht besiedelt bzw. von Patriziern in private Nutzung (Viehweide, Pachtland) genommen. Dieses Verfahren kam in der Folgezeit bei der Unterwerfung Italiens immer wieder zur Anwendung.

Kriege gegen die Samniten

Kaum waren die Latinerkriege zu Ende und die Verhältnisse in Latium geordnet, da wandten sich die Römer auch schon gegen die Samniten. Zuerst eroberten sie das griechische Neapel und standen damit inmitten Kampaniens, dessen Reichtum ihnen höchst erstrebenswert, aber nur durch einen Sieg über die Samniten erreichbar schien. Im Jahre 304 v. Chr. erzwangen sie einen Friedensvertrag, der ihnen Kampanien einbrachte.

Die Waffen ruhten nur sechs Jahre, denn schon 298 v. Chr. forderten die Samniten die Römer erneut zum Kampfe. Die Samniten hatten ein Bündnis mit den Etruskern und den ebenfalls nördlich von Rom lebenden Umbrern geschlossen und sogar einige gallische Stämme als Mitkämpfer gewinnen können. Trotz des Zweifrontenkrieges, den Rom nun führen mußte, behielt es die Oberhand. 282 v. Chr. beherrschten die Römer Italien von der Poebene bis nach Lukanien. Frei war nur noch der vorwiegend von Griechen besiedelte Süden der Apenninenhalbinsel.

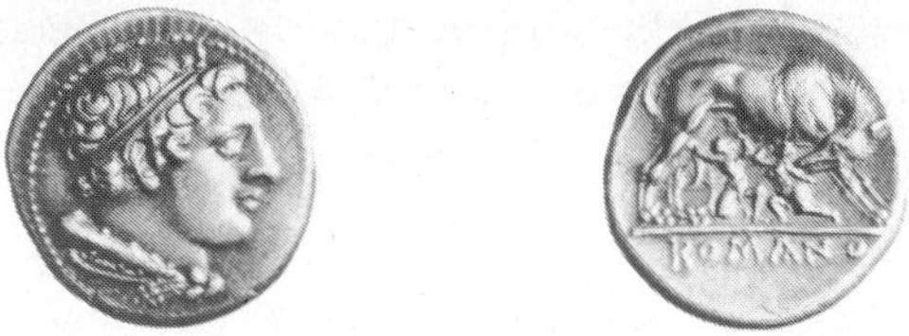

Silberdidrachmon, Rom kurz nach 270 v. Chr., Vs. Herakles, Rs. Wölfin mit Romulus und Remus, ROMANO(M) = (Romanorum)

Die politische Geschichte der Griechen ist eine Geschichte der Uneinigkeit und der Bruderkriege. In solcher Uneinigkeit lebten auch die Griechenstädte Süditaliens, und dies kam jetzt den Römern zustatten.

Unterwerfung Süditaliens

Um die gleiche Zeit, als Rom seine Herrschaft über Mittelitalien sicherte, griffen die Bewohner Lukaniens die griechische Stadt Thurii am Golf von Tarent an. Statt die Tarentinischen Griechen um Hilfe zu bitten, wandten sich die Einwohner Thuriis an die Römer. Diese halfen nur zu gern. Sie hatten gegenwärtig keine kriegerischen Auseinandersetzungen zu fürchten und wußten, daß sie sich mit ihrem Eingreifen den Weg nach Süditalien öffneten. Die Lukaner wurden schnell geschlagen. In Thurii verblieb aber eine römische Garnison. Das erregte mit Recht den Argwohn der Tarentiner. Die Spannung zwischen Rom und Tarent verschärfte sich, als die Tarentiner einige römische Schiffe versenkten, die im Hafen von Tarent vor Anker gegangen waren. Wenig später gingen die Tarentiner gegen Thurii vor und zwangen die Römer, die Stadt zu verlassen. Diese beiden Ereignisse lieferten Rom den Vorwand zum Kriege. Eine starke Heeresmacht wurde nach Süditalien und Tarent in Marsch gesetzt.

Pyrrhos

Die Griechen wandten sich mit einem Hilferuf an Pyrrhos, den König des westgriechischen Epirus. Auch die Hilfsbereitschaft dieses ehrgeizigen Mannes war nicht uneigennützig. Er träumte von einem Großreich im Westen des Mittelmeeres, zu dessen Herrscher er sich machen wollte. Die Gelegenheit dazu schien gekommen. Ohne Zögern warf er eine gewaltige Armee nach Italien. Im Frühling des Jahres 280 v. Chr. betraten 22 000 Fußsoldaten und 3 000 Reiter den Boden der Apenninenhalbinsel. Noch einen anderen Kampfverband, den bis dahin kein Römer gesehen hatte, brachte Pyrrhos mit, nämlich 20 Elefanten. Sie stürmten dem Fußvolk voran, auf ihren Rücken saßen Bogenschützen. Die Wirkung der heranjagenden Ungetüme erschütterte die römische Front, bevor die Elefanten überhaupt in die Schlachtreihe eingebrochen waren. Noch mehr Angst als die Menschen hatten die Pferde. Sie wandten sich zur Flucht und brachten die Ordnung der römischen Soldaten vollends durcheinander. Die Reiterei des Pyrrhos setzte nach, und die Römer erlitten schlimme Verluste. Das war das Ende der Schlacht bei Heraclea.

Schlacht bei Heraklea

Die Römer mußten Lukanien aufgeben. Verschiedene italische Völker und Stämme, neben anderen die Samniten, sahen die Möglichkeit, sich von der römischen Vorherrschaft zu befreien, wenn sie zu Pyrrhos überliefen.

Weder die Römer noch der König von Epirus gaben nach dem Treffen von Heraclea Ruhe. Schon im nächsten Jahr standen sich beide Heere nahe bei Ausculum in der Landschaft Apulien erneut gegenüber. Die Römer hatten 70 000 Soldaten aufgeboten. Selbst diese starke Armee konnte dem Gegner nicht standhalten. Und doch war diese zweite Niederlage der Anfang des Sieges. Die Verluste im Heer des Pyrrhos waren so furchtbar, daß er ausgerufen haben soll: „Noch einen solchen Sieg, und ich bin verloren!“ Ein mit großen Opfern bezahlter Erfolg wird daher ein „Pyrrhos-Sieg“ genannt.

Ausculum

Während der König keine Reserven mehr hatte, konnten die Römer ihre Kampfkraft immer noch steigern. Seinen Plan, ein großes Reich zu gründen, wollte Pyrrhos trotzdem nicht aufgeben und stürzte sich darum in ein anderes militärisches Abenteuer. Die Griechenstädte Siziliens erbaten seine Hilfe gegen die Karthager. Pyrrhos errang während seines Feldzuges auf der Insel einige Erfolge. Aber weil er die Städte nicht wie ein Helfer, sondern wie ein Sieger behandelte, setzten sie sich schließlich gegen ihn zur Wehr. Einige verbündeten sich sogar mit Karthago. Pyrrhos mußte nach Italien zurückkehren. Bei der Überfahrt verlor er durch einen karthagischen Angriff die Hälfte seiner Flotte.

Inzwischen waren die Römer nicht untätig gewesen. Als der König zum zweiten Male die Apenninenhalbinsel betrat, fand er die Samniten und die Lukaner schon wieder besiegt. Bis Benevent, einer Stadt inmitten Samniums, ließen die Römer ihn vordringen. Dort stellten sie ihn zur Schlacht, und diesmal endete der Kampf mit einem überlegenen Sieg der römischen Streitkräfte. Pyrrhos floh nach Tarent und beeilte sich, nach Epirus zurückzukehren. Drei Jahre später fiel er bei einer Straßenschlacht im griechischen Argos, als er seine ehrgeizigen Pläne in Griechenland zu verwirklichen suchte (272 v. Chr.).

Benevent

Süditalien stand den Römern offen. Die restlichen einheimischen Stämme und Griechenstädte ergaben sich nicht ohne Gegenwehr, aber niemals bedeutete ihr Widerstand den Römern ein ernsthaftes Hindernis. Besonders Tarent verteidigte sich hartnäckig, doch 272 v. Chr. war es auch um seine Unabhängigkeit geschehen.

Fall von Tarent

Damit stand die Halbinsel bis zur Straße von Messina unter römischer Herrschaft. Lediglich im Norden (einem Gebiet, das in jener Zeit noch nicht zu Italien gerechnet wurde), zu beiden Seiten des Po, lebten noch selbständige Stämme.

	Innenpolitik	Außenpolitik
509 v. Chr.	Vertreibung des Tarquinius Superbus; Einsetzung von Jahresbeamten	
um 500		Kämpfe gegen Nachbarvölker
494	Streik der Plebejer: Einsetzung des Volkstribunats	
450/51	Zwölftafelgesetze	
396		M. Furius Camillus erobert das etruskische Veji
um 387		Galliereinfall in Rom
367	Plebs erringt Zugang zum Konsulat; Ackergesetz	
338		Unterwerfung der latinischen Städte
326	Einschränkung der Schuldsklaverei durch die Lex Poetelia	
304		Sieg über die Samniten: Rom erwirbt Kampanien
287	Lex Hortensia: Beschlüsse der Plebs erhalten Gesetzeskraft	
282		Die Samniten werden erneut geschlagen: Rom beherrscht Apenninenhalbinsel bis Lukanien
280		Pyrrhos landet in Italien, Siege über die Römer
275		Schlacht bei Benevent: Pyrrhos wird geschlagen
272		Eroberung Tarents. Rom gebietet über Süditalien

Die Begründung der Herrschaft über das Mittelmeergebiet durch die Niederwerfung Karthagos

Seit dem 10. Jahrhundert v. Chr. hatten die Phönizier, die an der Ostküste des Mittelmeeres beheimatet waren, in den nach Westen gelegenen Ländern zahlreiche Niederlassungen als Handelsstützpunkte gegründet. Keine von ihnen erlangte eine solche Bedeutung wie das vermutlich im 9. Jahrhundert im Norden Afrikas entstandene Karthago.

Silberne Tetradrachmen, Karthago, 4. Jh. v. Chr., Vs. oft eine Göttin (Kore – Persephone), Rs. Palme mit Pferd, Löwe o. ä.

Seit dem 5. Jahrhundert v. Chr. stritt Karthago mit den Griechenstädten um den Besitz Siziliens. Die Insel war reich und fruchtbar. Die Punier (= Poeni, d. i. der lateinische Name für die Karthager) zogen aus ihren sizilischen Besitzungen großen Gewinn. Vor allem aber bildete die Insel eine Verbindung nach Europa. War Sizilien für Karthago die Brücke nach Italien, so bedeutete es für die Römer den Weg nach Afrika. Selbst wenn der römische Senat Karthago zunächst gar nicht als möglichen Gegner angesehen hätte, war die bewaffnete Auseinandersetzung um Sizilien nur eine Frage des Zeitpunkts. Der natürliche Reichtum der Insel, ihre verkehrsstrategisch wichtige Lage zwischen dem westlichen und dem östlichen Teil des Mittelmeers, die Tatsache, daß sie praktisch vor den Füßen zweier so starker Mächte lag, mußte geradezu zwangsläufig in den Kampf um ihren Besitz führen.

1. Punischer Krieg

Ein Anlaß zum Krieg ergibt sich in solch brisanter Lage immer. Söldner kampanischer Herkunft brachten Messina in ihre Gewalt und gerieten in Auseinandersetzungen mit Syrakus. Im Jahr 264 v. Chr. suchten sie Unterstützung in Rom und gleichzeitig in Karthago. Beide Helfer schickten Heere, kämpften aber nicht miteinander gegen Syrakus, sondern gegeneinander um den Besitz der Insel. Zwei Jahre später erfochten die Römer bei der Stadt Akragas einen Sieg. Die Karthager spielten dagegen ihre reichen Erfahrungen zur See aus: ihre Flotte verwüstete inzwischen die Küsten Siziliens und Süditaliens.

So günstig für die Römer die Lage im Landkrieg war, so deutlich erkannten sie ihren Nachteil in der Seekriegführung. In großer Eile bauten sie, unterstützt von griechischen Fachleuten, eine Flotte.

Aber die römischen Soldaten waren keine Matrosen. Um die Praktiken des Landkrieges auf dem Meere anwenden zu können, erdachten die Römer eine technische Neuerung. Sie fuhren so dicht an das feindliche Schiff heran, daß sie eine Brücke hinüberwerfen konnten, deren spitzer Haken sich auf dem Deck fest einbohrte. Die beiden Schiffe waren dadurch fast starr miteinander verbunden und unfähig zu manövrieren. Die Soldaten stürmten über die Enterbrücke und überwanden die feindliche Besatzung im Nahkampf.

260 v. Chr. erfocht diese Flotte nördlich von Sizilien ihren ersten Sieg. Das ermunterte die Römer, im Seekrieg eine Offensive zu wagen. Im Jahre 256 v. Chr. landeten sie in Afrika und eroberten einige Städte, so daß Karthago um Frieden bat. Der römische Konsul, der das Heer führte, überschätzte jedoch seinen Erfolg so sehr, daß er nicht nur ungemein harte Friedensbedingungen stellte, sondern überdies einen Teil seines Heeres wieder nach Italien schickte. Im Leichtsinn der Römer erblickten die Punier die Gelegenheit, zum Erfolg zu kommen. Sie griffen an und vernichteten die zurückgebliebenen römischen Heeresteile fast völlig. Nur etwa 2 000 konnten sich auf die Schiffe retten. Sie gerieten bei ihrer Rückfahrt in ein Unwetter und versanken in den Fluten.

Die Hoffnung auf Sieg und Frieden war zunächst dahin. Bevor Rom eine neue Flotte hatte, vergingen fast zehn Jahre. Unterdes kämpfte man auf Sizilien weiter. Doch der überzeugende Erfolg blieb aus, denn in Hamilkar Barkas („der Blitz“) als Führer der punischen Truppen fanden die Römer einen geschickten Widersacher. 241 v. Chr. stach endlich die neue römische Kriegsflotte in See. Die entscheidende Schlacht wurde vor der Westküste Siziliens ausgefochten. Karthago, 23 Jahre hatte es standgehalten, war erschöpft und überwunden.

Ergebnisse des ersten Krieges

Die Punier mußten auf Sizilien verzichten und bedeutende finanzielle Leistungen für den Sieger aufbringen. Der Krieg hatte auch die innenpolitische Festigkeit Karthagos erschüttert. Unmittelbar nach Friedensschluß brach im Staate der Punier ein gefährlicher Aufstand von 40 000 Sklaven und Soldaten aus, die als Söldner in karthagischen Diensten gestanden hatten. Rom zog daraus sofort Nutzen: unter Bruch des Friedensabkommens besetzten seine Truppen Korsika und Sardinien. Kein Karthager konnte an ernsthaften Widerstand denken.

Vorbereitung des 2. Krieges

Entschieden war der Kampf zwischen Rom und Karthago damit noch nicht. Rom war an Macht und Einfluß gewachsen, aber Karthago war noch nicht ohnmächtig. Selbst der dem Krieg folgende dreijährige Kampf gegen die Aufständischen hatte die Stadt nicht so schwächen können, daß sie für die Dauer aus der großen Politik ausscheiden mußte. Jener Hamilkar und sein politischer Anhang waren sich darüber klar, daß für Karthago die Auseinandersetzung nur in der völligen Niederlage Roms zu Ende sein konnte, und sie richteten sich auf diesen Krieg ein. Er durfte nicht leichtfertig vom Zaune gebrochen werden, sondern verlangte gründliche Vorbereitung, Kräftigung des Staates, Gewinn neuen Bodens und neuen Raumes, um gegen Rom aufmarschieren zu können. Sizilien war verloren. Jeder Versuch, es wiederzuerobern, wäre schon der Krieg mit Rom gewesen. Also suchte man ein anderes Land, das den gleichen Zweck erfüllte. Dieses Land war Spanien.

Von 237 bis 229 v. Chr. eroberte Hamilkar einen großen Teil der Iberischen Halbinsel. Als er 229 fiel, setzte sein Schwiegersohn Hasdrubal das Werk fort. Spanien wurde ausgeplündert, auf seinem Boden ein großes Söldnerheer zusammengestellt. – In Rom wußte man genauso gut wie in Karthago, daß man von Spanien über die Pyrenäen und die Alpen nach Italien gelangt, ohne ein Meer überqueren zu müssen. Aber die Gebirge, vor allem die Alpen, schienen damals für starke Truppenverbände ein geradezu unüberwindlichs Hindernis. Trotzdem schlossen die Römer vorbeugend mit Hasdrubal einen Vertrag, daß er bei allen spanischen Unternehmungen den Ebro nicht überschreiten werde.

Hannibal

Hasdrubal wurde im Jahre 221 v. Chr. ermordet. An seine Stelle trat Hannibal, der kluge und weitsichtige Sohn Hamilkars. Als neunjähriger Junge hatte er seinem Vater schwören müssen, daß er niemals aufhören werde, die Römer zu hassen. Als er die Führung des punischen Heeres übernahm, war er gerade 26 Jahre alt. Er hatte erkannt, daß Roms Macht hauptsächlich auf die Unterwerfung italischer Städte und Völker gegründet war. Stünde die punische Heeresmacht in Italien, so könnte sie dieses Scheinbündnis sprengen und damit einen unschätzbaren Vorteil im künftigen Kriege gewinnen. Also traf Hannibal alle Vorbereitungen, um sein Heer nach Italien zu führen.

Belagerung Sagunts

Die Punier hatten in Südostspanien alle bedeutenden Städte erobert, mit Ausnahme Sagunts. Die Römer warnten Hannibal durch eine Gesandtschaft vor einem Angriff auf diese Stadt. Daraufhin – um den Konflikt bewußt heraufzubeschwören – belagerte Hannibal Sagunt und zog dort acht Monate später als Sieger ein. Das war im Jahre 219 v. Chr. Ein neuer, diesmal achtzehnjähriger Krieg stand bevor.

Ausbruch des zweiten Krieges

Die Römer hielten einen Angriff aus dem Norden immer noch für unwahrscheinlich. Sie teilten ihre Heeresmacht in zwei starke Verbände. Die eine Gruppe sollte nach Sizilien in Marsch gesetzt werden, von dort nach Afrika übersetzen und gegen Karthago vorgehen. Der andere Teil stand zum Transport nach Spanien bereit, um den Puniern dort entgegenzutreten. Schon die ersten Operationen verlangten rigorose Änderungen der militärischen Planung Roms. Hannibal marschierte mit 50 000 Fußsoldaten, 10 000 Reitern und 37 Elefanten an der spanischen Mittelmeerküste nach Norden. Als er die Pyrenäen schon hinter sich hatte und sich der Rhône näherte, fielen in Rom auch die letzten Zwei-

Hannibals Alpenübergang

fel, woher der Feind zu erwarten sei. Aus der geplanten Offensive wurde unerwartet eine Verteidigung. Die gesamte römische Streitmacht wandte sich nach Norden, um dort den Feind aufzuhalten.

Die Truppen Hannibals überschritten indes in ganzen 33 Tagen die Alpen, ein Erfolg, der nicht ohne schwere Verluste errungen wurde. Als Hannibal im Tal des Po sein Heer musterte, waren die Fußtruppen auf ein Viertel, die Reiterei auf die Hälfte zusammengeschmolzen. Von den Elefanten hatten nur sehr wenige die Strapazen überlebt. Aber der Feldherr stand jetzt in Gallia Cisalpina, dem – von Rom aus gesehen – diesseits der Alpen gelegenen Gallien, das die Römer erst kurz zuvor unterworfen hatten. Um so bereitwilliger strömten dem punischen Heere neue Kämpfer zu, sahen doch die einheimischen Stämme die Gelegenheit, sich von der Vorherrschaft Roms zu befreien.

Inzwischen rückte die römische Armee heran, nicht schnell genug, um die noch erschöpfte karthagische Streitmacht zu treffen. Sie mußte sich mit einem schon wieder erstarkten Gegner messen und unterlag. Hannibal stieß nicht sofort nach, sondern begann seine Offensive erst im Frühjahr 217 v. Chr. Nach Meinung der Römer konnte er nur über die Stadt Arretium nach Süden ziehen. Ostwärts sperrte der Apennin den Weg, westwärts die Fluten des Arno, der wegen der Frühjahrshochwassers unpassierbar schien. Deshalb konzentrierten die Römer ihre Truppen in jener norditalischen Stadt. Hannibal dagegen ließ seine Soldaten vier Tage und drei Nächte durch Sumpf und Wasser waten. Als die Besatzung von Arretium und ihr Führer, der Konsul Flaminius, davon erfuhren, stand Hannibal bereits auf der Straße nach Rom.

Voller Entsetzen und Hast nahm Flaminius die Verfolgung auf. Da er den Feind in gleicher Marschrichtung vor sich wußte (immer der Ansicht, Hannibal versuche, möglichst schnell die Hauptstadt zu erreichen), ließ er sich nur von Eile, nicht aber von Vorsicht leiten. Er verzichtete sogar darauf, die Gegend zu erkunden.

Mitten in Etrurien liegt der von Hügeln umstandene Trasimenische See. An seinen Ufern führte die Straße entlang, auf der nacheinander beide Heereszüge marschieren mußten. Als die Römer das Gebiet um den See erreichten, stürmten von den Hügeln die Punier herunter und fielen über die römischen Legionäre her. Roms Armee wurde vernichtet, Flaminius fiel gleich zu Beginn des Kampfes.

Schlacht am Trasimenischen See

In Furcht und Schrecken bereiteten sich die Bewohner der Stadt auf die Verteidigung vor und ernannten Quintus Fabius Maximus zum Diktator. Doch Hannibal wandte sich plötzlich nach Osten, zog zum Adriatischen Meer und längs der Küste weiter nach Süden. Er wollte zuerst möglichst viele italische „Bundesgenossen" zum Abfall von den Römern bewegen, ehe er zum letzten großen Schlag ausholte.

Q. Fabius Maximus Cunctator

Die Römer schöpften indessen neuen Mut und schädigten die Karthager vorerst durch einen vorsichtig geführten Kleinkrieg. Bald wurde eine einzelne Abteilung des punischen Heeres überfallen und aufgerieben, bald an anderer Stelle ein Lebensmittellager vernichtet. Eine offene Schlacht wagte der Diktator nicht. Das brachte ihm seinen Beinamen ein: seine Landsleute nannten ihn Quintus Fabius Maximus *Cunctator*, den Zauderer.

Die Taktik des Diktators ließ Hannibal viel Spielraum. Zwar wurde er von den Städten ferngehalten, aber er zerstörte und plünderte die kleinen Ortschaften. Das steigerte die Unzufriedenheit breiter römischer Bevölkerungskreise und zwang ihre Heeresführung zur Entscheidung. Die Nachfolger des „Zauderers" handelten darum energischer – und leichtsinniger. Am 2. August des Jahres 216 v. Chr. stellten die Römer den Feind bei Cannae zum Kampf. Die Schlacht ging als klassisches Beispiel eines zweiseitigen Flankenangriffs in die Militärgeschichte ein. Aber nicht die Römer vollbrachten diese taktische Leistung, sondern ihr Todfeind Hannibal.

Schlacht bei Cannae

Auf römischer Seite sollen 80 000 Soldaten zu Fuß und 6 000 zu Pferde, ihnen gegenüber etwa 30 000 Mann Fußtruppen und 14 000 Reiter gestanden haben. Beide Heere stellten in die Mitte der Schlachtordnung die Fußsoldaten, an die Flügel die Reiter. Hannibal, der die zahlenmäßige Überlegenheit der Römer durch die größere Beweglichkeit auszugleichen suchte, postierte im Zentrum seiner Front die schwächsten Fußtruppen. Ihnen schlossen sich zu beiden Seiten, jedoch etwas zurückgenommen, die zuverlässigsten, die libyschen Fußsoldaten an. Die Reiterei, die an den äußersten Flügeln stand, war noch weiter zurückgezogen, so daß die ganze punische Front gekrümmt war: die Mitte auf die Römer zugeschoben, die Seiten zurückhängend und abwartend. Ihrer Übermacht vertrauend, griffen die Römer an. Wie erwartet stürmten sie gegen die Mitte der karthagischen Reihen vor. Diese wichen vor dem heranflutenden Feind immer weiter zurück, bis die römischen Soldaten etwa auf die Höhe der libyschen Fußtruppen vorgedrungen waren. In diesem Augenblick schwenkte Hannibals Reiterei nach innen und packte die Angreifer im Rücken. Während die letzten römischen Reihen sich umwandten, um die karthagischen Reiter aufzufangen, stürmten die Flügel des libyschen Fußvolkes gegen die Flanken vor. Von den karthagischen Truppen ringsum eingeschlossen, ging das römische Heer größtenteils zugrunde.

Der Sieg Hannibals zog die Bewohner Süditaliens auf seine Seite. Selbst sizilische Städte, unter ihnen Syrakus, bekannten sich zu den Puniern. Die Heimatstadt Karthago versprach, ihm weitere Truppen zu schicken. Und doch war die Schlacht bei Cannae Hannibals letzter großer Sieg. Das hatte verschiedene Ursachen.

Nach der Katastrophe von Cannae mobilisierte Rom alle Reserven: alle Bürger vom 17. Lebensjahr an wurden einberufen, der Staat kaufte Sklaven frei und stellte aus ihnen zwei Legionen auf.

Die Römer wußten, daß das Heer Hannibals in offener Feldschlacht noch nicht zu überwinden war. Sie kehrten zur Taktik ihres Zauderers zurück und verteidigten die ihnen gebliebenen Gebiete, ohne den Kampf mit dem Gegner zu suchen. Hier ein kleines Gefecht und dort ein kleiner Angriff sollten die Kräfte Hannibals zersplittern und seine Armee schwächen. Die Römer hatten zwar viel verloren, aber zweierlei war ihnen geblieben: Mittelitalien und die Moral des römischen Bürgers, der für die Heimat und nicht für Geld kämpfte.

Hannibals Taktik war dagegen ganz auf große überraschende Schläge eingestellt. Die Verzögerung der Kampfhandlungen behagte ihm nicht. Den gewünschten Schlag konnte er aber nicht führen, weil die Römer auswichen und sich nicht zur Schlacht stellten. Außerdem stand er im fremden, im feindlichen Lande und brauchte die Hilfe der Heimat. Diese aber blieb aus, weil Karthagos Herrscherschicht uneinig und unentschlossen war.

Als die punische Armee den Römern ausreichend zermürbt schien, verwirklichten sie den Plan, den sie schon für den Anfang des Krieges vorgesehen hatten. Starke Truppenverbände zogen nach Sizilien und Spanien. Im Jahre 212 v. Chr. fiel Syrakus, 209 v. Chr. waren die wichtigsten spanischen Stützpunkte Karthagos in römischen Händen. Die militärischen Reserven der Römer schienen unerschöpflich, denn etwa zur gleichen Zeit waren sie imstande, das zu den Puniern abgefallene Capua zu belagern. Hannibal konnte keine Hilfe bringen und wagte statt dessen endlich einen Marsch gegen Rom, weniger in der Hoffnung, es zu erobern, als dadurch Capua zu entlasten. Aber auch die Hauptstadt war zur Verteidigung gerüstet. Er mußte wieder abziehen, und Capua war verloren. Ein ungeheures Strafgericht brach über die Stadt herein.

Capua

So reihte sich bei den Karthagern Fehlschlag an Fehlschlag, bei den Römern Erfolg an Erfolg. Die italischen Städte beurteilten die Lage sehr nüchtern und zogen es vor, ihre Ergebenheit Rom zu bekunden, als das Schicksal Capuas zu erleiden. Hannibal hoffte auf die karthagischen Truppen, die noch in Spanien standen. Sie überschritten gleich ihm die Alpen, um auf der Apenninenhalbinsel einzugreifen. In Norditalien wurden sie von den Römern bereits erwartet und 207 v. Chr. völlig aufgerieben.

Der römische Feldherr Publius Cornelius Scipio, der die Kriegshandlungen in Spanien geleitet hatte, führte 205 v. Chr. die römischen Truppen zum entscheidenden Feldzug nach Afrika. Hannibal wurde nach Karthago zurückgerufen, um seine Vaterstadt zu verteidigen. Im Jahre 202 v. Chr. erlitt er auf heimatlichen Boden, bei Zama, südwestlich von Karthago, seine erste, seine einzige Niederlage. So endete der zweite Punische Krieg.

Schlacht bei Zama

Ergebnisse des zweiten Krieges

Die Bedingungen des Friedensvertrages waren noch härter als die des ersten. Alle punischen Besitzungen in Spanien wurden römisch. Karthago war in Nordafrika eingeschnürt, mußte riesige Summen zur Wiedergutmachung aufbringen, seine Elefanten und die gesamte Kriegsflotte ausliefern und durfte ohne die Erlaubnis des römischen Senats nicht einmal gegen nordafrikanische Nachbarstämme Krieg führen. Diese letzte Klausel des Vertrages lieferte die Stadt wehrlos jedem Feinde aus.

Hannibal selbst hatte nach der Niederlage von Zama seinen Landsleuten zum Frieden geraten. Die Tatkraft, die ihn im Felde ausgezeichnet hatte, widmete er jetzt der inneren Verwaltung. Schon nach sechs Jahren hatte er Karthago so weit gefestigt, daß es wieder den Argwohn Roms erweckte. Im Jahre 195 v. Chr. forderte der römische Senat die Auslieferung Hannibals, nicht ohne auf Widerspruch in den eigenen Reihen zu stoßen. Vor allem jener Publius Cornelius Scipio, der inzwischen mit dem Beinamen „Africanus" geehrt wurde, widersetzte sich dem Versuch, in die inneren Angelegenheiten Karthagos einzugreifen und den besiegten Gegner noch Jahre nach dem Kriege in Gefangenschaft zu führen. Der Senat bestand jedoch auf der Auslieferung. Hannibal konnte sich nur durch die Flucht retten. König Antiochus III. von Syrien (der selbst mit Rom Auseinandersetzungen führte) gewährte ihm Gastfreundschaft. Der Punier ermunterte den König zu einem neuen Kriege gegen die Römer, aber das Unternehmen scheiterte. Nun verlangten die Römer von Antiochus die Auslieferung Hannibals. Noch einmal floh er, weiter verfolgt, gab er sich 183 v. Chr. durch Gift den Tod.

P. Cornelius Scipio Africanus

Hannibals Tod

„Das große Karthago führte drei Kriege. Es war noch mächtig nach dem ersten, es war noch bewohnbar nach dem zweiten. Es war nicht mehr auffindbar nach dem dritten." (Bertolt Brecht) – Der dritte wurde von den Karthagern weder gewünscht noch provoziert. Selbst wenn sie stark genug gewesen wären, nahmen ihnen ja die Bedingungen des Friedensvertrages jede Möglichkeit, sich auf einen Kampf mit Rom vorzubereiten. Deshalb gab Karthago allen politischen Ehrgeiz auf, der über die Grenzen Afrikas hinausgegangen wäre. Es beschränkte sich vielmehr auf die Entwicklung seiner eigenen Wirtschaft und seines Handels und zog daraus so viel Gewinn, daß es allmählich wieder zur blühend reichen Stadt wurde. Gerade das förderte erneut den Neid und die Unzufriedenheit der Römer, besonders ihrer Kaufmannsschicht, heraus. Schien Karthago doch wieder der gefürchtete Handelskonkurrent im Gebiet des westlichen Mittelmeeres zu werden. Trotzdem war die afrikanische Stadt für viele Jahre derart geschwächt, daß die Römer sich bedenkenlos und ungestört anderen Eroberungen widmen konnten.

Nach Norden, Westen und Süden war man vorerst weit genug vorangekommen. Im Osten aber, jenseits des Adriatischen Meeres, hatte man bisher kaum Fuß gefaßt. Lediglich ein Streifen der gegenüberliegenden Küste befang sich in Händen der Römer, seitdem sie im Jahre 219 v. Chr. die illyrischen Seeräuber besiegt hatten.

Unterwerfung Griechenlands

In den ersten Jahrzehnten des 2. Jahrhunderts v. Chr. dehnten die Römer ihre Macht weiter nach Osten aus. Durch mehrere Kriege gegen die Makedonier eroberten sie Teile Griechenlands. Im Jahre 190 v. Chr. wurde Antiochus III. von Syrien, derselbe, der Hannibal aufgenommen hatte, bei Magnesia in Lydien vernichtend geschlagen.

Die Zeit schien nicht fern, da Rom die einzige unerschütterliche Großmacht im Mittelmeergebiet sein würde, wenn nämlich der endgültige Sieg über die Griechen und über Karthago erfochten wäre.

Beide Ziele wurden gleichzeitig mit gleicher Hartnäckigkeit verfolgt. Während aber römische Heere in der ersten Hälfte des 2. Jahrhunderts v. Chr. in Griechenland fast unablässig kämpften, lebte man seit 201 v. Chr. mit Karthago in vertraglich gesichertem Frieden. Im römischen Senat standen sich damals zwei Gruppierungen gegenüber. Die eine wollte Karthago erhalten wissen, um das Gefühl ständiger Bedrohung (*metus Punicus* – die Furcht vor den Puniern) als innenpolitisches Druckmittel nutzen zu können, die andere strebte die radikale Vernichtung des Konkurrenten Roms an. Ihr Wortführer Marcus Porcius Cato schloß jede seiner Senatsreden, gleichgültig, welchem Thema sie gewidmet war, mit dem berüchtigten Satz: „Ceterum censeo Carthaginem esse delendam – im übrigen bin ich der Meinung, daß Karthago zerstört werden muß!" Ein Anlaß hierzu fand sich.

M. Porcius Cato

Anlaß und Ausbruch des dritten Krieges

Karthago wurde von einem Nachbarn hart bedrängt. Masinissa, der König Numidiens, versuchte, karthagisches Gebiet in seine Gewalt zu bringen. Dabei wurde er von den Römern unterstützt, zwar nicht durch Truppen, aber durch Duldung der Angriffe auf Karthago. Die Punier waren wehrlos. Der Friedensvertrag mit Rom schrieb ihnen eine Begrenzung ihrer Streitmacht vor und verbot ihnen selbst auf Heimatboden die Kriegführung. Mehrfach baten die Punier den römischen Senat um Unterstützung. Rom wies sie zurück. Da griffen sie 150 v. Chr. ohne Erlaubnis zu den Waffen, stellten sich Masinissa entgegen und – unterlagen.

Obwohl die Stadt geschwächt und geschlagen war, obwohl sie nur verloren, nichts gewonnen hatte, erklärte ihr Rom den Krieg, denn Karthago hatte den Friedensvertrag des Jahres 201 v. Chr. formal verletzt. 149 v. Chr. wurden die römischen Heere nach Afrika übergesetzt. Karthago unterwarf sich sofort und bat um Frieden. Die Römer verlangten die Auslieferung von 300 Geiseln und aller Waffen. Karthago gehorchte. Da erhob Rom eine weitere Forderung: Alle Einwohner sollten fortziehen und sich im Binnenlande ansiedeln, denn Karthago, die stolze, ruhmreiche Stadt, würde nunmehr dem Erdboden gleichgemacht. Aus Empörung und Not entschlossen sich die Karthager zum Kampf. Lieber wollten sie untergehen, als lebend ihre Heimat opfern. In Eile verstärkten sie die Befestigungsanlagen der Stadt. Tag und Nacht schmiedeten sie Waffen.

P. Cornelius Scipio Aemilianus

Untergang Karthagos

Der Widerstand dauerte zwei Jahre. Publius Cornelius Scipio Aemilianus, der Adoptivenkel des Siegers von Zama, führte im Jahre 146 v. Chr. sein Heer in die ausgeblutete Stadt. Eine Woche noch tobten die Straßenkämpfe, bis römische Legionäre auf Karthagos Burg standen. 16 Tage loderten die Flammen in den Straßen. Nicht einmal Asche und Ruinen sollten übrigbleiben. Zum Zeichen des Fluches und der Schande wurde der Boden, auf dem Roms größter Gegner gelebt hatte, umgepflügt.

Fall von Korinth

Im selben Jahr fiel dort, wo eine Landenge von der Peloponnes nach Attika führt, die reiche griechische Handelsstadt Korinth. Damit war der letzte griechische Stadtstaat, zugleich der bedeutendste Konkurrent im Osten, der Rom Widerstand geleistet hatte, besiegt. Korinth erlitt das gleiche Schicksal wie Karthago. Als die wohlhabende Stadt allen Reichtums beraubt war, wurde sie ausgelöscht.

Vom Ausbruch des Ersten Punischen Krieges bis zur Zerstörung Karthagos vergingen 118 Jahre. Darunter war kaum ein Jahr, das den Römern nicht eine neue Besitzung gebracht hätte. Der Zuwachs an Gebiet, an Sklaven und an materiellen Ressourcen, zugleich die Schwächung potentieller Gegner, dies alles hatte die Römer in die Lage versetzt, zur Eroberung der gesamten damals bekannten Welt antreten zu können.

Wichtige Zahlen und Ereignisse aus der Zeit der Punischen Kriege

264–241 v. Chr.	Erster Punischer Krieg
264	Römische Heere landen in Sizilien.
260	Seesieg der Römer nördlich von Messana.
256	Römische Truppen landen in Nordafrika; sie werden überraschend geschlagen. Ihre Flotte wird durch ein Unwetter vernichtet.
241	Entscheidende Seeschlacht – Niederlage Karthagos – Sizilien wird römische Provinz.
238	Römer besetzen Korsika und Sardinien.
237–218	Karthago unterwirft Ost- und Südspanien.
218–201 v. Chr.	Zweiter Punischer Krieg
218	Hannibal erobert das spanische Sagunt und überschreitet mit mehr als 90 000 Soldaten die Alpen.
217	Hannibals Vorstoß nach Italien – Schlacht am Trasimenischen See.

216	Schlacht bei Cannae: durch Hannibals Umfassungsangriff werden 70 000 römische Soldaten vernichtet.
212	Die Römer landen in Spanien und auf Sizilien; sie erobern Syrakus.
209	Die spanischen Stützpunkte Karthagos sind in der Hand der Römer; Hannibal belagert Rom ohne Erfolg.
205	Publius Cornelius Scipio landet in Afrika.
202	Schlacht bei Zama: Hannibal unterliegt.
201	Friedensvertrag: Ost- und Südspanien werden dem Römischen Reich angegliedert.
195	Hannibal flieht zum syrischen König Antiochus.
183	Hannibal begeht Selbstmord.
150	Karthago verteidigt sich gegen den Numidierfürsten Masinissa und wird geschlagen.
149–146 v. Chr.	Dritter Punischer Krieg
149	Römische Truppen in Nordafrika; Karthago bittet um Frieden. Rom fordert die Zerstörung der Stadt.
146	Karthago erliegt und wird dem Erdboden gleichgemacht. Korinth erfährt das gleiche Schicksal. Rom beherrscht den Mittelmeerraum.

Die römischen Provinzen am Ende des 2. Jahrhunderts v. Chr.

Zu den Erwerbungen, die im vorangegangenen Abschnitt erwähnt wurden, kamen noch ein Teil Kleinasiens, nämlich das Reich von Pergamon, und ein Gebiet im Süden Galliens, die Umgebung der heutigen Stadt Narbonne, hinzu.

Pergamenisches Reich

Das Pergamenische Reich war Rom durch Erbschaft zugefallen. Vielleicht hoffte sein König Attalos III., die Aussicht auf so billigen Erwerb seines Gebietes würde die Römer veranlassen, ihn noch zu seinen Lebzeiten vor dem Zorn der unterdrückten Bürgerschaft und der Sklaven zu schützen. Er starb 133 v. Chr. Die Römer traten nicht nur das Erbe des

Landes, sondern auch der zerrütteten Innenpolitik an. Tatsächlich mußten sie nun Erhebungen niederschlagen, blieben Sieger und konnten 129 v. Chr. das Pergamenische Reich ihrem Gebiet eingliedern.

122 v. Chr. wurden römische Heere von den griechischen Einwohnern Massilias, des heutigen Marseille, gegen keltische Stämme zu Hilfe gerufen. Die Römer betrachteten sich nach ihrem erfolgreichen Feldzug auch als Herren eines großen Landstriches im heutigen Südfrankreich.

Der Begriff „Provincia"

Waren die italischen Besitzungen von Rom aus noch leidlich zu übersehen und zu verwalten, so brauchten die Erwerbungen außerhalb Italiens neue Einrichtungen und neue Beamte. Damals erlangte das Wort *provincia* die Bedeutung, in der wir es kennen. Es wurde zur Bezeichnung für ein Teilgebiet des römischen Reiches. *Provincia* war ursprünglich nur der Ausdruck für einen beliebigen amtlichen Geschäftsbereich oder Auftrag, wurde aber mit der Unterwerfung außeritalischer Gebiete zum Begriff einer Rom gehörenden territorialen, politischen und ökonomischen Einheit.

Jedoch muß man beachten, daß *provincia* nicht denselben Sachverhalt bezeichnet wie der Ausdruck „Kolonie". Auch lat. *colonia* (colere – bebauen, colonus – der „Bebauer", Ansiedler) ist mit letzterem nicht gleichbedeutend, sondern bezeichnet eine Ansiedlung von landlosen Staatsbürgern, später auch von aus dem Heeresdienst entlassenen Soldaten auf fremdem Territorium; solche *coloniae*, zielstrebig und planmäßig angelegt, dienten zugleich als militärische und politische Stützpunkte des römischen Einflusses in den okkupierten Gebieten. Die römischen Provinzen waren vor allem durch den militärischen und administrativen Apparat, nicht so sehr durch den Produktions- und Reproduktionsprozeß, also in der ökonomischen Basis, mit Rom verbunden.

Prokonsul Proprätor

Zur Verwaltung der Provinzen setzte der Senat jährlich Statthalter ein. Sie kommandierten das in der Provinz stationierte Heer, übten die Gerichtsbarkeit aus und leiteten die Verwaltung. Da sie an Stelle des Konsuls regierten, hießen sie Prokonsuln. In kleineren Provinzen begnügte man sich mit dem Einsatz von Proprätoren. Beide, Prokonsul bzw. Proprätor, mußten in Rom zuvor das Konsulat bzw. die Prätur bekleidet und dadurch Erfahrungen im Staatsdienst gesammelt haben.

Die Städte der Provinzen hatten eine sehr unterschiedliche Rechtsstellung zu Rom. Auch hier folgte der Senat der Politik des „Divide et impera – Teile und herrsche!", mit der er schon die italischen Gemeinden erfolgreich in Uneinigkeit gehalten hatte. Neben abhängigen und steuerpflichtigen Städten gab es in den Provinzen auch Gemeinwesen, die völlig unabhängig und sogar von der Steuerpflicht frei waren.

Auf jeden Fall wurde ein Teil des okkupierten Landes, meist ein Drittel, zum Ager publicus, zum römischen Staatsland, erklärt, teils mit römischen Bürgern besiedelt, teils an römische Bürger verpachtet, teils sogar den ehemaligen Eigentümern zur Pacht gegeben. Und auf jeden Fall zahlte die Provinzbevölkerung Kriegsentschädigung – römische Geschäftsleute gewährten gern gegen entsprechende Zinsen kurzfristige Darlehen.

Ausplünderung der Provinzen

Da den Statthaltern fast uneingeschränkte Befugnisse eingeräumt waren, konnten sie die Bevölkerung unterdrücken und ausplündern. Das geschah ziemlich legal: Der Statthalter erhob Forderungen für den Unterhalt seines Gefolges, seiner Truppen, Gebühren für (beschleunigte oder verzögerte) Rechtsprechung, erwartete allerlei Dienstleistungen und Gefälligkeiten, Angebote zu günstigen Preisvorschlägen und dergleichen. Beschwerden durften die Einwohner der Provinzen lediglich dem nächsten Nachfolger bei dessen Amtsantritt vorlegen, meist mit sehr wenig Erfolg. Was die Willkür der Statthalter den Provinzbewohnern gelassen hatte, nahmen ihnen die Publicani bei der Eintreibung der Steuern.

Außeritalische Besitzungen Roms im Jahre 120 v. Chr.

Zeit des Erwerbs	Name der Provinz (Territorien)	Umstände des Erwerbs
241 v. Chr.	Sicilia	Friedensvertrag mit Karthago
238	Sardinia, Corsica	Besetzung nach dem Ersten Punischen Kriege während des Aufstandes in Karthago
222	Gallia Cisalpina	Unterwerfung der Keltenstämme südlich der Alpen
197	Hispania Tarraconensis (Ostspanien) Hispania Baetica (Südspanien)	Sieg des P. Cornelius Scipio über die punischen Heere in Spanien
167	Illyricum oder Dalmatia	Unterwerfung der Illyrer
148	Macedonia (Griechenland nördlich der Peloponnes) Achaia (Peloponnes)	Siege über die griechischen Stadtstaaten
146	Africa (Ehemaliges Einflußgebiet Karthagos)	Fall und Vernichtung Karthagos
133	Asia (Westen Kleinasiens)	Erbschaft von Attalos III., König von Pergamon
121	Gallia Narbonensis (Südfrankreich)	Unterwerfung der einheimischen Stämme

Die soziale und politische Krise der Republik

Der Kampf um die Lösung der Agrarfrage an der Wende vom 2. zum 1. Jahrhundert v. Chr.

Grundbesitz und Politik

Hatten noch am Anfang des 2. Jahrhunderts v. Chr. die kleinen und mittleren Höfe das Bild der römischen Landwirtschaft bestimmt, so verschob sich das Verhältnis nach dem Dritten Punischen Krieg immer mehr zugunsten des Großgrundbesitzes. Das hatte schwerwiegende ökonomische und soziale, militärische und politische Auswirkungen.

Um Mißverständnissen vorzubeugen, sei der Begriff „Großgrundbesitz" näher erläutert. Die antiken schriftlichen und materiellen Quellen zeigen: „Der Großgrundbesitz, der im 1. Jahrhundert v. Chr. bedeutende Fortschritte machte, setzte sich nicht aus riesigen Latifundien zusammen, sondern aus einer Vielzahl (mitunter bis zu zwanzig) kleiner und mittlerer Landgüter, die über verschiedene Gebiete Italiens verstreut waren und in wirtschaftlicher Hinsicht nicht miteinander verbunden waren."[1] Das änderte sich dann erst im Verlaufe des 1. Jahrhunderts n. Chr.

In *ökonomischer* und *sozialer* Hinsicht bedeuteten diese Veränderungen eine stete Machterweiterung der Nobilität, zum anderen aber auch ein Anwachsen der verarmten Massen, die als städtisches Proletariat eine Belastung für den Staat darstellten und in kritischen Situationen als Unsicherheitsfaktor gelten mußten.

Die *militärischen* Folgen ergaben sich daraus, daß der römische Soldat auch noch zu dieser Zeit für den Kriegsdienst kaum entschädigt wurde, sondern für alle Aufwendungen einschließlich der Ausrüstung selbst aufkommen mußte. Die Kampfkraft der römischen Armee war also weitgehend von einer sicheren Existenz der freien Bauern abhängig.

Schließlich gab es auch *innenpolitische* Folgen: War das System der republikanischen Einrichtungen für die soziale Ordnung der frühen Republik durchaus geeignet, so wurde es allmählich untauglich angesichts der wirtschaftlichen und gesellschaftlichen Veränderungen, die sich inzwischen vollzogen hatten. Die komplizierten Prozesse waren mit den überkommenen staatlichen Einrichtungen nicht mehr zu steuern.

[1] W. Kusistschin: Über die Verbreitung der Latifundien in Italien am Ende der Republik. In: Bibliotheca classica orientalis 7 ('62) 206.

Auch innerhalb der Nobilität gab es einsichtige Politiker, die sich der Gefahren bewußt waren, die aus dem Anwachsen des Großgrundbesitzes entstanden. Zu ihnen gehörte der jüngere Publius Cornelius Scipio Africanus, derselbe, der im Jahre 146 v. Chr. an der Spitze des römischen Heeres in Karthago eingezogen war. Um ihn hatte sich ein Freundeskreis geschart, der sich mit dem Gedanken sozialer Erneuerungen trug. Darunter waren die beiden Brüder Tiberius und Gaius Sempronius Gracchus.

Der bedrohlichen Entwicklung war nur mit Landzuweisungen an die verarmten Bauern und mit gesetzlichen Maßnahmen gegen die weitere Ausbreitung des Großgrundbesitzes zu begegnen. Beides hätte den ökonomischen und politischen Einfluß der Großgrundbesitzer eingeschränkt. Deshalb mußte jeder Reformplan zwangsläufig auf deren hartnäckigen Widerstand stoßen. Tiberius Gracchus, so wird berichtet, reiste in den dreißiger Jahren des 2. Jahrhunderts v. Chr. als Verwalter der Heereskasse nach Spanien. Unterwegs hatte er Gelegenheit, die weiten Felder Etruriens zu sehen. Er sah vorwiegend Sklaven auf mächtig ausgedehnten Wirtschaften, kaum einen freien Bauern. Das Bild soll ihm den letzten Anstoß gegeben haben, nach der Rückkehr seine Kraft für eine Agrarreform einzusetzen. Obwohl schon seit Generationen dem Amtsadel zugehörig, war seine Familie plebejisch. Das erlaubte ihm, sich für das Jahr 133 v. Chr. um das Volkstribunat zu bewerben.

Tiberius Gracchus

Unmittelbar nach dem Amtsantritt unterbreitete er dem Volke einen Gesetzentwurf, nach dem der Ager publicus neu verteilt werden sollte. Danach durfte niemand mehr als 500 Jugera (= 125 ha) des Ager publicus bearbeiten. Tiberius Gracchus wollte jedem erwachsenen Sohn des Nutzers weitere 250 Jugera zugestehen, aber im ganzen sollten einer Familie nicht mehr als 1 000 Jugera überlassen werden. Tiberius verlangte, allen Boden, der dieses Maß überschritt, den Grundbesitzern zu nehmen und an landlose Bauern zu verteilen. Jedem hatte er eine Fläche von 30 Jugera zugedacht, deren Veräußerung nicht statthaft sein sollte. Der Plan berücksichtigte sogar weitgehend die Interessen der Nobiles, denn nur die Flächen des Ager publicus wollte er erfassen, das käuflich erworbene Privateigentum dagegen nicht antasten.

Die Abstimmung in der Volksversammlung führte zu einem ersten dramatischen Höhepunkt. Dem Senat war es gelungen, den Volkstribunen Octavius zu bestechen und dazu anzustiften, das Gesetz zu Fall zu bringen. An drei aufeinanderfolgenden Tagen versuchte Tiberius, in den Tributkomitien die Entscheidung herbeizuführen. Jedesmal sprach Octavius vor der Abstimmung sein „veto!". Am dritten Tage schließlich zeigte Tiberius unerbittliche Entschlossenheit. Mit der Frage „Kann derjenige, der *gegen* die Interessen des Volkes handelt, Volkstribun sein?" ermunterte er die Menge, Octavius auf der Stelle abzuberufen. Er löste damit einen Vorfall aus, den es in der römischen Geschichte bis zu diesem Tage nicht gegeben hatte. Denn der Volkstribun war „*sacrosanctus* (wörtlich: *hochheilig*) – *unverletzlich*", d. h. für die Zeit seiner Amtsperiode unantastbar. Seine Absetzung widersprach dem gültigen Recht und Gesetz, und tatsächlich hatte Rom noch nicht erlebt, daß ein Beamter vor Ablauf seiner Vollmachten seiner Funktion enthoben wurde.

Das Ungewöhnliche geschah: Der Spruch der Komitien setzte Octavius ab. Das Ackergesetz wurde sofort verabschiedet, und zugleich beriefen die Komitien eine dreiköpfige Arbeitsgruppe mit Tiberius und Gaius Gracchus, der die Durchführung übertragen wurde, die freilich auf den Widerstand der Senatsopposition stieß.

Bald zeigte sich, daß das Amtsjahr des Tiberius nicht ausreichte, um das Werk abzuschließen. Ein zweites Mal griff er deshalb zu einem Mittel, das ungesetzlich war: er kandidierte auch für das Jahr 132 v. Chr. für das Tribunat. Auch dieser Schritt hätte wohl die Billigung des Volkes gefunden. Aber bevor die Menge überhaupt zu Worte kam, endete das Leben des Tiberius unter den Schwertern und Knütteln seiner Gegner. Solange er Tribun war, hatte die Nobilität ihn nicht belangen können. Denn sie hielt es für bedenklich, einen sakrosankten Mann anzutasten. Abrechnen wollte sie mit ihm, wenn seine Amtszeit abgelaufen und er wieder Privatperson war. Erinnern wir uns, daß einst die Patrizier mit Spurius Cassius genauso verfuhren! Während nun die Komitien zusammentraten, stürmte ein Haufen bewaffneter Männer auf den Platz. Sie überwältigten die Anhänger des Tiberius Gracchus, töteten ihn und 300 seiner Anhänger und warfen die Leichen in den Tiber. Standesinteressen standen der Senatsaristokratie vor Staatsinteressen.

Der Senat konnte jedoch nicht die Arbeit der Sonderkommission verhindern, die für die Durchsetzung der Agrarreform eingesetzt war. Sie verteilte in einem Zeitraum von mehreren Jahren Kleinwirtschaften an etwa 80 000 Menschen. Das verlief freilich nicht reibungslos. Konnte die Senatspartei die Tätigkeit der Gruppe schon nicht unterbinden, so verstand sie wenigstens, die Erfüllung ihres Auftrages durch mancherlei Intrigen zu verschleppen.

Agrarfrage und Bürgerrecht der Italiker

Im übrigen enthielt der Plan des Tiberius Gracchus trotz aller staatsdienlicher Grundgedanken einen gewichtigen Fehler, der sich bei der Verwirklichung des Gesetzes offenbarte. Tiberius hatte darauf gedrungen, die Parzellen nur an römische Bürger zu verteilen. Das schürte einen neuen Konflikt, der seit langen Jahrzehnten beigelegt schien: die Beziehungen zwischen Rom und den italischen Gemeinden verschärften sich. So unterschiedlich die politische Verfassung der Italiker vom Senat auch diktiert war, sie hatten doch alle die Pflicht, für Rom in den Krieg zu ziehen. Gemeinsam mit den römischen Bauern mußten sie auch die Auswirkungen der Agrarkrise tragen. Nur Land sollten sie jetzt nicht erhalten. Ein weiteres Mal wurde ihnen bewußt, welche Härte und Ungerechtigkeit der Ausschluß aus dem Bürgerrecht war. Erneut spürten sie, daß sie nicht als Bundesgenossen neben, sondern als Besiegte unter Rom standen.

Da sich das Problem der Italiker nunmehr eng mit der Agrarfrage verknüpfte, fehlte es in Rom nicht an einsichtigen Vorschlägen, ihnen das Bürgerrecht zu verleihen. Senat *und* Plebs widersetzten sich jedoch hartnäckig solchen Empfehlungen. Gaius Gracchus wurden sie sogar zum Verhängnis.

Gaius Gracchus

Gaius hatte sich für das Jahr 123 v. Chr. zum Tribunen wählen lassen, um das Werk des Tiberius fortzusetzen. Er verstand es, sich bei der städtischen Plebs und zugleich bei den Equites, der Finanzaristokratie, beliebt zu machen. Ein Gesetz über die Steuerpacht aus der Provinz Asia brachte die Equites, ein Getreidegesetz (Verkauf von Getreide an römische Bürger zu herabgesetztem Festpreis) und eines über staatliche Straßenbaumaßnahmen in Italien die Plebs auf seine Seite. Den Rittern gefiel er zudem durch eine Regelung, die ihnen allein die Besetzung der Richterstellen zusicherte. Das war für sie nicht nur ein willkommener politischer Erfolg, sondern hatte unmittelbare praktisch-materielle Bedeutung. Da sich nämlich aus den Provinzen die Klagen über die allzu gründliche Arbeit der Steuerpächter häuften, waren sie sehr zufrieden, die Prozeßführung nunmehr in ihren Händen zu haben. Sie konnten von ihren Standesgenossen das Schlimmste fernhalten, die Ausplünderung der Provinzen hemmungslos fortsetzen und sich an senatorischen Statthaltern, die ihnen Hindernisse in den Weg gelegt hatten, rächen.

Wollte Gaius die Bodenverteilung weiterführen, so brauchte er vor allem Land, denn der Ager publicus war fast restlos vergeben. Unbearbeiteten Boden gab es ausreichend in den Provinzen. Deshalb schlug Gaius vor, dort römische Kolonien zu gründen. 6 000 Menschen wollte er in Karthago ansiedeln, das nun als römische Stadt wieder erblühen sollte. Er zog selbst dorthin, um die Kolonie einzurichten. Als er zurückkehrte, lauerten die Gegner bereits auf die Gelegenheit, ihn zu vernichten. Beide Gruppen, denen er vertraute, Plebs und Ritter, hatten nämlich für seinen Plan, den Italikern das Bürgerrecht zu gewähren, gar nichts übrig. Die Plebs war besorgt, selbst zu wenig Land zu erhalten. Die Geldaristokratie wollte die Konkurrenz der italischen Kaufleute meiden. Die Nobilität schließlich – ohnehin jedem Fortschritt feindlich – nutzte die Abwesenheit des Gaius aus, um gegen ihn zu intrigieren und seine Freunde umzustimmen.

Ein Tribun – wieder von den Nobiles bestochen – schlug der Plebs vor, statt in den Provinzen in Italien selbst zwölf Kolonien zu gründen. Das war zwar aus Mangel an Land so gut wie undurchführbar, wurde aber dennoch von der unkritischen Menge freudig begrüßt, weil es aus Gründen der Bequemlichkeit einer Auswanderung vorzuziehen war.

Obwohl Gaius Gracchus nach zweijähriger Amtszeit (er hatte die Wiederwahl, die Tiberius nicht gelungen war, durchgesetzt) nicht mehr als Tribun bestätigt wurde, schien er dem Senat immer noch gefährlich. Vor bewaffneten Gruppen flohen Gaius und seine Freunde auf den Aventin. Dort wurden sie aufgegriffen und schließlich getötet. Das war im Jahre 121 v. Chr.

Schon zehn Jahre später entstand ein Gesetz, dessen Bestimmungen alle Teilerfolge der Gracchen wieder zunichte machten. Tiberius hatte aus gutem Grunde darauf bestanden, daß die Parzellen unveräußerlich sein müßten. Seit 111 v. Chr. durften sie verkauft werden. Damit hatten die reichen Grundbesitzer abermals die Möglichkeit, ihre Betriebe nach Belieben zu vergrößern.

Römische Landwirtschaft bis zu den Reformversuchen der Gracchen

6. Jh. v. Chr.	Mit der Entstehung des Staates wird das frühere Stammeseigentum zum Staatsland, dem *Ager publicus*. Die Patrizier verteilen es unter sich, bearbeiten es selbst und mit ihren Klienten oder wenigen Sklaven. Plebejer haben daran keinen Anteil.
um 486	Der Konsul Spurius Cassius entwirft ein Agrargesetz: die Plebejer sollen einen Teil des Ager publicus erhalten, die Patrizier für das von ihnen genutzte Land Steuern zahlen.
396 367	Der Ager publicus erhält durch die Eroberung Vejis einen ersten größeren Zuwachs von ca. 37 000 Hektar. Leges Liciniae Sextiae: der Privatpersonen zur Nutzung überlassene Anteil des Ager publicus wird auf 500 Jugera begrenzt.
3. Jh.	Die Eroberung Italiens und Siziliens läßt den Landbesitz Roms und die Sklavenzahlen unaufhörlich steigen. Die Voraussetzungen für Entstehung größerer Güter (villae) sind gegeben. Die kleinen und mittleren Höfe sind der Konkurrenz der Villae ausgesetzt.
2. Jh.	Wiederholte Eroberungskriege bringen eine weitere Verschlechterung der Lage der freien Bauern.

um 140	Der Scipionenkreis erörtert Agrarreformen.
133	Tiberius Gracchus schafft ein neues Agrargesetz: Beschränkung des Landanteils aus dem Ager publicus. Landlose Bauern erhalten Parzellen von 30 Jugera als unverkäufliches Eigentum.
132	Tiberius Gracchus wird erschlagen.
132 bis 123	Landverteilung an ca. 80 000 ruinierte Bauern.
123	Gaius Gracchus setzt die Reform seines Bruders Tiberius fort. Er plant die Bildung römischer Bauernkolonien außerhalb Italiens, z. B. in Karthago.
121	Gaius Gracchus fällt im Kampf mit seinen Gegnern.
111	Die Unverkäuflichkeit der aus dem Ager publicus erhaltenen Parzellen wird durch Gesetz aufgehoben.

Der Mißerfolg hatte seine tiefsten Ursachen in der zugleich vielfältigen und unreifen Widersprüchlichkeit der gesellschaftlichen Verhältnisse, der sozialen und politischen Kräfte der Zeit. Durch die Reformpläne der Gracchen sahen die Großgrundbesitzer mit einem gewissen Recht ihre Macht bedroht; aber auch die römische Plebs war nicht gewillt, einer Ausweitung des Bürgerrechts zugunsten der Italiker zuzustimmen, da sie darin eine Schmälerung ihrer Privilegien sah. Die traditionelle strenge Bindung aller römischen Politik an die Stadt Rom blokkierte die Reformer selbst in der Suche nach einer Massenbasis: sich an die Italiker direkt zu wenden, lag ihnen fern und mußte ihnen auch als riskant erscheinen, die Plebs urbana hingegen rekrutierte sich zwar aus ehemaligen Bauern, war aber bereits weitgehend zum stadtrömischen Lumpenproletariat deklassiert. Der hemmungslose Terror der Herrschenden tat ein übriges: 3 000 Anhänger des Gracchus sollen umgebracht worden sein.

Concordia, die Göttin der Eintracht, hatte 367 v. Chr. am Forum einen Tempel erhalten. Die Überlieferung ist umstritten. Symbolträchtig für Roms inneren Zustand ist die Verehrung der Concordia immerhin. Doch wie bitter nötig wäre es gewesen, dem im Kult manifestierten Wunschdenken auch die politische Praxis folgen zu lassen. Wie sehr der Kult sogar zynisch mißbraucht wurde, verrät das Todesjahr des Gaius Gracchus. Ausgerechnet seine Niederlage feierte sein erbittertster Gegner, der Consul Lucius Opimius, der die Köpfe der 3 000 Erschlagenen mit Gold aufwiegen ließ, mit einer Erneuerung des Concordiatempels.

Die blutigen inneren Auseinandersetzungen des Jahrhunderts der Bürgerkriege standen der Stadt indes noch bevor.

Der Sklavenaufstand unter Spartacus

Seit Beginn des 2. Jahrhunderts v. Chr. zeigte sich eine Bewegung immer lebhafter und kräftiger: das Ringen von Sklaven um die Befreiung aus ihrem bitteren Los. Im Jahre 136 v. Chr. begann auf Sizilien eine große Erhebung, der sich bald 200 000 Entrechtete anschlossen. Die Aufständischen waren vorübergehend sehr erfolgreich. Sie eroberten mehrere wichtige Städte der Insel und gründeten einen eigenen Staat, der fast fünf Jahre lang bestehen konnte. Erst 132 v. Chr. entsandte Rom eine Armee, deren Schlagkraft ausreichte, um den Aufstand zu unterdrücken.

Im Jahre 104 v. Chr. waren es erneut Sklaven Siziliens, die sich aus der Knechtschaft zu befreien suchten. Wieder brauchten die Römer vier Jahre, um der Erhebung Herr zu werden, war doch ihre militärische Macht – wie auch bei den folgenden schweren Aufständen – größtenteils durch außenpolitische Konflikte gebunden.

30 Jahre später wurde Italien selbst von jener Bewegung erfaßt, die unter dem Namen des Spartacus bekannt und berühmt geworden ist. Sein Name wird, vor allem seit dem 18. Jahrhundert, überall dort genannt, wo Freiheitskämpfe ausgefochten werden, ist gewissermaßen ein symbolhaftes Gleichwort für die Idee der Befreiung aus Unterdrückung.

Der Thraker Spartacus gehörte zu den Sklaven, die in Gladiatorenschulen durch Kampfübungen auf die große Schaustellung im Amphitheater vorbereitet wurden. Sie waren dazu bestimmt, vor einem verrohten Publikum auf Befehl zu kämpfen und zu töten und – wenn sie nicht selbst das Schwert des Gegners traf – solange und immer wieder zu töten, bis eines Tages auch ihr Blut in den Sand strömen würde.

Spartacus war Insasse der berüchtigten Gladiatorenschule zu Capua. Um der Qual und dem sicheren Tode zu entgehen, entschlossen sich dort im Jahre 73 v. Chr. 200 Sklaven zur Flucht. Während die meisten sofort wieder ergriffen wurden, konnten 78 entkommen und sich am Vesuv verbergen. Unter ihnen war Spartacus, den die anderen als Führer anerkannten.

Konsuln und Senat maßen der Flucht von 78 Sklaven keine Bedeutung bei. Feldzüge in Spanien und Kleinasien bereiteten ihnen in jenen Tagen größere Sorgen. Aber den 78 strömten zahlreiche andere Flüchtlinge zu. Als hinter Spartacus eine Armee von 10 000 Mann stand, gewachsen allein aus Sklaven und ruinierten Bauern Kampaniens, nahm der Senat die Bewegung endlich ernst.

Das erste Heer, das Rom entsandte, umzingelte die Stellungen auf dem Vesuv, ließ aber die steilen, unzugänglichen Abhänge ohne Bewachung, da dort nach menschlichem Ermessen niemand entkommen konnte. Die Aufständischen ließen sich an Seilen hinab, die sie aus Weinreben geflochten hatten. Die Römer gewahrten das zu spät: Spartacus stand bereits im Rücken ihres Heeres und vernichtete es. Dieser Erfolg brachte der Sklavenarmee noch mehr Vertrauen und neuen Zuwachs. Als die Empörer ein zweites Heer der Römer schlugen, ergriff der Aufstand den ganzen Süden Italiens. Antike Historiker berichten, daß 120 000 Sklaven, verarmte Bauern, übergelaufene Soldaten nun die Streitmacht des Spartacus bildeten. Das war eine gewaltige Kraft, eine große Gefahr für Rom. Aber der Führer des Aufstandes dachte augenscheinlich nicht daran, die Stadt anzugreifen. Nach dem, was antike Quellen aussagen, scheint es, daß Spartacus sich und die Seinen nur aus der Sklaverei befreien wollte. Deshalb brach er nach Norden auf, um über die Alpen in die eigene Heimat zu ziehen.

Doch dieses Vorhaben zersplitterte zwangsläufig sein Heer. Nicht alle Sklaven zog es nach Griechenland oder Gallien, schon gar nicht die Menschen, denen Italien selbst die Heimat war. Deshalb zerfiel die Armee, und kleinere Gruppen wurden von den Römern rasch überwältigt. Da die Hauptmasse dennoch bei Spartacus blieb, errang er im Jahre 72 v. Chr. nochmals einige Siege über die Truppen des Gegners.

Spartacus stand schon in Gallia Cisalpina, überwand dort ein weiteres Mal einen römischen Heeresverband – und änderte plötzlich seinen Plan. War ihm der Weg über das Gebirge zu gefährlich? Wollte die Mehrzahl seiner Leute doch lieber in Italien kämpfen und die Hauptstadt angreifen? Wir wissen es nicht. Jedenfalls wandten sich die Aufständischen wieder nach Süden. Zwar zogen sie wiederum nicht gegen Rom, aber für die Römer wurde die Lage trotzdem immer bedenklicher, zumal ihr Heer (8 Legionen, ca. 40 000 Mann) unter Marcus Licinius Crassus erneut mehrere Niederlagen einstecken mußte. Der Senat beorderte seine besten Feldherren nach Italien: Gnaeus Pompeius, der gerade in Spanien stand, und Lucius Licinius Lucullus vom makedonischen Kriegsschauplatz.

Spartacus plante, von Süditalien nach Sizilien überzusetzen. Zuvor hatte er mit Seeräubern vereinbart, daß sie die dafür nötigen Schiffe zur Verfügung stellen sollten. Die Piraten ließen jedoch das Sklavenheer im Stich, und noch während die Aufständischen einfache Flöße bauten, um aus eigener Kraft auf die Insel zu gelangen, trafen Crassus und Lucullus mit einer starken Streitmacht ein. Spartacus konnte sein Vorhaben nicht mehr verwirklichen. Es gab nur zwei Möglichkeiten: entweder auf der Landspitze, die zur Straße nach Messina führt, mit dem Rücken zum Meere die Verteidigung aufzunehmen oder wieder nach Norden durchzubrechen. Das letzte schien aussichtsreicher, aber die Sklaven waren schon eingeschlossen. Zu beiden Seiten und im Rücken war das Meer, vor ihnen die Armee des Crassus. Um die Falle ganz sicher zu schließen, hatte der römische Feldherr über die ganze Breite der Landzunge einen tiefen Graben ausheben lassen, der das Heer des Spartacus aufhalten sollte.

An einer schwach besetzten Stelle füllten die Sklaven den Graben mit Pferdeleichen und den Körpern ihrer gefallenen Kameraden. Über diesen grausigen Weg gelangten sie hinüber, wichen der Schlacht aus und zogen zur Küste des Adriatischen Meeres. Offenbar wollte Spartacus von dort nach Griechenland übersetzen, aber wieder schmolz sein Heer zusammen. Einzelne Gruppen lösten sich und gingen eigene Wege. Crassus folgte sofort dem Hauptteil. Noch ehe Pompeius eingetroffen war, stellte er 71 v. Chr. die Empörer in Apulien zum Kampfe und blieb diesmal Sieger. Spartacus selbst gehörte zu denen, die nach erbitterter Gegenwehr auf dem Schlachtfeld blieben. Wenige Tage später säumten 6 000 Kreuze die Via Appia zwischen Capua und Rom. An ihren Balken hingen die Körper derer, die in Gefangenschaft geraten waren.

Warum hatte die Kraft der Sklaven nicht gereicht, um das Befreiungswerk zu vollenden? Der Mißerfolg war weniger auf Mangel an Kraft als vielmehr auf das Wesen des ganzen Aufstandes zurückzuführen. Ihr Ziel war stets nur die Wiedererlangung der eigenen Freiheit, nicht aber eine Umgestaltung der Gesellschaft. Mit dem Aufstand traten die Sklaven nur negierend aus ihren Lebensumständen heraus, die Formen ihrer Organisation sind durch den Aufstand – und nur durch ihn – bestimmt. Mit ihm entstehen und vergehen sie. Auch nur keimhafte Elemente neuer, anderer Strukturen sind in Wirtschaft und Gesellschaft, in Politik und Denken noch nirgendwo vorhanden.

Der Heroismus der aufständischen Sklaven allein konnte die Gewalt der objektiven Umstände nirgends brechen.

Aber wir sehen hier „den großen und edlen Versuch einer unterdrückten Klasse, gegen ihre Unterdrücker aufzustehen, gegen ein System anzukämpfen, das die Freiheit des Menschen unterdrückte, ihn in ein rechtloses Wesen, eine Sache, ein sprechendes Werkzeug verwandelte. In diesem spontanen Durchbruch zur Freiheit liegt die ewige und unvergängliche Bedeutung des Aufstands des Spartacus, das Geheimnis des dankbaren Gedenkens der Nachgeborenen bis in unsere Tage.“[1]

Die Periode der Bürgerkriege

Optimaten und Popularen

Während der Auseinandersetzungen um die Agrarreform der Gracchen traten mehr oder minder deutlich zwei Grundströmungen des politischen Lebens in Rom hervor, in denen sich in der Folgezeit politische Konzeptionen und taktische Varianten innerhalb der herrschenden Schichten manifestierten. Sie wurden mit den Namen Optimaten und

[1] S. L. Uttschenko: Drevnij Rim. Moskau 1969, S. 66–67 (übers. P. W.).

Popularen bezeichnet, die auch in der neueren Historiographie noch verwendet werden. Es handelt sich dabei nicht etwa um politische Parteien im modernen Sinne, sondern um politische Gruppierungen, Strömungen, Losungsworte, hinter denen sozial und ökonomisch heterogene, auch personell fluktuierende Bevölkerungsteile standen. Allgemein läßt sich sagen, daß die Optimaten sich vor allem in der Senatsaristokratie fanden und eine konservative, auf die exklusive Erhaltung der aristokratischen Privilegien gerichtete Politik betrieben. Die Popularen hingegen suchten der herrschenden Nobilität eine größere soziale Resonanz zu verschaffen, indem sie sich in ihren politischen Initiativen auf breitere Kreise der römischen Gesellschaft (Equites, ländliche und/oder städtische Plebs, die Proletarii, sogar auf provinziale Oberschichten) stützten. So darf uns der Begriff „Popularen“ nicht glauben lassen, daß auf dieser Seite das Ringen um die Rechte der Plebs das Ziel gewesen wäre. Es ging um nichts anderes als um taktische Varianten während des Kampfes innerhalb der einflußreichen Kreise um möglichst den größten und alleinigen Einfluß.

Je mehr sich die Gesellschaft Roms in verschiedene politische Interessengruppen spaltete und in innere Wirren verstrickte, je klarer sich zeigte, daß die Republik überlebt war und die Ordnung nicht mehr sichern konnte, desto undeutlicher wurde auch die politische Zielstellung der Gruppen der Optimaten und Popularen.

Diktatur als Ausweg aus der politischen Krise

Die Republik mußte durch eine neue Staatsform abgelöst werden, vor allem durch die Schaffung einer starken Zentralgewalt, die alle Fäden der Politik fest in der Hand hielt. Der römische Staat trieb unausweichlich in die Diktatur, in die Herrschaft eines einzelnen, der – gestützt auf das Militär – das riesige Reich regieren würde.

Da dieser Zeitpunkt heranreifte, gab es viele – unter den Nobiles wie unter den Equites – die sich zum Alleinherrscher oder wenigstens zum einflußreichsten Manne im Staate machen wollten. Wie keiner dem anderen die Stellung des Herrschers gönnte, so fürchtete einer den anderen. Das verzögerte die Entstehung der Diktatur, konnte sie aber nicht verhindern. Formell bestand die Republik noch einige Jahrzehnte, nun aber im ständigen unerbittlichen Ringen um die innenpolitische Macht. Das war nicht mehr der Kampf um die Machtstellung einer Gruppe, sondern um den Einfluß einer einzelnen Persönlichkeit, die sich freilich der Unterstützung breiter Kreise des Volkes versichern mußte.

Solche Verbündeten wurden selten nach einem politischen Grundsatze oder nach sozialen Gesichtspunkten, sondern vorzugsweise nach den Erfolgsaussichten gewählt. So kam es, daß die ehrgeizigsten Politiker auch bedenkenlos von einem Lager ins andere wechselten, wenn sie damit nur ihre eigenen Ziele zu fördern meinten. Manch Angehöriger der Nobilität verließ die Reihen des Amtsadels und wurde Führer der „Volkspartei“, nicht um des Volkes, sondern um seiner selbst willen.

Auf der anderen Seite kamen auch die Repräsentanten der Nobilität nicht ohne die Plebs aus und mußten um deren Gunst ringen.

Sulla Marius

Einen Höhepunkt der Bürgerkriege brachte das Jahr 88 v. Chr. Damals marschierte Sulla an der Spitze eines römischen Heeres in Rom ein, um seinen Gegner Marius, Führer der Popularen, auszuschalten. Jener Marius hatte große Leistungen im Dienste des Staates vollbracht. Seine militärischen Erfolge beruhten hauptsächlich auf seiner Heeresform. Ehe wir den Auseinandersetzungen zwischen Marius und Sulla folgen, sei deshalb an dieser Stelle dem römischen Heer unsere Aufmerksamkeit geschenkt.

Das römische Heer

Unbesoldeter Kriegsdienst in Rom

Das römische Heer des 2. Jahrhunderts v. Chr. hatte eine bemerkenswerte Einrichtung aus früher Zeit, als man noch in Gentes und Stämmen zusammenlebte, bewahrt, nämlich den unbesoldeten Kriegsdienst.

Es ist erstaunlich, wie zäh sich unter den Bedingungen der fortschreitenden Sklaverei ein Grundsatz erhalten konnte, der aus der frühesten Zeit der Stadt stammte. Die Sklaverei im Etrurien des 5. Jahrhunderts v. Chr. war gewiß nicht so weit entwickelt wie die im Rom der späten Republik. Trotzdem wußte die Sage zu erzählen, daß einst Mucius Scaevola den Schreiber des Etruskerkönigs Porsenna in dem Augenblick tötete, als er den Kriegern den *Sold* zahlte. Die Gegner, mit denen Rom im 3. und 2. Jahrhundert v. Chr. Kriege führte, verfügten fast ausnahmslos über Söldnerheere. Die Truppen Hannibals, die am Trasimenischen See und bei Cannae den Römern so entsetzliche Niederlagen zufügten, wurden für ihr Kriegshandwerk besoldet. Rom dagegen hatte über Jahrhunderte eine Anwerbung von Söldnern zurückgewiesen und bildete damit unter den entwickelten Staaten des Mittelmeerraumes eine merkwürdige Ausnahme.

Die Wurzeln des Kriegsdienstes ohne finanziellen Ausgleich liegen in den Lebensbedingungen der frühmenschlichen Gesellschaft. Wie der Stamm als ganzes für den Lebensunterhalt sorgte, so wehrten auch alle waffenfähigen Männer gemeinsam einen Überfall ab oder begaben sich auf einen Raubzug. Kriegerische Aktionen waren ebenso vom Existenzkampfe erzwungen wie beispielsweise die Jagd oder der Ackerbau. Dabei wäre niemandem eingefallen, für seine Tapferkeit oder seine Wunden einen Lohn zu verlangen. Man war auf Gedeih und Verderb miteinander verbunden und mußte sich gemeinsam erhalten oder gemeinsam untergehen.

Militärdienst und Landwirtschaft

Es ist nicht ohne weiteres erklärbar, warum die Römer solange an der Tradition unbezahlten Kriegsdienstes festhielten, da doch die wirtschaftlichen und territorialen Voraussetzungen längst den Einsatz von Söldnerheeren zugelassen hätten. Ein Grund liegt zweifellos in der aus frühester Zeit übernommenen engen Verknüpfung von Landarbeit und Waffendienst. Wie die Stammesangehörigen den Acker bebauten, so zogen sie einst auch in den Kampf, um das Land zu verteidigen oder zu mehren. Auch als die Bevölkerung Roms wuchs, blieb ja doch der Boden zuerst, größtenteils als Gemeinbesitz, in den Händen der patrizischen Geschlechter. Ihre Mitglieder wußten also, was sie zu schützen hatten, und es war ihnen eine Ehrenpflicht, für ihr Land zur Waffe zu greifen. Die Lebensbedingungen der Stammesgemeinschaft mögen es erzwungen haben, daß Ackerbau und Wehrhaftigkeit zur untrennbaren Einheit verschmolzen, daß sie nur als zwei verschiedene Seiten ein und derselben Sache, nämlich des Existenzkampfes, angesehen wurden.

Diese Vorstellung erhielt sich bis ins 2. Jahrhundert v. Chr. Die römische Armee war im wesentlichen immer noch eine Armee der Ackerbauern und Grundbesitzer.

Militärische Dienstleistungspflicht seit Servius Tullius

Welche hervorragende Rolle dem bewaffneten Kampfe zugemessen wurde, zeigt auch die sogenannte Servianische Verfassung. Zur Zeit ihrer Entstehung war der Staat bereits vorhanden. Schon damals wäre es denkbar gewesen, die Kriegslasten auf die minderbemittelten und minderberechtigten Volksschichten abzuwälzen, zumal ja die Plebejer in den Populus aufgenommen wurden. Die Einteilung der Bürger in die Zenturien und das Stimmverhältnis, das sich daraus ergab, waren zweifellos ein politisches und soziales Unrecht. Aber zugleich überrascht die Servianische Verfassung mit der Festlegung, daß die reichsten Bürger die Hauptlast des Militärdienstes auf sich nahmen. Wer mehr besaß, hatte auch mehr für das Vaterland zu leisten. Ein solcher Gedanke ist nur daraus erklärbar, daß Ackerbau und Grundbesitz auf der einen, Kriegsdienst auf der anderen Seite im Leben und Denken der Menschen ein untrennbares Ganzes bildeten und daß die eben genannte Last den römischen Patriziern eine ehrenvolle Pflicht war.

Das wird z. B. aus der Bewaffnung des Heeres deutlich. Jeder Krieger hatte sich selbst auszurüsten, und die Ausrüstung richtete sich nach der Vermögenseinstufung, und – umgekehrt – wer sich am besten ausrüsten konnte, gelangte in die höchste Klasse. Deren Bewaffnung bestand aus einer langen Stoßlanze und dem Schwert. Dem Schutze dienten ein Helm und ein Panzer (beides aus Leder), ein metallener Rundschild und Beinschienen. Die Angehörigen der übrigen Classes waren weniger schlagkräftig und auch weniger sicher bewaffnet. Die Mitglieder des fünften Zensus trugen z. B. nur Wurfspieße und Schleudern, und die Proletarii waren gar nur mit einer einfachen Steinschleuder ausgerüstet.

Nach der Bewaffnung wurden aber auch die Aufgaben, die den einzelnen Vermögensgruppen im Kampfe zufielen, unterschiedlich festgelegt. Die drei obersten Classes bildeten die Kerntruppe, die *Legio*. Die Kämpfer aus den beiden übrigen Abteilungen hatten als Leichtbewaffnete nur das Gefecht zu eröffnen, sich dann zurückzuziehen und sich zur Verstärkung bereitzuhalten. Die Mannschaft der Proletarii wurde überhaupt nur in sehr dringenden Fällen zum Ersatz Gefallener oder Gefangener in den Kampf geschickt.

Zu dieser Einteilung nach Vermögen und Bewaffnung kam noch eine Gliederung nach dem Alter. Die Feldtruppen umfaßten die männlichen Bürger von 17 bis 46 Jahren *(iuniores)*. Die Männer von 47 bis 60 Jahren *(seniores)* bildeten eine Formation, die dem Schutze der Stadt diente.

Alle diese Festlegungen wurden aber überhaupt nur im Kriegszustande – das war freilich oft – wirksam. Ein stehendes Heer, das auch im Frieden Militärdienst geleistet hätte, gab es zunächst nicht.

Legion als Hauptverband

Von den frühesten Anfängen bis in die späteste Zeit hinein war der wichtigste Verband des römischen Heeres die Legion. Sie bestand anfänglich aus 3 000 Fußsoldaten und 300 Reitern. Die Zahl kam vermutlich dadurch zustande, daß jede der drei ursprünglichen Tribus 1 000 Mann Fußvolk und 100 Reiter zu stellen hatte. Sie zeigt uns auch, daß es einst nur *eine* Legio gab, und daß diese die *gesamte* römische Streitmacht umfaßte. Schon während der dem Servius Tullius zugeschriebenen Reform war diese Zahl verändert. Innerhalb der Legion kämpften damals bereits 4 200 Fußsoldaten. Mit dem Wachstum Roms und seiner Bevölkerung wurde das Militärwesen immer umfangreicher. Die Zahl der Legionen nahm ständig zu, wobei deren Stärke schwankte: gelegentlich, z. B. nach der Schlacht bei Cannae, trat sie mit 6 200 Mann vor den Feind. Die Bewaffnung vervollkommnete sich stetig.

Dienstpflicht der „Bundesgenossen“

An die Seite der römischen Legionen traten mit der Eroberung Italiens Soldaten der „Bundesgenossen“. Sie wurden ebensowenig bezahlt wie die römischen Legionäre, sie stellten aber etwa 50 % der römischen Heeresmacht. Erst die Truppen, die in den außeritalischen Besitzungen angeworben wurden, erhielten einen Sold, erstmals anscheinend im Zweiten Punischen Kriege, als man in Spanien die Iberer für den gleichen Preis mietete, für den sie zuvor den Karthagern gedient hatten.

Das Prinzip des römischen Militärdienstes brachte der Kampfmoral der Truppen für lange Zeit einen unbestreitbaren Vorteil. Sie zogen nur für sich und die Heimat in den Krieg und setzten nur dafür ihr Leben aufs Spiel. Stark war eine solche Armee zweifellos auch so lange, wie der freie Grundbesitz freie Soldaten ernährte. Die Agrarkrise des 2. Jahrhunderts v. Chr. rüttelte aber nicht nur an der ökonomischen Grundlage der Republik, sondern wegen der innigen Verknüpfung von Landwirtschaft und Kriegsdienst erst recht an ihrer militärischen Stärke. Eine Bodenreform hätte die Verteidigungsfähigkeit der Republik zweifellos sehr heben können. Sie war gescheitert. Was durch wirtschaftliche Maßnahmen nicht erreicht worden war, mußte jetzt durch eine Heeresreform erzielt werden. Diese objektive Notwendigkeit hatte Marius erkannt. Wesentlich waren nicht so sehr seine Neuerungen in der Einteilung und Gliederung der Legionen, obwohl auch sie die Kampfkraft förderten. Größere Bedeutung kam den neuen Grundsätzen zu, nach denen der Kriegsdienst nunmehr ausgeübt wurde.

Heeresreform des Marius

Zunächst machte Marius die Armeezugehörigkeit vom persönlichen Vermögen unabhängig. Er achtete lediglich auf die Bereitwilligkeit und die körperliche Tüchtigkeit seiner künftigen Krieger. War der Soldat angeworben, so sollte er 16 Jahre (später wurden es sogar 20 Jahre) dienen; er wurde für diese Zeit vom Staat unterhalten und nach einem bestimmten Tarife besoldet. Außerdem war ihm ein Anteil an der Kriegsbeute zugesichert. Schied er nach seiner Dienstzeit als Veteran (zu *vetus – alt*) aus, so sollte er eine Bodenparzelle als Eigentum erhalten und hatte damit Aussicht auf ein verhältnismäßig geordnetes und sorgloses ziviles Leben.

In der Hoffnung auf Sold, Kriegsbeute und Boden strömten die Besitzlosen zu den Waffen. Rom erhielt damit ein stehendes Heer, ein Heer von Berufssoldaten. Dieses Heer war jedoch kein Söldnerheer von Fremden wie etwa das der Karthager, die Legionen rekrutierten sich stets aus römischen Bürgern. Die soziale Rolle dieses Heeres aber wandelte sich entschieden. Obwohl ein Bürgerheer, verbanden sich seine Erwartungen und Forderungen nun immer enger mit dem persönlichen, dem militärischen wie dem politischen Erfolg seines Feldherrn, dieser wiederum gewann im Heer ein schlagkräftiges Instrument, seine persönlichen politischen Ziele durchzusetzen.

Die neuen Rekrutierungsgrundsätze erwiesen sich sehr bald und in der Folgezeit noch sehr lange als tragfähig und wirkungsvoll, sehr bald aber trat auch die veränderte soziale Stellung der Armee mit aller Schärfe, ja Brutalität hervor.

Marius und Sulla

Im Jahre 111 v. Chr. begann in Nordafrika der Jugurthinische Krieg. Unter Führung ihres Fürsten Jugurtha wehrten sich die Numidier gegen die Römer, die sich nicht mit der Ausplünderung der Provinz Afrika begnügten, sondern auch außerhalb deren Grenzen nach Gewinn trachteten. Als Jugurtha eine Stadt der Provinz erobert hatte, ließ er nicht nur deren Einwohner, sondern kurzerhand auch die gerade anwesenden Römer hinrichten.

Jugurthinischer Krieg

Hundert Jahre früher wäre es undenkbar gewesen, daß die römische

Regierung einen Angriff gegen römische Bürger nicht auf der Stelle unnachsichtig geahndet hätte. Diesmal zögerte der Senat, denn zum Teil steckte die Nobilität mit Jugurtha unter einer Decke. Der Numidier kannte die Bestechlichkeit der Senatspartei und wußte, daß er für Gold auch deren Tatenlosigkeit erkaufen konnte. Außerdem: sonderlich erschüttert waren die Senatoren über den Tod ihrer Mitbürger nicht. Denn nicht ihre eigenen Leute, sondern die der Gegenpartei, Pächter und Kaufleute, waren dort umgekommen.

Die Popularen forderten Rache und verlangten einen Feldzug in Nordafrika. Doch das gegen Jugurtha entsandte Heer verlor eine Schlacht nach der anderen. Wie in Rom die Senatoren, so hatten sich diesmal auf dem Kriegsschauplatz die Feldherren bestechen lassen! Diese Vorfälle blieben den Popularen nicht verborgen. Sie setzten durch, daß Jugurtha in Rom erschien, damit seine Aussagen zum Gegenstand und Beweis einer Anklage gemacht werden könnten. Aber das Verhör fand nicht statt, weil die Komplizen des Numidiers es zu verhindern wußten.

Kimbern und Teutonen

Noch bevor der Skandal in Rom ruchbar wurde, kam Alarm aus Oberitalien. Die Kimbern und Teutonen, der erstere Stamm germanischen, der zweite wohl keltischen Ursprungs, zogen durch das Alpengebiet und bedrohten Gallia Cisalpina. Im Jahre 113 v. Chr. waren sie bereits bei Noreia zum ersten Male auf römische Legionen gestoßen und hatten ihnen einen empfindlichen Schlag versetzt. Zu einem zweiten schweren Kampfe kam es 105 v. Chr. bei Arausio in Gallia Narbonensis. Er endete mit der Vernichtung zweier römischer Armeen, die zusammen 80 000 Mann verloren. Nach diesem Siege entfernten sich die Kimbern und Teutonen überraschend nach Spanien, aber hier wie dort blieben sie für Rom eine Gefahr.

Gaius Marius

Der Retter in höchster Not wurde Gaius Marius. Als er sich im Jahre 119 v. Chr. um das Volkstribunat beworben hatte, war er 37 Jahre alt. Er stammte aus einer Bauernfamilie. Die griechische Bildung, die in Rom inzwischen Mode geworden war, verachtete er. Seine Verachtung resultierte wohl daraus, daß er sie nicht genossen hatte, wie ja mancher das für wertlos erklärt, was ihm versagt ist. Eine harte Kindheit in einfachen Verhältnissen mag seinen Charakter bestimmt und den Sinn für Gerechtigkeit gefördert haben. Schon während seines Tribunats machte er sich den Optimaten verhaßt, weil er ein Gesetz durchbrachte, das den Bestechungen bei den Wahlen Einhalt gebot. Aber seine allzu einfache Herkunft ließ alle Pläne, den Cursus honorum zu durchlaufen, zunächst scheitern. Erst als es ihm gelang, eine Dame aus dem vornehmen Geschlecht der Julier zu heiraten, hatte seine Kandidatur für das Amt des Prätors im Jahre 116 v. Chr. Erfolg.

Marius war mit ganzer Hingabe Soldat. Das hatte er als Offizier in den ersten Jahren des Jugurthinischen Krieges bewiesen. Die Machenschaften der Feldherren beobachtete er voller Empörung. Im Jahre 108 v. Chr. erbat er Urlaub, um in Rom fürs Konsulat zu kandidieren. Er kehrte als Konsul und Befehlshaber nach Afrika zurück. Zwei Jahre später war Jugurtha besiegt.

Siege über Jugurtha, Kimbern und Teutonen

Bereits während des Feldzuges führte Marius im Heer die ersten Neuerungen ein. Als er 104 v. Chr. sein zweites Konsulat antrat, vollendete er die Reform, die der Streitmacht Roms die alte Stärke wiedergeben sollte. Wenig später kam aus dem Alpengebiet auch schon die drohende Kunde von der Rückkehr der Kimbern und Teutonen. Marius suchte die Begegnung mit dem Feind, der sich inzwischen in zwei große Verbände geteilt hatte. 102 v. Chr. stellten die Römer die Teutonen bei Aquae Sextiae (in Gallia Narbonensis), ein Jahr später die Kimbern bei Vercellae (in Gallia Cisalpina) zum Kampfe. Beide Treffen wurden zu Siegen der Römer dank der neuen Heeresorganisation ihres Feldherrn. Als Marius nach Rom zurückkehrte, hatte er den Gipfel seines Ruhmes erreicht. Das Jahr 100 v. Chr. sah ihn zum sechsten Male als Konsul.

L. Appuleius Saturninus

Während dieses sechsten Konsulats ging Marius ein Bündnis mit dem Volkstribunen Lucius Appuleius Saturninus ein, um gegen den Willen des Senats Landzuteilungen an seine Soldaten durchzusetzen. Nach großen Bemühungen kam ein entsprechendes Gesetz zustande: die Veteranen aus zwei Legionen zogen in die Provinz Africa, nach Numidien und Gallia Cisalpina. Da aus den Ländereien der Provinzen nicht nur die Nobilität, sondern auch die Equites Gewinn zogen, hatte Marius damit auch den Widerstand der Ritter herausgefordert. Alle Gegner der Landverteilung schlossen sich zusammen und verlangten von Marius, gegen Saturninus Gewalt anzuwenden. Eine Weigerung hätte den Bruch mit den Rittern und damit das Ende seiner politischen Laufbahn bedeutet. So verriet Marius das Bündnis mit Saturninus. Der Volkstribun wurde getötet, seine Gesetze wieder aufgehoben. Marius selbst verließ Rom und ging nach Afrika, offenbar, weil es ihn nicht am Orte seines Verrats hielt.

Bundesgenossenkrieg

Indessen waren die Gegensätze zwischen Rom und den italischen „Bundesgenossen“ weiter gewachsen. Immer energischer forderten die Italiker das römische Bürgerrecht. Im Jahre 91 v. Chr. begann in Asculum in der Landschaft Picenum ein Aufstand, der bald von 100 000 italischen Kriegern getragen wurde. Die Empörer erklärten das mittelitalische Corfinium zu ihrer Hauptstadt und beriefen dort einen eigenen Senat, der eigene staatliche Hoheitsrechte ausübte. Die Italiker prägten beispielsweise eigene Münzen, in deren Bild ein Stier eine Wölfin niederkämpft. Die Wölfin war das Wappentier Roms, der Stier galt seit undenklichen Zeiten als Symbol italischer Stärke.

Die römischen Truppen mußten manche empfindliche Niederlage einstecken, so daß sich der Senat zu Zugeständnissen gezwungen sah. Nach dem bewährten Prinzip des „Divide et impera!“ wurde zunächst im Jahre 90 v. Chr. jenen Italikern, die Rom die Treue hielten, das Bürgerrecht zugesichert. Diese Maßnahme sollte die Aufständischen spalten, erwies sich aber als unzureichend. Erst als zwei Jahre später ein weiteres Gesetz all den Gegnern das Bürgerrecht versprach, die innerhalb von 60 Tagen die Waffen niederlegen würden, trat eine Wende des Krieges ein. Die Lukaner und Samniten, die sich am längsten widersetzten, wurden schließlich militärisch besiegt.

So endete der Kampf mit einem Ausgleich: Die Bundesgenossen hatten ihr Ziel im wesentlichen erreicht, aber Rom blieb die führende Macht Italiens.

Erster Krieg gegen Mithradates

Zur gleichen Zeit zeichnete sich im Osten des Reiches eine neue Gefahr immer drohender ab. In Kleinasien herrschte der König Mithradates über das Reich Pontos. Er bedrohte die römische Provinz Asia und nutzte den gerade in Italien tobenden Bundesgenossenkrieg, um sich im Jahre 88 v. Chr. ganz Kleinasiens zu bemächtigen und seinen Fuß sogar auf die Balkanhalbinsel zu setzen. Die Einwohner der eroberten Städte begrüßten ihn als Befreier vom römischen Joch und schlossen sich ihm an. Rom enthielt sich zunächst entscheidender Gegenmaßnahmen. Das ermunterte Mithradates zu einem unerwarteten Gewaltakt. An einem einzigen vorher festgelegten Tag ließ er die gesamte römische Bevölkerung der Provinz Asien, auch Frauen und Kinder, etwa 80 000 Menschen, umbringen.

Silbernes Tetradrachmon des Mithradates VI. von Pontos (121–63 v. Chr.)

Die Kräfte, die Rom gegen Mithradates dringend gebraucht hätte, waren nicht nur durch den Bundesgenossenkrieg, sondern auch durch die inneren Unruhen gebunden, die heftiger und offener denn je entbrannt waren.

L. Cornelius Sulla

An der Spitze der Optimaten stand damals Lucius Cornelius Sulla, die Popularen führte Marius. Ihn hatte der Bundesgenossenkrieg in die Stadt zurückgeführt. Der inzwischen 65jährige Mann hoffte, daß sein Verrat vergessen sei und daß er sich als Offizier wieder unentbehrlich machen könnte. Tatsächlich errang er einige militärische Erfolge, die ihm wieder Popularität verliehen.

Sulla wurde für das Jahr 88 v. Chr. zum Konsul gewählt und vom Senat mit dem Oberbefehl gegen Mithradates beauftragt. Er war bereits auf dem Wege nach Griechenland, als er in Nola, einer Stadt Kampaniens, erfuhr, daß er auf Drängen der Gegenpartei seines Postens enthoben und an seiner Stelle Marius eingesetzt worden sei. Ohne Verzug beschloß er, mit seinem Heer gegen Rom zu marschieren und seinen und der Optimaten Willen mit Gewalt durchzusetzen. Die Truppen ließen sich leicht zu diesem unerhörten Akt bewegen, weil sie ihre Hoffnungen auf die asiatische Kriegsbeute nicht aufgeben wollten. Nach heftigen Straßenkämpfen war Sulla Herr der Stadt und ließ 10 000 Menschen erbarmungslos umbringen. Marius verließ Rom ein zweites Mal und floh erneut nach Afrika.

Sullas Marsch gegen Rom

Sulla änderte sogleich die Staatsverfassung zugunsten der Optimaten. Er erhöhte die Zahl von 300 Senatoren auf das Doppelte, und zwar mit Leuten, die ihm treu ergeben waren. Die Volksversammlung durfte ohne Zustimmung des Senats kein Gesetz mehr annehmen, jeden Gesetzentwurf mußte der Senat vorher bestätigen. Außerdem wurden die Rechte der Volkstribunen dahingehend beschränkt, daß sie auf eine Entscheidung des Senats keinen Einfluß mehr hatten und daß mit der Bekleidung des Volkstribunats die weitere Amtskarriere blockiert war.

Sullanische Verfassung

Damit hielt Sulla seine Macht für gefestigt und brach im nächsten Jahre endlich nach Griechenland auf. Er erstürmte Athen, schlug das Heer des Mithradates auch anderenorts und vereinbarte 85 v. Chr. mit ihm einen Frieden, der Rom wieder in den Besitz der Provinz Asia brachte. Die kleinasiatische Bevölkerung wurde für das Gemetzel an römischen Bürgern mit unerhörten Unterdrückungsmaßnahmen bestraft.

Während Sulla auf dem östlichen Kriegsschauplatz Erfolge errang, brach in der Hauptstadt sein mit Gewalt errichtetes Regime wieder zusammen. Die Führer der Popularen, die bei Sullas Marsch auf Rom davongekommen waren, hatten in Kampanien ein neues Heer aufgestellt. Und wieder kehrte Marius zurück. Als er vor den Toren der Stadt stand, zögerte der Senat nicht zu kapitulieren. Marius drang mit seinen Truppen in Rom ein. Fünf Tage durften die Soldaten morden und plündern. Die Verfassung Sullas wurde außer Kraft gesetzt. Marius und sein Gefährte Lucius Cornelius Cinna machten sich zu Konsuln. Damit bekleidete der Feldherr zum siebenten Male das höchste Amt des Staates. Er konnte sich des Erfolges allerdings nur kurze Zeit freuen. Wenige Tage nach seinem Siege ereilte ihn der Tod.

Sulla hatte den Dingen in Rom zunächst ihren Lauf lassen müssen. Erst als er im Jahre 85 v. Chr. mit Mithradates Frieden geschlossen hatte, traf er Vorbereitungen für den Kampf mit den Marianern. Mit 40 000 Mann landete er im Jahre 83 v. Chr. in Brundisium. Dort verstärkte sich sein Heer durch die ihm zuströmenden Anhänger der Optimaten. Im November 82 v. Chr. stand Sulla vor Rom und überwand in einer letzten

Sullas Sieg über die Marianer

Schlacht die Samniten, die sich noch einmal zum Freiheitskampf gegen Rom erhoben hatten. 4000 Gefangene ließ Sulla auf dem Marsfeld niedermetzeln – das Klirren der Waffen und das Schreien der Sterbenden drang bis in den nahen Bellona-Tempel, wo unter Sullas Vorsitz eben der Senat beriet. Der Senat erteilte ihm jede Vollmacht und ernannte ihn zum Diktator auf Lebenszeit. Indessen tobte seine Soldateska durch die Straßen. Durch die Veröffentlichung sogenannter Proskriptionslisten legalisierte Sulla nahezu jede Schandtat. In diesen Listen, die in den Straßen ausgehängt wurden, waren die Namen seiner wirklichen und vermeintlichen Gegner aufgeführt. Diese Personen galten als geächtet und durften von jedermann – gegen Belohnung! – getötet werden. Ihr Besitz wurde eingezogen und zu Schleuderpreisen unter den eigenen Leuten versteigert. 10000 Sklaven, die Proskribierten einst gehört hatten, schenkte Sulla die Freiheit. Aus ihnen bildete sich der Diktator eine ergebene Polizeitruppe.

Proskriptionen

Diktatur Sullas

Sulla erneuerte seine Änderungen der Verfassung, die Marius rückgängig gemacht hatte. Er erweiterte sie noch, indem er die Richterstellen, die seit Gaius Gracchus von den Equites besetzt waren, der Nobilität zurückgab. Dagegen verteilte er an 120000 seiner Veteranen Land in Latium, Etrurien, Kampanien und anderen Teilen Italiens.

Auch das war nicht als Tat im Dienste der römischen Republik zu werten. Diese ehemaligen Soldaten gingen nämlich in die Gebiete der ärgsten Feinde Sullas und bildeten dort einen verläßlichen Faktor zum Schutze seiner Macht.

Überraschend und für seine Zeitgenossen unverständlich verzichtete Sulla im Jahre 79 v. Chr. auf die Diktatur und gab seine Vollmachten dem Senat zurück. Ein Jahr später starb er an den Folgen eines Blutsturzes.

Caesar und Pompeius

Gaius Julius Caesar

100 v. Chr., in dem Jahre, da Marius zum sechsten Male Konsul war, wurde Gaius Julius Caesar geboren. Er entstammte einem alten und edlen Geschlecht, das sich selbst von Julus, dem Sohne des Aeneas, herleitete. Eine lange Reihe vornehmer Ahnen hatte schon das Cognomen Caesar geführt, den Namen, der im deutschen und russischen Feudalstaate in den Worten „Kaiser“ und „Zar“ zum Sinnbild der höchsten Macht wurde, wie einst sein berühmtester Träger die höchste Macht in Rom errang.

Bis in die sechziger Jahre des 1. Jahrhunderts v. Chr. hatte sich Caesar aus den Machtkämpfen herausgehalten; seine politischen Aktivitäten

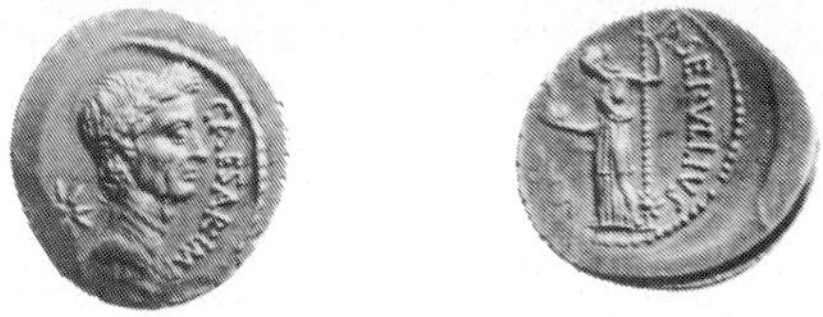

Silberdenar, Vs. Bildnis CAESAR IMP(erator) mit Corona triumphalis, Rs. Venus Victrix und Münzbeamtenname P. SEPULLIUS, 44 v. Chr.

waren von tagespolitischen Erwägungen bestimmt. Inzwischen hatten andere Männer von sich reden gemacht. Zu ihnen gehörte Gnaeus Pompeius, geboren 106 v. Chr., erfolgreich im Kriege gegen einen Teil des Spartacusheeres. Er hatte ursprünglich auf der Seite der Optimaten gestanden (im Jahre 83 v. Chr. hatte er drei eigenmächtig aufgestellte Legionen Sulla zugeführt), aber nachdem er im Jahre 70 v. Chr. gemeinsam mit Marcus Licinius Crassus das Konsulat angetreten hatte, verfocht er zur Enttäuschung der Nobilität eine ganz entgegengesetzte Politik. Wollte ein Staatsmann in Rom seinen Einfluß wahren, so mußte er sich eben die Gunst des Volkes sichern. Deshalb ließ Pompeius die Rechte der Volkstribunen und die Entscheidungsfreiheit der Tributkomitien wiederherstellen und änderte auch die Sullanischen Bestimmungen über die Richterämter. Nur noch ein Drittel der Stellen ließ er dem Senatorenstande, alle übrigen wurden wieder in die Hände der Equites gelegt.

Gn. Pompeius

Indessen hatte sich die Lage in Italien und in den Provinzen kaum entspannt. Vor allem im Osten des Reiches gab es keine Ruhe, weil dort die gequälte Bevölkerung in Mithradates einen tatkräftigen Führer fand. Der König von Pontos hatte noch während Sullas Diktatur einen zweiten Krieg gegen Rom geführt. 73 v. Chr. war er zum dritten Male zum Kampfe angetreten. Im Jahre darauf mußte er den römischen Truppen weichen, die unter Führung des Lucius Licinius Lucullus nach dem Osten geworfen worden waren. Lucullus besetzte Teile des Pontischen Reiches, vertrieb Mithradates zum König Tigranes von Armenien und entschloß sich, nun gegen diesen Herrscher zu Felde zu ziehen.

Zweiter und dritter Mithradatischer Krieg

L. Licinius Lucullus

Zuvor erleichterte er die Lebensbedingungen der kleinasiatischen Bevölkerung. Seit dem Ende des ersten Mithradatischen Krieges hatte die Provinz riesige Strafsummen aufbringen müssen. Römische Geldleute, die aus allem ein Geschäft zu machen wußten, liehen den Einwohnern die Beträge und preßten jetzt überhöhte Zinsen und Zinseszinsen heraus. Lucullus begrenzte den Zinsfuß auf 12 % und untersagte die Berechnung von Zinseszinsen. Offenbar wollte er dadurch bei der Bevölkerung bescheidene Sympathien gewinnen, die er für die bevorstehenden militärischen Operationen brauchte. Mithradates aber hatte inzwischen neue Truppen gesammelt und besetzte, als Lucullus in Armenien stand, wieder sein Stammland Pontos.

Waren schon die Verwaltungsmaßnahmen des Lucullus auf den Widerstand der römischen Finanzaristokratie gestoßen, so machte ihn dieser militärische Mißerfolg in Rom ganz und gar unpopulär. Er wurde seines Postens enthoben und nach Rom zurückbeordert. Das war 67 v. Chr.

Im gleichen Jahre, da der Ruhm des Lucullus zerbrach, wuchs der des Pompeius. Durch Vermittlung eines Volkstribunen hatte ihm die Volksversammlung für drei Jahre den Oberbefehl über alle Meere und Küsten des Reiches übertragen. Die Nobilität hatte sich dagegen gewehrt, denn nach dieser Ernennung verfügte Pompeius über eine Macht, mit der er leicht zur Diktatur greifen konnte.

Seeräuberkrieg

500 Schiffe, 120 000 Fußsoldaten und 7 000 Reiter wurden ihm unterstellt, um einen Gegner niederzukämpfen, der weder ein großes Land noch einen gefestigten Staat oder eine Armee sein eigen nannte, für Rom aber trotzdem eine drohende Plage geworden war, die Seeräuber des Mittelmeeres. Seit je trieben sie ihr Unwesen auf allen Schiffahrtswegen, die zu den Häfen Italiens führten. Sie überfielen und plünderten Handelsschiffe und zogen sich schnell in ihre Schlupfwinkel zurück. Ihr Wirken hatte nunmehr den Seehandel völlig zerrüttet. Das Übermaß ihres verwegenen Tuns war voll, als sie dreist in den Hafen Ostia an der Tibermündung eindrangen, die dort ankernden Schiffe ausraubten und ohne eigene Verluste, dafür aber mit reicher Beute, wieder davonfuhren.

Mit diesem Schrecken sollte Pompeius aufräumen. Innerhalb dreier Monate reinigte er das Mittelmeer von Gibraltar bis zum Osten. Im kleinasiatischen Kilikien, einem bevorzugten Schlupfwinkel der Piraten, gab er vielen von ihnen Land, um sie für die Zukunft möglichst vom Meere fernzuhalten.

Als die Siegeskunde nach Rom kam, feierte das Volk Pompeius als Retter. Um so leichter war es für seine Anhänger, ihn an die Stelle des aus Kleinasien abberufenen Lucullus setzen zu lassen. Der Senat mußte auch diesmal dem Willen der Volksversammlung nachgeben.

Pompeius stand noch in Kilikien, als er die Nachricht von seiner Ernennung erhielt. Sogleich bereitete er sich zum Feldzug vor und überschritt mit 60 000 Mann die Grenze des Pontischen Reiches. Dieser Macht war Mithradates nicht gewachsen. 63 v. Chr. setzte er seinem Leben selbst ein Ende, sein Schwiegersohn Tigranes von Armenien unterwarf sich den Römern.

Niederlage des Mithradates

Damit waren die offiziellen Aufträge, aber noch nicht die privaten Wünsche des Pompeius erfüllt. Er wandte sich entschlossen nach Süden, besetzte fast kampflos Syrien und erklärte es zur römischen Provinz. Im Dezember 62 v. Chr. betrat er wieder italischen Boden. Er erwartete Anerkennung und Dankbarkeit – statt dessen empfingen ihn Argwohn und Furcht. Die Angst vor einer Diktatur war größer als die Freude über die Erfolge. Selbst als Pompeius überraschend sein gesamtes Heer ent-

Besetzung Syriens

ließ, fand er kein Vertrauen. Der Senat versagte seine Zustimmung zu den in Kleinasien getroffenen Verwaltungsmaßnahmen. Auch Landverteilungen an seine Soldaten wurden verweigert: die Armee hätte darob ihrem Feldherrn zu viel Anhänglichkeit entgegenbringen können.

Inzwischen hatte Caesar in Rom um Popularität gerungen. Vorsichtig, aber deutlich hatte er bekundet, daß er mit den Popularen zu gehen gedachte. In seinen politischen Spekulationen bildete auch Pompeius einen wichtigen Faktor. Bereitwillig hatte Caesar in den letzten Jahren dessen Absichten unterstützt, um später mit seiner Hilfe seine eigene Macht um so sicherer zu gründen.

Catilinarische Verschwörung

62 v. Chr. war Caesar Prätor. Um diese Zeit wurde die Stadt von einem Ereignis erregt, das so recht die Schwäche der republikanischen Ordnung offenbarte. Ein heruntergekommener Aristokrat mit Namen Lucius Sergius Catilina plante an der Spitze gleichgesinnter Freunde einen Staatsstreich. Er war ein Abenteurer. Die Politik sollte ihm nur Mittel zum Zweck der persönlichen Bereicherung sein. Die Proskriptionen Sullas hatten ihn gelehrt, wie man zu Geld gelangen konnte. Er bewarb sich für das Jahr 63 v. Chr. um das Kosulat. Der Einfluß der Optimaten verhalf jedoch seinem Gegenkandidaten Cicero zum Sieg. Im folgenden Jahre kandidierte Catilina erneut. Wieder fiel er durch. Beschleunigt suchte er nun den längst gehegten Plan eines bewaffneten Umsturzes zu verwirklichen. Er fand nicht wenige Komplizen: verkrachte Existenzen aus der Nobilität, junge Aristokraten, die gleich ihm ihr Vermögen verpraßt hatten, aber auch eine Menge Lumpenproletarier und Veteranen des Sulla, welche die Aussicht auf einen kleinen Teil des großen Raubes lockte. Fast durch ganz Italien zogen Catilinas Agitatoren und sammelten Anhänger. In Etrurien wurde die Streitmacht konzentriert. All das war schon ins Werk gesetzt, als Catilinas zweite Kandidatur mißglückte. Umgehend wollte er nun losschlagen. In einer nächtlichen Versammlung verteilte er die Rollen: die Ermordung Ciceros, Brandstiftungen in Rom, Einzug seiner Truppen in die Stadt.

M. Tullius Cicero

Cicero war durch Spitzel von den Plänen der Aufrührer unterrichtet. Er ließ die in Rom verbliebenen Führer der Verschwörung verhaften und ohne ordentlichen Prozeß hinrichten. Catilina, der inzwischen zu seinen Truppen geeilt war, fiel im Kampf gegen das aus Rom entsandte konsularische Heer.

Cicero, ob des Erfolges als „Pater patriae – Vater des Vaterlandes" bejubelt, mußte bald erfahren, daß Catilina noch mächtige Freunde hatte. Er sah sich immer neuen Anfeindungen ausgesetzt. 58 v. Chr. brachte der Volkstribun Clodius – möglicherweise von Caesar vorgeschoben – ein Gesetz durch, daß jeder, der einen römischen Bürger ohne rechtskräftiges Urteil tötet, mit der Verbannung bestraft wird. Dieses Gesetz war eigens für Cicero und einige andere Senatoren bestimmt, denn es erhielt rückwirkende Geltung und wurde selbstredend auf die Hinrichtung der Catilinarier angewandt. Cicero entzog sich der Anklage, indem er freiwillig das Exil suchte.

Unter denen, die im Senat vor der Hinrichtung gewarnt hatten, war Caesar. Für 59 v. Chr. bewarb er sich um das Konsulat. Sein Einfluß war inzwischen so gewachsen, daß er als Führer der Popularen anerkannt war.

Da Pompeius bei der Nobilität keinen Rückhalt mehr hatte, sah er ein, daß er es wohl oder übel mit Caesar halten mußte. Dieser war aus taktischen Erwägungen zu vorübergehender Zusammenarbeit gern bereit. Caesar überzeugte Pompeius, daß man als dritten Gefährten den Crassus brauche, jenen Mann mit dem sagenhaften Reichtum, dessen Vermögen größer war als das irgendeines Römers. Noch bevor Caesar das Konsulat antrat, schuf er auf diese Weise im Jahre 60 v. Chr. jenes lockere Bündnis, das als „Erstes Triumvirat" bekannt ist. Die Übereinkunft der drei Männer war eine rein private Angelegenheit: ihre Gemeinschaft trug keinen amtlichen Charakter, sie wurde vorerst sogar geheimgehalten. Trotzdem vermochten diese drei vereint durchzusetzen, was auch immer sie wollten.

M. Licinius Crassus

Erstes Triumvirat

Für Caesar war das Triumvirat nichts anderes als eine zweckmäßige Übergangsstufe auf dem Wege zur Alleinherrschaft. Er band damit zwei möglichen Gegnern die Hände und konnte unter dem Vorwand gemeinsamer Interessen auf die finanzielle Hilfe des Crassus hoffen.

Pompeius zog er an sich, indem er für die Anerkennung der Maßnahmen sorgte, die der Feldherr im Osten getroffen hatte, und indem er die Landzuteilung an seine Soldaten durchsetzte. So gerüstet und gesichert, versah Caesar das Amt des Konsuls. Nach dem Konsulatsjahr ließ er sich für fünf Jahre die Verwaltung von Gallia Cisalpina und Illyrien übertragen. Auf Antrag des Pompeius wurde er außerdem Statthalter von Gallia Narbonensis. Das war Caesar weitaus wichtiger, denn er hatte lange zuvor bedacht, daß die weiten Teile Galliens, die noch nicht den Römern gehörten, der rechte Ort seien, um Ruhm, Macht und Reichtum für die später unvermeidlichen innenpolitischen Kämpfe zu erwerben. In jene Gebiete gelangte man am bequemsten über Gallia Narbonensis.

Gallischer Krieg

Als Caesar sich 58 v. Chr. in dieser Provinz einrichtete, machte er sich ohne Zögern ans Werk. Die verworrenen Beziehungen der keltischen Stämme nutzte er geschickt aus, um den Anlaß zu einem ersten Feldzug zu finden.

Helvetierfeldzug

Im Gebiet der heutigen Schweiz wohnten die Helvetier. Von den Germanen bedrängt, beschlossen sie, nach Westen auszuwandern. Dabei mußten sie entweder durch die Provinz oder das Gebiet der benachbarten Sequaner und Haeduer. Den Weg durch die Provinz versagte ihnen Caesar (obwohl Rom dadurch kaum ein Schaden entstanden wäre), und die Haeduer ersuchten (war dies ein abgekartetes Spiel?) Caesar um Hilfe. Er half nur zu gern. Seine überlegenen Legionen schlugen die

Helvetier. Die kläglichen Reste des Volkes mußten in ihren alten Siedlungsraum zurückkehren und sollten dort einen Vorposten gegen die Germanen bilden.

Unmittelbar nach dem Helvetierfeldzug wandte sich Caesar gegen den Germanenfürsten Ariovist, der einen Vorstoß auf das linke Rheinufer ebenfalls mit einer schweren Niederlage bezahlen mußte. Auch für diesen Krieg hatte Caesar keinen zwingenden Grund. Eine unmittelbare Gefahr hatte Ariovists Rheinübergang nicht gebracht, nicht für die Provinz und erst recht nicht für Italien. In Rom erschienen die Dinge jedoch in anderem Lichte. Denn während im Norden eine militärische Expedition der anderen folgte, hetzten zwischen der Stadt und dem gallischen Hauptquartier unablässig Boten hin und her, die dem Senat und dem Volk unverzüglich Meldungen von den glänzenden Siegen Caesars überbrachten. Jede Aktion des Feldherrn war in diesen von ihm selbst verfaßten Berichten so geschickt begründet, daß sie wie eine unvermeidliche Verteidigungsmaßnahme aussah. Jedem Römer, der die Verhältnisse in Gallien nur vom Hörensagen kannte, mußte es als Glück erscheinen, daß dort Caesar stand, der das römische Volk vor einer Bedrohung schützte, die an Gefährlichkeit den Einfall des Brennus, den Italienfeldzug Hannibals und den Ansturm der Kimbern und Teutonen übertraf. Caesars Ansehen wuchs nicht zuletzt auch dadurch, daß er im Verlauf des Krieges die Grenze des Reiches bis zum Rhein vorverlegte.

Kein Wunder, daß die gallischen Stämme angesichts der römischen Legionen zur Verteidigung rüsteten. Caesar legte ihre Abwehrmaßnahmen als Verschwörung gegen das römische Volk aus und schuf sich damit den Vorwand, im Frühjahr 57 v. Chr. ins Gebiet der Belger einzurükken. Ein Stamm nach dem anderen wurde in diesem und in den folgenden Jahren unterworfen. Römische Legionen zogen auch nach Britannien und über den Rhein, allerdings ohne sich dort festzusetzen. Denn Caesar hatte in Gallien alle Hände voll zu tun, weil die unterdrückten Völker das fremde Joch wieder abzuwerfen suchten. Kleinere Aufstände waren während des ganzen Krieges niederzuschlagen. Zur größten Erhebung kam es im Jahre 52 v. Chr. Ganz Gallien geriet in Bewegung, und nur mit Mühe wurden die Römer Herr der Lage. Die entscheidende Schlacht tobte um die Stadt Alesia in Mittelfrankreich. Dort hatte sich Vercingetorix, der heldenmütige Führer des Freiheitskampfes, mit seinem Heere verschanzt. Nach erbittertem Ringen trug die taktische und technische Überlegenheit der Römer den Sieg davon. Sechs Jahre später führte Caesar den gefangenen Vercingetorix im Triumphzug durch Rom und ließ ihn töten.

Aufstand des Vercingetorix

Das Jahr 51 v. Chr. verging für Caesar mit der Ordnung der inneren Verhältnisse der neuen Provinz. Dann wollte er nach Rom zurückkehren. Für ihn wurde es in der Tat höchste Zeit, denn sein Bündnis mit Pompeius hielt längst nicht mehr das, was es einst versprochen hatte. 56

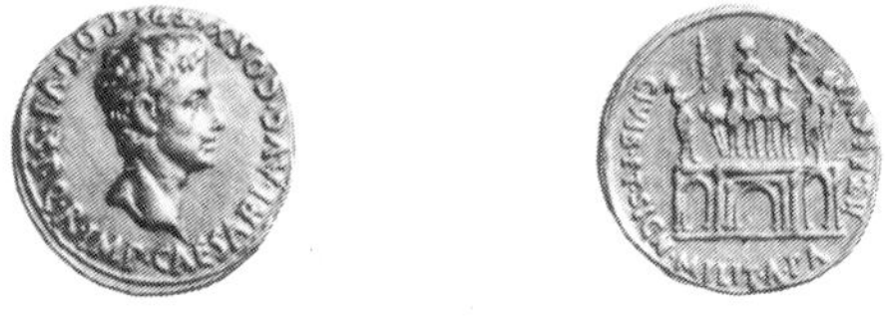

Aureus mit Bildnis des Augustus, nach 20. v. Chr., S.P.Q.R. IMP(eratori) CAESARI AUG(usto) COS (= consuli) XI TR(ibunicia) POT(estate) VI, Rs. Triumphbogen mit Viergespann, flankiert von Parthern, die die im Jahre 53. v. Chr. erbeuteten Feldzeichen (signa) zurückgeben, Umschrift CIVIB(us) ET SIGN(is) MILIT(aribus) A PART(his) RECUP(eratis)

v. Chr. hatten sich die drei Männer geeinigt, daß Crassus und Pompeius im folgenden Jahre das Konsulat erhielten, während Caesar seine Aufträge für Gallien um weitere fünf Jahre verlängern ließ. Nach dem Konsulatsjahr sollte Pompeius Spanien und Afrika verwalten – allerdings von Rom aus –, Crassus erhielt Syrien und mußte im Osten den Krieg gegen die Parther führen.

53 v. Chr. kam die Kunde, daß Crassus von den Parthern erschlagen worden war. Gleichzeitig gab es in Rom neue Unruhen: Die Plebs erhob sich unter Mitwirkung von Sklaven mehrmals gegen die Optimaten und brachte den Senat in arge Bedrängnis. In diesen Wirren fehlte der Senatspartei ein tüchtiger Führer. Die Optimaten sahen nur einen Ausweg: Sie versuchten, Pompeius für sich zurückzugewinnen. Dieser erblickte die große Gelegenheit seines Lebens. Er ließ sich – erstmals in der römischen Geschichte – als „Consul sine collega – Konsul ohne Amtsgenossen“ einsetzen und war damit im Schutze des Senats der maßgebende Mann Roms.

Bürgerkrieg zwischen Pompeius und Caesar

Caesar hatte die Absicht, sich für 49 v. Chr. um das Konsulat zu bewerben. Dem wirkte Pompeius durch ein Gesetz entgegen, das von Caesar zuvor die Entlassung seiner Truppen verlangte. Zwei Volkstribunen, die vergeblich ihr Veto eingelegt hatten, flohen zu Caesar. Das gab ihm den Vorwand – angeblich zum Schutze der Tribunen –, die Legion in Marsch zu setzen, die mit ihm in Gallia Cisalpina stand. Am 10. Januar des Jahres 49 v. Chr. überschritt er den Rubikon, den Grenzfluß zwischen Italien und Gallien. „Iacta alea est – der Würfel ist gefallen“ – diese seine Worte zeugen davon, daß er zur letzten Auseinandersetzung unerbittlich entschlossen war.

Fast kampflos besetzte Caesar Rom und Italien. Pompeius und die Mehrzahl der Senatoren ergriffen die Flucht, zuerst nach Brundisium und von dort über das Meer nach Epirus. Die Hauptmasse der Senatstruppen stand in Spanien, und fast alle Schichten des Volkes begrüßten den Eroberer Galliens, weil sie sich einig waren im Haß gegen die Optimaten. Die kluge Politik, die Caesar verfolgt hatte, begann ihre Früchte zu tragen.

Ehe Caesar dem Pompeius nachsetzte, führte er seine Truppen nach Spanien und zwang die dort stehenden Legionen zur Kapitulation. Anfang 48 v. Chr. landete er in Epirus. Pompeius vermochte zunächst einen Überraschungsangriff Caesars blutig zurückzuschlagen. Fast schien es, als könnte Pompeius seine politische Niederlage militärisch wettmachen. Da wich Caesar südostwärts über die Berge in die Landschaft Thessalien aus. Der Gegner folgte ihm in die Ebene von Pharsalos und griff ihn im Vertrauen auf seine zahlenmäßige Überlegenheit an. Sein Heer zersplitterte unter den Schlägen der kampferprobten Legionen Caesars.

Niederlage und Tod des Pompeius

Pompeius floh nach Ägypten, den minderjährigen König Ptolemäus XIII. um Asyl zu bitten. An Bord des Landungsbootes, das ihm entgegengesandt wurde, saßen Mörder, die ihn begrüßten und im gleichen Augenblick erstachen. Aus Angst vor Caesar hatten die Ratgeber des Königs diese Weisung erteilt. Kurze Zeit später erschien Pompeius' Widersacher wirklich vor dem Hafen von Alexandria. Eine Gesandtschaft brachte ihm Haupt und Siegelring des ermordeten Feindes. Erschüttert über dieses Ende, erwies Caesar dem Leichnam höchste Ehre und ließ die Asche später auf dem Landgute des Pompeius beisetzen.

Caesar bezog im Königspalast von Alexandria Quartier. Dort begegnete ihm die Schwester des Ptolemäus, die 21jährige Kleopatra. Für sie ließ er sich an Ort und Stelle auf einen gefährlichen Krieg ein, um sie als Alleinherrscherin auf den Thron Ägyptens zu setzen. Sie vermochte den sonst so entschlußfreudigen Feldherrn eine Weile an ihren Hof zu bannen, bevor er 47 v. Chr. weiterzog.

Ehe er sich nach Rom wandte, mußte er noch Kämpfe in Kleinasien und Afrika bestehen. In Pontos hatte nämlich Pharnakes, der Sohn des Mithradates, unter Ausnutzung des Bürgerkrieges die Besitzungen des Vaters zurückerobern wollen. Nach Caesars Worten war der Feldzug gegen Pharnakes ein müheloses Unternehmen. Nach der Entscheidung schickte der Feldherr nämlich jene berühmte, aus drei Worten bestehende Siegesbotschaft an den Senat: „Veni, vidi, vici – ich kam, ich sah, ich siegte." – Bei Thapsos in Nordafrika schlug Caesar 46 v. Chr. die letzten Pompeianer. Nach dem Sieg erklärte er Numidien zur römischen Provinz.

Nun erst zog der Feldherr nach Rom und versetzte die Bevölkerung durch nie gesehene Festlichkeiten, Spiele, Geld- und Getreidespenden in Begeisterung. Nacheinander feierte er vier Triumphzüge: über Gallien (mit der Hinrichtung des Vercingetorix), Ägypten, Pontus und Numidien.

Caesars Alleinherrschaft

Diktator, allerdings noch mit jährlicher Befristung, war Caesar seit 48 v. Chr. Im Jahre 45 v. Chr. wurde ihm die Diktatur auf Lebenszeit zuerkannt, ebenso die Befugnisse der Volkstribunen und die Praefectura morum, die das Amt der Zensoren ersetzen sollte. Konsul wurde er für zehn Jahre, formell stand jedoch neben ihm ein jährlich wechselnder Kollege. Daneben erhielt er den Titel „Imperator“ (dadurch war seine Stellung als Oberbefehlshaber des Heeres bezeichnet), den Ehrennamen „Pater patriae“, das Recht, sein Bildnis auf Münzen prägen zu lassen, und manche andere Auszeichnung. Damit verstieß sein Regiment mehr gegen die Staatsordnung der Republik als alle Änderungen, die seine Vorgänger eingeführt hatten.

Cicero, längst wieder in Rom, urteilte über Caesars Politik: „Caesar weiß nicht, wohin er uns führt: wir sind die Sklaven Caesars, und Caesar ist ein Sklave der Umstände.“ Dieses Wort enthält viel Wahrheit.

Zum einen suchte Caesar die erworbene Macht mit Hilfe der Truppen zu festigen, wodurch er freilich die Aktionsmöglichkeiten seiner Gegner und des Senats einschränkte. Aber Caesar beseitigte nicht die Hauptvertreter der Senatspartei, die Großgrundbesitzer, und tastete auch deren Vermögen nicht an. Daher vermochten die Optimaten wieder Einfluß zu gewinnen und ihre wirtschaftliche Macht erneut in politische Aktivität umzusetzen.

Zum anderen schaute er nach Mitteln, um sich bei weiten Kreisen beliebt zu machen. So sorgt ein Gesetz dafür, daß zahllosen Bauern Land gegeben wird in Italien und in den Provinzen, aber zugleich wird die Zahl der Empfänger kostenloser Getreidespenden drastisch gesenkt, von 320 000 auf 150 000. Eine andere Bestimmung legt fest, daß alle auswärtigen Ärzte und alle Lehrer, die in Rom arbeiten, um sie in der Stadt zu halten, des Bürgerrechts teilhaftig werden, aber römische Bürger zwischen 20 und 40 Jahren dürfen nicht länger als 3 Jahre außerhalb Italiens leben. Da werden Verordnungen erlassen, daß Zinsen, die auf eine Schuld gezahlt sind, von der Gesamtschuld abzuziehen sind, aber der erwartete allgemeine Schuldenerlaß bleibt aus. Da wird – gewiß die nachhaltigste Entscheidung – eine Neuordnung des Kalenders in Angriff genommen, um das natürliche mit dem Amtsjahr wieder in Übereinstimmung zu bringen, vergeblich erwartet wird dagegen die sichtbare Neuordnung der Res publica.

Die Feinde des Diktators handelten schneller, als seine Beliebtheit bei vielen römischen Bürgern das erwarten ließ. Über 60 Senatoren, alte Pompeianer, aber auch einstige Anhänger Caesars, die ihn jetzt zu

Silberdenar von 44/43 v. Chr., Vs. Bildnis des M. Junius Brutus, BRUT(us) IMP. und Name des Münzbeamten (seines Quästors) L. PLAET(orius) CEST(ianus), Rs. Freiheitsmütze zwischen Dolchen, EID (= Idibus) MAR(tiis)

fürchten begannen, beschlossen, ihn zu vernichten. Führer der Verschwörung waren Gaius Cassius und der dem Diktator nahestehende Marcus Junius Brutus.

Nicht ein halbes Jahr hatte Caesar in Rom geweilt, als er sich im Jahre 44 v. Chr. an den Iden des März, dem 15. Tage dieses Monats, zum Senat begab. Die Sitzung sollte im Theater des Pompeius auf dem Marsfeld stattfinden. Unter den Senatoren warteten die Verschwörer. Auf ein Zeichen fielen sie über ihn her. Nach kurzer Gegenwehr sank Caesar, getroffen von 23 Dolchstichen, tot zu Boden – vor die Füße der Statue des Pompeius. Ermordung Caesars

Niemand hatte geahnt, wie sehr der Tod dieses Mannes Rom erschüttern würde. Caesar war umgebracht, aber die Verschwörer hatten nicht bedacht, welche tragfähige politische Alternative sie anbieten sollten:

„Und wenn man auch den Tyrannen ersticht,
ist immer noch viel zu verlieren.
Sie gönnten Cäsarn das Reich nicht
und wußten's nicht zu regieren."

(Goethe, Zahme Xenien)

Freunde und Feinde ergriff Entsetzen, Verwirrung, Ratlosigkeit. Als der Schrecken erster Besinnung wich, zeichnete sich von neuem das Ringen um Parteiinteressen ab.

Von Caesar zu Augustus

Der Tod Caesars gab Anhängern wie Gegnern genügend Zündstoff für neue Machtkämpfe. Der Konsul Marcus Antonius, vertrauter Freund des Diktators, machte den Senat vollends kopflos, als er die Folgen des Verbrechens ausmalte: Billige der Senat den Mord, so müßte er Caesar zum Tyrannen erklären. Dann sei man aber auch gezwungen, alle Verfügungen des Diktators aufzuheben. Unweigerlich würden sich daraufhin viele Städte und ganze Provinzen, aber auch die Plebejer und Veteranen Caesars empören. – Der Senat gelangte auf Vorschlag Ciceros zu einem Vergleich: Caesar wurde nicht als Tyrann gebrandmarkt (damit wurden seine Maßnahmen grundsätzlich anerkannt), seine Mörder sollten aber trotzdem straflos ausgehen. Cassius und Brutus entwichen dennoch vorsorglich aus Rom; die Rache, auf die der Senat verzichtete, konnte vielleicht vom Volke vollzogen werden.

Antonius setzte ein Staatsbegräbnis durch. Er benutzte die Leichenrede, um die Stimmung weiter zu erhitzen. Das Volk hatte sich auf dem M. Antonius

Forum versammelt, um von dem Toten Abschied zu nehmen. Antonius verlas das Testament des Staatsmannes, in dem er das Volk mit reichlichen Schenkungen bedacht hatte. Die Erregung der Plebs steigerte sich zu unverhohlenem Zorn.

Das Auftreten des Antonius schien von Schmerz und Rachegefühlen bestimmt – in Wirklichkeit sah er jedoch seine Stunde gekommen. Mit Hilfe der Menge wollte nun er die Macht an sich reißen. Doch ihm fehlte die Entschlußkraft, die Gunst des Augenblicks zu nutzen.

C. Octavius (Octavianus)

Das erleichterte seinem Konkurrenten Gaius Octavius, die Volksmassen für sich zu gewinnen. Octavius war der Großneffe und Adoptivsohn Caesars, damals 18 Jahre alt. Er weilte gerade zu Studienzwecken in Makedonien, als der Diktator das Opfer der Mörder wurde. Als der rechtmäßige Erbe seines Adoptivvaters, dessen Namen Gaius Julius Caesar er nun annahm, begab er sich nach Italien.

Durch geschickte Intrigen vermochte Cicero den Adoptivsohn Caesars auf die Seite der Optimaten zu ziehen und ihn gegen Antonius auszuspielen. Oktavian erhielt vom Senat schließlich Sondervollmachten, um gegen Antonius, der in Gallia Cisalpina ein Heer zusammenzog, militärisch vorzugehen. Antonius wandte sich daraufhin nach Gallia Narbonensis und vereinigte sich dort mit den Truppen des Marcus Aemilius Lepidus.

M. Aemilius Lepidus

Antonius, Lepidus, Octavianus – alle drei waren vorher Caesar gefolgt. Keiner aber hatte sich bisher entschließen können, gegen die Optimaten vorzugehen. Besonders von Oktavian erwartete die Plebs, daß er sich gegen Cicero und den Senat wenden würde. Seine Soldaten drängten ihn, sich mit Antonius auszusöhnen und mit ihm zusammen die Macht der Optimaten zu brechen. Als Oktavian den Sieg über Antonius erfochten hatte, fühlte der Senat sich sicher und begegnete Oktavian mit Hochmut. Das gab den Ausschlag. Oktavian suchte die Verbindung mit Antonius, gemeinsam mit Lepidus trafen sich die Männer im November des Jahres 43 v. Chr. in Norditalien und begründeten das vom Senat legalisierte Zweite Triumvirat. Sondervollmachten erlaubten ihnen, faktisch alles zu tun, ohne Volk oder Senat zu fragen.

Das Zweite Triumvirat

Die erste Maßnahme des Dreimännerbundes bestand in der Veröffentlichung von Proskriptionslisten. Tausende Anhänger der Optimaten wurden geächtet und fielen den Proskriptionen zum Opfer, unter ihnen Cicero. Die Flucht nützte ihm nichts. Er wurde aufgespürt und getötet. Sein Haupt und seine rechte Hand wurden auf der Rednerbühne des Forums aufgestellt, an jenem Platze, von dem er so oft die römischen Bürger durch den Glanz und die Gewalt seiner Sprache gefesselt hatte.

Zu den Proskriptionen gehörten Enteignungen. Das so gewonnene Vermögen sollte zur Stärkung der Armee verwandt werden und der Ansiedlung von Veteranen dienen. Die Enteignungen schwächten den römisch-italischen Großgrundbesitz und zerstörten damit die ökonomische Macht, von der die Partei der Optimaten gelebt hatte.

Das rigorose Vorgehen der Triumvirn hatte sogar noch eine postume Ehrung Caesars zur Folge: der Senat erkannte ihm die Vergöttlichung als Divus Julius zu.

Die Triumvirn teilten sich zunächst in die Verwaltung der Provinzen. Antonius erhielt den Osten, Lepidus ging nach Afrika. Oktavian ordnete die Verhältnisse in Italien.

Lepidus war zu schwach, um seine Macht lange zu genießen. Seine Soldaten wandten sich von ihm ab. Oktavian entfernte ihn durch Ernennung zum Pontifex maximus aus der Politik (36 v. Chr.). Antonius errang bei Philippi in Makedonien in zwei Schlachten Erfolge über die Heere der beiden Caesarmörder. Brutus und Cassius begingen (42 v. Chr.) Selbstmord.

Als Antonius sich in Kleinasien aufhielt, suchte ihn plötzlich die ägyptische Königin Kleopatra auf. Antonius folgte ihrer Einladung nach Alexandria, in der Hoffnung, er könnte sich dann für den bevorstehenden Krieg gegen die Parther der vollen ägyptischen Staatskasse bedienen. Kleopatra erwartete dagegen von Antonius Hilfe bei der Vergrößerung ihres Reiches.

Oktavian bemühte sich indessen, seine Stellung in Italien zu festigen. Er verteilte Grund und Boden an die Veteranen, überwand den Widerstand der Grundbesitzer und des Sextus Pompeius, eines Sohnes des Pompeius Magnus. Antonius war zwischendurch einmal in Italien aufgetaucht, aus Furcht, Oktavian könnte ihn ganz verdrängen. In Brundisium erneuerten die beiden Männer ihr Abkommen. Zur Bekräftigung der Vereinbarung verheiratete Oktavian Antonius mit seiner Schwester Octavia.

Darauf ging Antonius wieder nach dem Osten und kämpfte mit meist nur mäßigem Erfolge gegen die Parther. Dabei wurden die Feldzeichen seiner Legionen zur Beute des Gegners. Schon einmal waren den Parthern römische Standarten in die Hände gefallen, nämlich als sie 53 v. Chr. dem Licinius Crassus Niederlage und Tod bereitet hatten. Als später, im Jahre 20 v. Chr., ihre Rückgabe durch diplomatische Verhandlungen erzielt werden konnte, wurde ihre Wiederkehr nach Rom fast wie ein militärischer Sieg gefeiert. Zur Aufstellung wurde ihnen der Tempel des Mars Ultor, des rächenden Mars, bestimmt.

Des Krieges war Antonius bald überdrüssig, zumal in Alexandria rauschende Feste mit Kleopatra lockten. 36 v. Chr., als Oktavians Truppen den Sextus Pompeius schlugen, traf er dort ein. Neben Octavia heiratete er jetzt Kleopatra und verehrte ihr und ihren Kindern – gewissermaßen als Hochzeitsgabe – aus eigener Machtvollkommenheit Libyen, Syrien, Phönikien, Kilikien, Armenien und Parthien, das noch nicht einmal erobert war.

Schlacht bei Actium

Für solche Großzügigkeit, mit der er einen ansehnlichen Teil des Weltreiches verschenkte, zeigte Rom wenig Verständnis. Oktavian hatte nicht nur ausreichend Anlaß, sondern auch wenig Mühe, den Krieg vorzubereiten, den letzten großen Bürgerkrieg der Republik, der zwar offiziell gegen Kleopatra geführt wurde, sich aber in Wirklichkeit gegen Antonius richtete. Am 2. September des Jahres 31 v. Chr. entschied die Seeschlacht am Vorgebirge Actium an der nordwestlichen Küste Griechenlands, daß der Herrscher Roms Gaius Julius Caesar Octavianus heißen werde. Als bald nach Beginn der Schlacht Kleopatra geflohen war, ließ auch Antonius seine Flotte im Stich. Kaum ein Jahr später brach Oktavian, von Syrien her kommend, zu Lande ins Nildelta ein. Antonius beging auf Kleopatras Veranlassung Selbstmord.

Sie hatte gehofft, auch Oktavian gewinnen zu können. Der aber blieb ungerührt. Die Aussicht, Rom – wo sie schon einmal anläßlich der Siegesfeiern Caesars geweilt hatte – wiederzusehen, diesmal als besondere Zierde eines Triumphzuges, schien ihr wenig verlockend. Deshalb zog auch sie den Freitod vor (30 v. Chr.).

Oktavian war unbestrittener Alleinherrscher. Als er aus Ägypten zurückkehrte, feierte er einen dreitägigen Triumph, dem große Spiele und Festlichkeiten folgten (29 v. Chr.).

Dann begab er sich zum Janustempel. Uralter Brauch schrieb vor, den Tempel zu öffnen, wenn die Männer Roms unter Waffen standen. Kein lebender Römer hatte ihn je anders gesehen. Oktavian schloß die Pforte: Frieden herrschte im weiten Reich und an allen seinen Grenzen.

Oktavian erhielt erneut den Titel „Imperator“ und am 17. Januar des Jahres 27 v. Chr. den Ehrennamen Augustus – „Erhabener“ –; der erste „Kaiser“ von Rom nannte sich nunmehr Imperator Caesar Augustus, Divi filius.

Münzmeister-As, Messing. Vs. CAESAR AUGUSTUS TRIBUNIC POTEST, Rs. SC mit Namen des Münzbeamten C. GALLIUS LUPERCUS IIIVIR (= triumvir) A(ere) A(rgento) A(uro) F(lando) F(eriundo). (Das Dreierkollegium der für das Ausschmelzen und Prägen von Bronze/Kupfer, Silber, Gold zuständigen Münzbeamten bestand seit Ende 3. Jh. v. Chr.)

88 v. Chr.	Sullas Marsch gegen Rom. Sullanische Verfassung zugunsten der Optimaten. Einschränkung der Befugnisse der Volksversammlung und der Volkstribunen.
87/85	Sullas Feldzug gegen Mithradates. Besetzung Roms durch ein Heer der Popularen unter Marius.
82	Erneute Einnahme Roms durch Sulla. Proskriptionen und Wiederherstellung der Verfassung von 88 v. Chr.
63/62	Rückkehr des Pompeius nach Rom nach dem Sieg über Mithradates. Prätur Caesars. Catilinarische Verschwörung.
60	Erstes Triumvirat: Caesar, Pompeius und Crassus.
59	Konsulat Caesars.
58/51	Gallischer Krieg.
49	Bürgerkrieg zwischen Caesar und Pompeius.
48	Niederlage des Pompeius bei Pharsalos. Flucht nach Ägypten und Tod. – Diktatur Caesars mit jährlicher Befristung, seit 45 v. Chr. auf Lebenszeit.
44	Caesars Ermordung.
43	Zweites Triumvirat mit Oktavian, Antonius und Lepidus. Proskriptionen gegen die Optimaten.
36/34	Antonius in Ägypten. Ausbruch der offenen Feindschaft zwischen Antonius und Oktavian.
31	Seeschlacht bei Actium. Niederlage des Antonius.
27	Senatsbeschlüsse zur Ehrung Oktavians. Ende der römischen Republik.

Die Festigung des römischen Staates im 1. Jahrhundert der Kaiserzeit

Caesar, Imperator, Princeps, Dominus et Deus

Der Begriff „Kaiserzeit", mit dem die lange Periode vom Amtsantritt des Augustus im Jahre 27 v. Chr. bis zum Ende des römischen Reiches beschrieben wird, entwirft ein ähnlich unscharfes Bild wie die Zuweisung der Frühzeit der Stadt an die Herrschaft von „Königen". Denn so wenig einst Romulus und seine sechs Nachfolger – ihre Existenz als historische Persönlichkeiten unterstellt – etwas gemein hatten mit dem machtvollen Repräsentanten einer Erbmonarchie, so wenig darf sich mit der Person des römischen Kaisers die Vorstellung vom höchsten gekrönten Feudalherren verbinden. Zwar besaßen die neuen Männer an der Spitze des römischen Staates die Macht ganz und ungeteilt, selbst dann, wenn sie – zeitweilig und formal – Einrichtungen der Republik fortbestehen ließen. Und so hat man, im wesentlichen aber erst nachträglich, ihre Stellung und Würde mit einem Wort belegt, das sich zum Inbegriff des Alleinherrschers entwickelte. Hergeleitet ist es freilich aus dem Cognomen Caesar, das die römischen „Kaiser" ausnahmslos führten, das sich dann verselbständigte und sogar zur Anrede wurde. Dieser Beiname, für dessen Bedeutung es bislang keine befriedigende Erklärung gibt, ist schon im 3. Jahrhundert v. Chr. in der berühmten Gens Julia nachweisbar, als an ein Kaisertum noch nicht zu denken war.

Zu etlichen Titeln, die sich Gaius Julius Caesar Octavianus, der erste also in der langen Reihe der neuen Herren Roms, zugelegt hatte, gehörte auch der des Imperators. Er war geläufig, schon in der frühen Republik, und zwar hauptsächlich für einen Beamten, der über militärische Befehlsgewalt (*imperium*) verfügte. Die Stellung ihres Trägers wie die mit dem Begriff verbundene Vorstellung ist freilich auch Wandlungen unterworfen, und nicht immer ist das, was mit dem Worte ausgesagt wird, eindeutig bestimmbar. Im Zeitalter der Bürgerkriege zum Beispiel kehrten Politiker wie Sulla, Pompeius oder Caesar den Imperatorennamen hervor, um ihren Machtanspruch, auch gegenüber Mitbürgern, zu unterstreichen.

Für den neuen „Kaiser" indes war der Titel recht tauglich. Dem Alleinherrscher Bezeichnungen zu geben, die den Anspruch auf absolute Macht möglichst verschleierten, war ein Gebot nicht nur der Taktik, sondern geradezu des Überlebens. Der Bürger der römischen Republik reagierte äußerst sensibel auf alle Begriffe, die Verdacht auf uneingeschränkte Befugnisse erregen konnten. Ein für allemal war der Name „Rex" so gründlich verpönt, daß kein Politiker ihn zu führen gewagt hätte. Dem Amt des Diktators, der ja die ungeteilte Macht ausübte, hatte die republikanische Verfassung wohlweislich zeitlich enge Grenzen gesetzt. Wer sie zu sprengen suchte, mußte des Argwohns und bedrohlicher Konsequenzen gewärtig sein. Das Schicksal des großen Gaius Julius Caesar war warnendes Beispiel, auch für seinen Adoptivsohn Oktavian.

Der zog es also vor, sich zum Titel Imperator zu bekennen, denn der war – beschrieb er doch zugleich die Befehlsgewalt des Feldherrn gegen äußere Feinde – am wenigsten anrüchig. Den vollends unverfänglichen und ehrenvollen Beinamen Augustus, den ihm der Senat angetragen hatte, konnte er ohne alle Bedenken akzeptieren. Daß in der Wahl der Bezeichnungen mit größter Behutsamkeit vorgegangen, nichts dem Zufall mit vielleicht verhängnisvollen Folgen überlassen wurde, erhellt auch daraus, daß der Herrscher das in Erwägung gezogene Cognomen Romulus verwarf. Zwar wäre die Erinnerung an den Stadtgründer von großer Symbolkraft gewesen, doch umschloß sie unauslöschlich den fatalen Nebengedanken an die Regentschaft eines Rex und an den Brudermord.

Zuerkannt wurde ihm zugleich die Würde eines Princeps (zu *primus* und *capere* – etwa *„der als erster teilhat"*, im Range der erste). Auch damit versuchte man, zumindest formell, republikanischen Gepflogenheiten treu zu bleiben. Der Begriff war geläufig als Bezeichnung für die führenden Köpfe fremder Gemeinwesen wie auch des eigenen Staates *(principes civitatis)*. Der *Princeps senatus*, ursprünglich vom Zensor ernannt, eröffnete die Senatsdebatte und durfte als erster seine Stimme abgeben. Als *Princeps senatus et civitatis* stand Augustus, obwohl er allein über die höchste zivile und militärische Gewalt verfügte, dem Scheine nach in einer politisch und moralisch unverdächtigen Tradition.

Aus der Würde und dem Namen des Princeps leitet sich die Bezeichnung Prinzipat her, die für die erste Epoche der Kaiserzeit vielfach gebräuchlich ist, bis Diocletian (geboren um 245 n. Chr., Kaiser von 284 bis 305) sich als „Dominus et Deus (Herr und Gott)" titulieren ließ. In Anlehnung an diese Anrede gaben die Historiker seinem und dem Regiment der folgenden Kaiser den Namen Dominat.

Beide Begriffe sind nicht problemlos, und eine strenge Zäsur allein nach solchen doch vorwiegend äußerlichen Merkmalen ist für eine Geschichtsbetrachtung, die das Wesen der Staatsformen und Ereignisse erfassen sollte, nicht ganz frei von Bedenken. Allein – die Bezeichnungen sind eingebürgert und durch nichts besseres ersetzt, müssen allerdings aus ihrer Herkunft verstanden werden. Wenn es für den Prinzipat ein einheitliches Merkmal gibt, so besteht es darin, daß die neugeschaffene Monarchie eine Anzahl von Ämtern und Einrichtungen, die das Gesicht der Res publica Romana geprägt hatten, dem Namen nach beibehielt und sich so mit bemerkenswertem Geschick unter der Maske der Republik etablierte.

Die Regierung des Augustus

Nachdem Oktavian die politischen Verhältnisse in seinem Interesse geordnet hatte, gab er am 13. Januar 27 v. Chr. alle Sondervollmachten, die ihm der Senat erteilt hatte, formell wieder zurück. Wollte er durch diesen Verzicht die Senatoren nur dazu herausfordern, ihm die Alleinherrschaft weiterhin anzutragen? Die Rechnung ging auf: Der Senat rüstete Oktavian mit allen Vollmachten aus, die ihm faktisch die oberste Gewalt sicherten. Grundlage seiner Macht war das Heer. Die Militärdiktatur, die Caesar vergeblich auszubauen versucht hatte, wurde nun unter Augustus zum stabilen Machtinstrument.

Militärdiktatur

Blieben die alten republikanischen Institutionen, wie der Senat und die Komitien, auch erhalten, so waren ihre Befugnisse doch erheblich eingeschränkt. Die Gesetzgebung erfolgte zwar weiterhin durch den Senat, doch gingen die Gesetzesvorschläge vom Princeps aus, nämlich in seiner Eigenschaft als Vertreter republikanischer Magistraturen, die auf seine Person übertragen worden waren. Die Komitien verloren bald alle Bedeutung und wurden schon unter Augustus' Nachfolger Tiberius (14–37) nicht mehr zusammengerufen.

Verwaltungsreformen

Zur Verwaltung des riesigen Reiches setzte Augustus einen umfangreichen Beamtenapparat ein, der in der späteren Kaiserzeit immer weiter ausgebaut wurde. Diese Beamten versahen keine Ehrenämter mehr, sondern waren Staatsangestellte und erhielten ein regelmäßiges Gehalt. Ihre Vollmachten waren von seiten des Staates eingeschränkt. So wurde z. B. die Steuereinziehung in den Provinzen sogenannten Prokuratoren übertragen. Damit war der einstigen Willkür eine Grenze gesetzt, so daß sich vor allem die Lage der Provinzen, die nicht mehr der unkontrollierten Ausplünderung durch die Publicani ausgesetzt waren, besserte.

Der Kaiser betrachtete die Provinz Ägypten und ihre Einnahmen als sein Eigentum. Einige Provinzen wurden formell dem Senat unterstellt. Sie wurden wie früher von senatorischen Prokonsuln und Proprätoren verwaltet. Doch übte auch dort der Princeps die oberste Kontrolle aus. Die Grenzprovinzen wiederum unterstanden dem Kaiser selbst: dort befanden sich auch die Truppen, deren Oberbefehl sich der Herrscher vorbehalten hatte. Neben den Finanzen, über die weiterhin der Senat verfügte, gab es hinfort auch eine kaiserliche Kasse, den sogenannten Fiscus (wörtlich: *Korb*).

Um die Grenzen des Reiches militärisch zu sichern, nahm Augustus einige Veränderungen im Heere vor. Wie früher bestanden die Legionen aus römischen Bürgern, konnten aber durch Bewohner der Provinzen ergänzt werden. Nach 25jährigem Dienst im Heer erhielten die Soldaten das Bürgerrecht.

Erweiterung des Reiches

Unter der Herrschaft des Augustus wurden die Nordwestgebiete Spaniens unterworfen, so daß jetzt die ganze Iberische Halbinsel den Römern gehörte. Im Orient reichte das römische Einflußgebiet bis zum Euphrat, in Nordafrika nach Westen bis zum Atlantik. Im Nordosten standen die Truppen verschiedenenorts an der Donau. Gallien, dessen Stämme sich noch immer nicht mit der römischen Herrschaft abfinden wollten, wurde endgültig dem Reiche einverleibt.

Schlacht im Teutoburger Wald

Die Sicherheit Galliens verlangte von Augustus auch die Auseinandersetzung mit den Germanen. So erfolgreich jedoch alle anderen militärischen Operationen verliefen – bei den Kämpfen mit den Germanen erlitt die Außenpolitik des Kaisers ihre schwerste Niederlage. Zwar unternahmen römische Truppen einige Feldzüge bis zur Elbe; aber als im Jahre 9 n. Chr. germanische Stämme unter Führung des cheruskischen Stammesfürsten Arminius die Römer im Teutoburger Walde zur Schlacht stellten, wurden drei der besten Legionen vernichtet. Alle germanischen Besitzungen östlich des Rheins waren damit verloren, lediglich an Rhein und Donau blieben Gebiete in Händen der Römer.

Große Aufmerksamkeit widmete Augustus der Sicherung der inneren Ordnung des Reiches. Er vermehrte die Zahl der patrizischen Gentes, verlieh angesehenen Italikern die Senatorenwürde, förderte die Equites durch politische, ökonomische und militärische Aufträge im Dienste des Kaisers – insgesamt Maßnahmen, die die herrschenden Schichten auch zahlenmäßig stärkten. Hinzu kamen Gesetze, die die Macht der Domini über die Sklaven festigen sollten. Durch Landzuweisungen machte er einen großen Teil seiner Veteranen ansässig. Seine besondere Sorge galt der Hauptstadt. Er regelte die Versorgung der Bevölkerung, gab durch eine Reorganisation des Polizei- und Feuerwehrwesens den Bürgern Sicherheit und traf Maßnahmen, um den ärmeren Einwohnern zu helfen.

Die Macht des Princeps stützte sich jedoch nicht nur auf das Kommando über das Heer, auf gewaltigen persönlichen Reichtum, die Koppelung mehrerer Amtsgewalten und Sondervollmachten, eine Reihe zuverlässiger, mächtiger, geschickter Freunde, sondern auch auf die Erwartungen, Hoffnungen und Ängste breiter Schichten der Bevölkerung im gesamten römischen Herrschaftsgebiet.

Kultur der augusteischen Zeit

Hier fand auch die Kulturpolitik des Augustus ihren Ansatzpunkt. Erstmalig wurde in Rom die Kultur ganz bewußt und in umfassender

Weise in den Dienst der Politik gestellt. Der Kaiser ließ die alten, in den Wirren der Bürgerkriege oft vernachlässigten Götterkulte und Tempel wiederherstellen, er nahm Dichter und Schriftsteller in seinen Freundeskreis auf, er förderte die architektonische und bildkünstlerische Ausgestaltung der Hauptstadt des Reiches. Livius schrieb seine großangelegte Geschichte Roms, eine Geschichte der Größe Roms, ein Leitbild für die Zeitgenossen. Horaz und Vergil priesen den Kaiser als den Friedensbringer nach den furchtbaren Jahrzehnten der Bürgerkriege, den Retter aus der Not, den Beschützer des Reiches gegen alle Feinde. Rom schien wieder ein festgefügter, straff organisierter, machtvoller Staat, in dem Frieden und Ordnung herrschten.

In Wirklichkeit festigte die Errichtung des Prinzipats römischen Staat und römische Gesellschaft nur für eine verhältnismäßig kurze Zeit. In den beiden ersten Jahrhunderten der Kaiserherrschaft, die mit Recht als eine Zeit der Prosperität gelten, bereitete sich unaufhaltsam die langdauernde Krise vor, die im 3. Jahrhundert n. Chr. dann offen zutage trat.

Messingsesterz vom Jahre 22. n. Chr., Vs. Zwillingsenkel des Kaisers Tiberius in Füllhörnern des Segens, der Heroldsstab symbolisiert den Frieden (Rs. nennt Drusus-Caesar, den Sohn des Tiberius, Enkel des vergöttlichten Augustus)

Die Nachfolger des Augustus

Tiberius

Dem ersten Princeps – er starb am 19. August des Jahres 14 n. Chr. im kampanischen Nola – folgte sein Stief- und Adoptivsohn Tiberius. Der Verstorbene hatte ihm den Weg mit großem Geschick geebnet, ihm Aufgaben übertragen, in denen er sich als Politiker und Heerführer auszeichnen konnte und ihn schließlich an hervorragender Stelle an der Reichsverwaltung teilnehmen lassen. So vollzog sich der Amtsantritt des mittlerweile 57jährigen ohne Schwierigkeiten. Da Voraussetzungen und Verfahrensweise für die Einsetzung eines neuen Princeps keineswegs gesetzlich geregelt waren, hatte Augustus weitblickend selbst für seinen

Nachfolger gesorgt und dadurch alle Unruhen und Streitigkeiten von Belang, die bei seinem Tode hätten entstehen können, verhindert.

Tiberius regierte von 14 bis 37 n. Chr. Sein Charakterbild ist umstritten, doch steht außer Zweifel, daß er ein tüchtiger und dazu sparsamer Herrscher war. Das ihm in antiken Quellen nachgesagte habituelle Mißtrauen, besonders gegenüber Senatspersonen, wird man als Ausdruck gesunder Vorsicht verstehen müssen.

Caligula

Schon die Übernahme der Herrscherwürde nach dem Tode des Tiberius durch Caligula (37–41) konnte ahnen lassen, was Rom durch den Kampf um die höchste Gewalt im Staate bevorstand. Caligula, Adoptivenkel des Tiberius, ließ dessen leiblichen Enkel aus dem Wege räumen, um unangefochten den Thron zu behaupten.

Die auf ihn gesetzten Hoffnungen erfüllten sich nur anfangs; bald sah man sich einem rücksichtslosen und brutalen Despoten ausgesetzt, der überdies göttliche Verehrung beanspruchte, und das nicht nur in Rom, sondern im ganzen Reich. So ordnete er die Aufstellung seines Bildes im Tempel zu Jerusalem an und provozierte dadurch Unruhen der Juden in Alexandria und Palästina.

Unter Tiberius war die Stabilität des Staates noch gewahrt worden, auf Caligulas Regiment reagierten Senatoren und Militär mit Aufständen und Revolten. Nachdem zwei Verschwörungen gescheitert waren, führte eine dritte – getragen von Offizieren der kaiserlichen Leibwache, der von Augustus geschaffenen Prätorianergarde – zum Erfolg: Von der Waffe eines Prätorianeroffiziers fand Caligula am 24. Januar 41 den Tod, ein Schicksal, das noch manchen seiner Nachfolger treffen sollte.

Claudius

Der neue Imperator wurde von den Prätorianern bestimmt und ausgerufen, ebenfalls ein Verfahren, das sich fortan häufig wiederholte. Sie erwählten, während Senatskreise ernsthaft die Wiederherstellung der Republik erwogen, den Tiberius Claudius, der unter dem Herrschernamen Claudius das Amt für fast 14 Jahre innehatte.

Eigentlich jedem dieser Kaiser sind Maßnahmen zuzuschreiben, die dem Reiche und seinen Bewohnern dienen konnten. So förderte Claudius den Ausbau der Verwaltung und des Gerichtswesens, das Postwesen erhielt feste Formen, er setzte sich für den Straßenbau ein und ließ den Hafen von Ostia erweitern. Die inneren Widersprüche in der römischen Gesellschaft, die unterschiedlichen Interessenlagen einzelner Gruppen und Personen, auch innerhalb des kaiserlichen Hauses, verhinderten indes jeden Ansatz zur Kontinuität bei der Führung der Staatsgeschäfte. So wurde nach Caligula auch Claudius gewaltsam aus dem Wege geschafft. Agrippina ließ Claudius, der sie sich zur vierten Frau genommen hatte, im Jahre 54 durch Gift umbringen, um ihrem aus erster Ehe stammenden Sohne Nero den Weg zum Thron zu ebnen.

Nero

Nero (Kaiser von 54 bis 68) endete durch Selbstmord. In der Person des Philosophen und Schriftstellers Seneca hatte er einen bedeutenden

Erzieher gehabt, übertrug jedoch nichts von dessen sittlichen Leitbildern in seine Herrschaft, vielmehr wurde der Lehrer selbst ein Opfer der Willkür des Kaisers, der schließlich zahllose Verbrechen, darunter die Ermordung der eigenen Mutter, auf dem Gewissen hatte. In seine Regierungszeit fiel im Jahre 64 der große Brand Roms, durch den 10 von 14 Stadtbezirken vernichtet wurden und der den Vorwand für die erste große Christenverfolgung lieferte.

Ein Gesamtkatalog der Nachfolger des Augustus, beginnend mit Tiberius und endend mit Numerianus, nach dessen Tode (284) Diocletianus den Dominat errichtete, würde nicht weniger als etwa 60 Namen umfassen, deren Inhaber in einem Zeitraum von 260 Jahren an der Spitze des römischen Reiches standen.

Freilich ragen aus der langen Reihe auch solche Personen hervor, deren Verdienste um das Imperium bedeutend sind, z. B. Vespasian (69–79), der die im neuerlichen Bürgerkrieg zerrüttete Ordnung wiederherstellte und vor allem den Finanzen wiederaufhalf, und sein Sohn Titus (79–81), der 70 als Oberbefehlshaber von Palästina einen Aufstand der Juden unterdrückt und Jerusalem zerstört hatte. Mit seinem Bruder Domitian (81–96) und dessen Nachfolger Nerva (96–98) wurde eine ruhigere Entwicklung eingeleitet, die freilich auch nur von kurzem Bestand war.

Nerva vererbte das Amt durch Adoption auf Trajan (98–117), der in der Innenpolitik durch Ausbau und Verwaltung und des Heeres die kaiserliche Macht stärkte und eine offensive Außenpolitik verfocht, durch die das Imperium neben anderem Gebietszuwachs die Provinz Dakien gewann. Hadrian (117–138), der an Trajans Feldzügen gegen die Daker und die Parther teilgenommen hatte, suchte hauptsächlich die bestehenden Grenzen zu sichern. Den obergermanisch-rätischen Limes, Grenzwall gegen die Germanen, ließ er ausbauen, einen weiteren in Nordbritannien errichten. Antoninus Pius (138–161) und Marcus Aurelius (161–180), der liebenswerte Philosoph auf dem Kaiserthron, vermochten den Besitzstand des Reiches im wesentlichen noch zu halten, aber besonders unter der Herrschaft Marc Aurels wurde das Imperium vor allem an den westlichen, nördlichen und östlichen Grenzen durch zahllose Angriffe und Aufstände erschüttert.

Eine Phase der relativen Stabilisierung war vorüber. Mit dem Tode von Marc Aurels Sohn Commodus (180–192), der seinem Vater in keiner Weise ebenbürtig war, entbrannte der Kampf um den Thron erneut, vielfach erbitterter als zuvor.

Da der Kaiser gleichzeitig Oberbefehlshaber des Heeres war, verfügte er über ein Machtmittel, mit dessen Hilfe er seine Politik durchsetzen konnte. Die Soldaten ließen sich jedoch nur dann für solche Ziele gewinnen, wenn sie durch entsprechende Belohnung bei guter Laune gehalten wurden. Längst war dadurch zwischen Herrscher und Heer ein wechselseitiges Abhängigkeitsverhältnis entstanden. Die militärischen Einheiten, besonders die kaiserliche Leibgarde, hatten einen solchen Einfluß gewonnen, daß sie sehr oft den neuen Herrscher bestimmten. Am Ende des 2. Jahrhunderts war die Korruption so groß, daß die Prätorianer nach der Ermordung von Commodus' Nachfolger Pertinax die Kaiserwürde dem anboten, der ihnen das höchste Donativ – Krönungsgeschenk – zahlen wollte.

Die Ansichten der Legionen über Wert oder Unwert eines Imperators waren nicht immer einheitlich. So kam es seit dem 1. Jahrhundert immer wieder dazu, daß Kaiser und Gegenkaiser ausgerufen wurden, die einander bekämpften. In der Reihe der sogenannten Soldatenkaiser – man rechnet sie von 193 bis 284 – lösten allein innerhalb von 20 Jahren zwölf Herrscher einander ab. Kaum einer von ihnen starb eines natürlichen Todes.

Das Imperium Romanum zur Zeit seiner größten Ausdehnung

Im 1. Jahrhundert n. Chr. gelang es der kaiserlichen Regierung, die Grenzen des Reiches nicht nur zu sichern, sondern sein Gebiet sogar erheblich zu erweitern. Das war möglich, weil die straffe Heeresorganisation, von Marius eingeführt und von Augustus weiter verbessert, zunächst bestehenblieb.

Außerdem befanden sich seit der frühen Kaiserzeit römische Legionen als ständige Besatzung in solchen Provinzen, deren Grenzen als besonders gefährdet galten. Schließlich erwiesen sich Ausrüstung und Kampftechnik der Römer den Feinden immer noch überlegen, und außerdem verfügte Rom über enorme Hilfsquellen, die den Feinden nicht zur Verfügung standen.

Messingsesterz von 71 n. Chr., Vs. Kaiserbildnis, IMP CAES VESPASIAN(us) AUG P(ontifex) M(aximus) TR POT COS III. (Rs. IUDAEA CAPTA-Darstellung)

Noch unter Augustus gelang die vollständige Unterwerfung Spaniens. Im Nordosten wurde nach jahrelangen Kämpfen die Donau zur Reichsgrenze. In jenem Gebiet entstanden drei neue Provinzen: Rätien, Noricum und Pannonien. Im Südosten standen römische Truppen an den Ufern des Euphrats. Ebenfalls zur Zeit des Augustus war die Großprovinz Germanien, die sich zunächst bis zur Elbe erstrecken sollte, eingerichtet worden. Nach der Niederlage im Teutoburger Wald mußten die Römer jedoch dieses Territorium aufgeben und sich mit den germanischen Restgebieten linksseits des Rheines begnügen, den Provinzen Germania Inferior und Germania Superior. Rom sicherte diese Besitzungen mit einer Heeresmacht von acht Legionen – ein Zeichen dafür, wie sehr man die Stämme im Norden fürchtete. Den folgenden Kaisern gelang es, die Grenzen Obergermaniens schrittweise über den Rhein hinauszuschieben. Ein Stück des Taunusgebietes und des Neckarlandes wurde einbezogen und unter Hadrian mit einem Grenzwall, dem Limes, geschützt. Bereits unter Kaiser Claudius war die von Caesar begonnene Eroberung Britanniens abgeschlossen worden. Auch dort ließ später Hadrian eine Grenzbefestigung, den nach ihm benannten Hadrianswall, errichten.

Nero hatte im Südosten einen Aufstand der Juden unterdrückt. Eine weitere Erhebung dieses Volkes ließ Vespasian niederschlagen. Er vergrößerte das Reich um die Provinz Judaea.
Trajan war der letzte Kaiser, der dem Imperium Romanum durch Eroberungen einen Gebietszuwachs verschaffte. Unter ihm erreichte es seine weiteste Ausdehnung. Dakien wurde zur römischen Provinz. Von 114–117 führte der Herrscher einen Krieg gegen die Parther, in dessen Folge Armenien, Assyrien und Mesopotamien dem Reiche eingegliedert wurden. Diese Provinzen gingen allerdings schon nach wenigen Jahren verloren.
Alle Eroberungen der Kaiserzeit fallen also fast ausschließlich ins 1./2. Jahrhundert, in eine Periode, in der wirtschaftliche Ressourcen

Messingsesterz des Trajan von 112, Rs. der Kaiser, sitzend, hinter ihm der Prätorianerpräfekt, weist der knienden Parthia den neuen Herrscher von Roms Gnaden, REX PARTHIS DATUS

zwar in unterschiedlichem Maße, im allgemeinen aber hinreichend zur Verfügung standen.

Die letzten römischen Eroberungen erstreckten sich vornehmlich auf wenig entwickelte Gebiete (Britannien, Dakien), die, statt sogleich als Stützen und Hilfsquellen des römischen Staates zu wirken, zunächst große militärische, verwaltungspolitische und technische Kräfte banden. Die unmäßige, den ökonomischen und militärischen Kräften auf die Dauer nicht angemessene Ausdehnung des Reiches im 2. Jahrhundert wurde zu einer der Ursachen für den ökonomischen, sozialen, politischen und kulturellen Niedergang Roms in der Folgezeit.

Krise und Untergang des Imperium Romanum

Die ökonomische und soziale Entwicklung des Römischen Reiches in der Kaiserzeit

Die Veränderungen in den politischen Formen, die Kaiserherrschaft, bedeuteten für die ökonomische und soziale Struktur der römischen Gesellschaft vorerst keine Grenze, keinen Einschnitt oder Umbruch: Prozesse, die in den letzten Jahrhunderten der republikanischen Zeit eingesetzt hatten, entwickelten sich weiter und gelangten mitunter sogar in den beiden ersten Jahrhunderten der Kaiserzeit erst zu ihrer vollen Entfaltung.

Die Kleinbauern

Die kleinen bäuerlichen Wirtschaften, seit alters Grundform landwirtschaftlicher Produktion, in einer durchschnittlichen Größe von 5 bis 6 ha, von der Bauernfamilie selbst bewirtschaftet, existierten fort. Ihre Produktion blieb im ganzen konservativ und diente zunächst der Deckung des Eigenbedarfs.

Die Villae

Der seit etwa 200 v. Chr. rasch vordringende neue Typ des landwirtschaftlichen Produktionsbetriebes war die *villa*, wo besondere Produkte (Wein, Oliven, Getreide, Vieh usw.) von Sklaven auf dem damals höchsten Stand der Agrotechnik in intensiver Bodennutzung für den Verkauf auf dem Markt erzeugt wurden. Hier läßt sich vom 1. Jahrhundert v. Chr. zum 1. Jahrhundert n. Chr. nicht nur ein gewisses Ansteigen der Sklavenzahlen (von 10–20 Sklaven im 2./1. Jahrhundert v. Chr. auf mehrere

Dutzend im 1. Jahrhundert n. Chr.), sondern eine Fülle von Fortentwicklungen in den Arbeitsmitteln beobachten, so daß die *villa* zu einer Form höchster Produktivität wurde.

Hatte sich in der republikanischen Zeit der Großgrundbesitz noch als Besitz einer größeren Anzahl miteinander nicht verbundener, sondern regional und ökonomisch getrennter Güter dargestellt, so änderte sich das Bild in der frühen Kaiserzeit entscheidend: Jetzt entsteht das *latifundium* im eigentlichen Sinne, eine mitunter mehrere hundert Hektar umfassende Landmasse, die durch Sklaven in beträchtlicher Anzahl bearbeitet wurde. Dieser Gutstyp war stark naturalwirtschaftlich-autark ausgerichtet, er wurde extensiv und mit geringer Produktivität betrieben. Weder eine strenge Haltung gegenüber den Sklaven (*servi vincti, ergastula* – die Sklaven mußten als Gefesselte – *vincti* – arbeiten und wurden im *ergastulum* in Gewahrsam gehalten) noch später versuchte Lockerungen regten ihren Arbeitseifer an, das produktive Arbeitskräftepotential mußte stets durch ein recht hohes, z. T. sogar anwachsendes unproduktives Aufsichts- und Dienstleistungspersonal ergänzt werden. Da der gesamte Ablauf der Produktion, ihre Organisation und ihre Ergebnisse unter dem von der *villa* bestimmten Niveau lagen, konnte man vom 1. Jahrhundert an nicht selten die Meinung hören, die Latifundien hätte Italien zugrunde gerichtet.

Das Latifundium

Die Besitzer von Latifundien gingen daher seit dem 1. Jahrhundert n. Chr. verstärkt dazu über, ihr Land in kleinen Parzellen an Kolonen zu verpachten, zunächst an Freie, später aber auch an Sklaven (*servi quasicoloni*). Die Pacht wurde als Geldpacht erbracht, aber schon vom Ende des 1. Jahrhunderts an allmählich durch Naturalpacht verdrängt, die für den *colonus* wie für den *patronus* günstiger war, jedoch die Bindung des *colonus* an den *patronus* verstärkte. Die Kolonen gerieten – etwa seit dem 2. Jahrhundert – allmählich in Abhängigkeit. Im 4. Jahrhundert waren sie faktisch den Sklaven gleichgestellt. Formalrechtlich galten sie zwar immer noch als frei; aber diese Freiheit hatte keinen Wert, da sie an ihren Boden gefesselt waren und mit diesem von den Pachtherren sogar verkauft werden konnten. Der Kolonat erweist sich damit als eine Vorstufe der mittelalterlichen feudalen Leibeigenschaft. Besitzer solcher großen pachtparzellierten Güter waren meistens mächtige Herren aus dem kaiserlichen Militär- und Verwaltungsapparat, ihre Besitzungen entwickelten sich immer mehr zu regelrechten großen Grundherrschaften.

Der Kolonat

Auch im Handwerk erreicht die auf Sklavenarbeit beruhende Produktionsweise in dieser Zeit in quantitativer wie qualitativer Hinsicht ihren Höhepunkt.

Das Handwerk

Im 1./2. Jahrhunder n. Chr. war kein Mangel an Sklaven zu spüren, die Preise blieben gegenüber der republikanischen Zeit fast unverändert, die Sklaverei drang sogar in die neueroberten Provinzen an Rhein und

Donau, in Britannien und Spanien vor. Das Idealbild der Zeit war der Sklave als fleißiger, tüchtiger und ergebener Arbeiter. Aber die objektiven Lebensbedingungen der Sklaven widersprachen diesem Idealbild, und die Domini begegneten zudem einem aufgeweckten, aktiven Sklaven mit Mißtrauen.

Sklaven und Freie

Augustus hatte anfangs die Herrschaft über die Sklaven mit drastischen Maßnahmen wieder gefestigt. In der Folgezeit gingen er und seine Nachfolger zu flexibleren Methoden über: Gesetzen, die die Freilassung von Sklaven einschränkten, die Unterschiede zwischen Freien und Sklaven betonten, Sicherheit und Eigentum der Herren verstärkt schützten, standen andere gegenüber, die den Sklaven und Freigelassenen scheinbar Schutz und Förderung angedeihen ließen. Tatsächlich griff damit aber die organisierte Staatsmacht immer stärker regulierend in die Beziehung zwischen *dominus* und *servus* ein, und das in der Absicht, die sozialen Gegensätze zu verschleiern und die Freigelassenen zu Stützen der jeweiligen Machthaber zu machen.

Ökonomische Krise – Ursachen, Erscheinungen, Folgen

Der seit Ende des 2. Jahrhunderts immer häufigere Übergang von Freien in die Sklaverei, z. B. durch Selbstverkauf aus Not, verwischte de facto die Unterschiede zwischen verschiedenen Gruppen von Kleinproduzenten immer mehr, trotz der de jure fortbestehenden formalen Differenzierungen. Das bedeutete aber nichts anderes, als daß vom Ende des 2. Jahrhunderts an die römische Gesellschaft in einen über mehrere Jahrhunderte sich erstreckenden Umschichtungs- und Zersetzungsprozeß hineingeriet.

Messingsesterz des Commodus (180–192) von 192, Vs. Kaiserbildnis, L. AEL(ius) AUREL(ius) COMM(odus) AUG P(ius) FEL(ix), Rs. P M TR P XVII IMP VIIII COS VII P(ater) P(atriae), der sitzende Kaiser, in der Bürgertoga, hinter ihm der Präfekt in Uniform, sendet einem Bittflehenden eine Abundatia (oder Liberalitas) mit Füllhorn, in der Rechten trägt sie an einem Stab eine Tafel mit dem Verzeichnis der Unterstützungsempfänger (oder ein Gefäß mit Münzen)

Gewaltig waren die Aufwendungen, die zur Erhaltung der staatlichen Ordnung nötig waren. Der Lebensunterhalt für die arme Bevölkerung (panis et circenses), die Ausgaben für Verwaltung und Heer verschlangen riesige Summen. Dazu kam der Luxus der Reichen, eine Fülle kostspieliger Bauten sowie ausgedehnte Schädigungen der Produktion und des Produktionspotentials durch Kriege, Seuchen, Naturkatastrophen. Die Kaiser versuchten, die Einnahmen durch verschiedene administrative Maßnahmen aufzubessern. Diokletian führte die Besteuerung der Bürger wieder ein, die Provinzialen hatten ohnehin immer allerlei Abgaben und Lasten tragen müssen. Die steigenden Ausgaben führten nicht nur zu steigenden Steuerforderungen, sondern auch zu vermehrten Geldemissionen, was einer faktischen Geldentwertung gleichkam. Das Münzgeld wurde qualitativ immer schlechter, Edelmetalle verschwanden zunehmend aus dem öffentlichen Verkehr, der Handel nahm immer mehr die Form naturalen Warenaustausches an. Gewinnsüchtige Spekulanten verschlimmerten die Lage für die Massen.

Versuche verschiedener Herrscher, dieser Entwicklung durch Währungsreformen oder Verordnungen über gesetzlich zulässige Höchstpreise zu begegnen, brachten allenfalls eine rasch vorübergehende Stabilisierung. Das berühmte Preisedikt des Kaisers Diokletian vom Jahre 301, das eine Vielzahl von Höchstlöhnen und -preisen festsetzte und Verstöße sogar mit der Todesstrafe bedrohte, erwies sich sehr bald als unwirksam, da es mit administrativen Mitteln nur die Folgeerscheinungen einer tiefergehenden ökonomischen und sozialen Krisenentwicklung anzugehen suchte. So schritt der Verfall der Wirtschaft unaufhaltsam fort und stürzte den weitaus größten Teil der Bevölkerung des Weltreiches in bitteres soziales Elend. Aus dieser ökonomischen und sozialen Krise erwuchs dem Imperium eine ernste Gefahr, die durch Krisenerscheinungen in der Innen- und Außenpolitik noch wesentlich verschärft wurde.

Die politische Krise des Römischen Reiches

Immer wieder versuchten einzelne Herrscher, den wirtschaftlichen Niedergang und die sozialen Schwierigkeiten durch Änderungen der Verwaltungsstruktur, durch Steuerreformen und Maßnahmen zur Erhaltung der Geldstabilität abzufangen.

In die Reihe solcher Entscheidungen gehört die 212 von Caracalla (Kaiser 211–217), Sohn des Septimius Severus (193–211), erlassene Constitutio Antoniniana (so genannt nach Caracallas eigentlichem Namen Antoninus). Daß sie am Anfang seiner Regierung steht, mag vermuten lassen, daß diesem stets recht selbstsüchtigen Herrscher damals der Fortbestand des Reiches noch am Herzen lag. Sein Edikt verlieh nahezu allen Bewohnern des Imperiums das römische Bürgerrecht. Schon antike Schriftsteller meinen, daß sein Hauptanliegen die Erhöhung des

Steueraufkommens war, da damit der Kreis steuerpflichtiger Personen wesentlich erweitert wurde. Doch muß man wohl anerkennen, daß diese Entscheidung zugleich so etwas wie eine reichsstaatliche Idee enthielt, die geeignet gewesen wäre, die vielen Nationen des Imperiums an ein gesamtrömisches patriotisches Denken zu gemahnen.

Aber auch diese Maßnahme, die als Beispiel für etliche andere anderer Herrscher stehen mag, hat die Krisenerscheinungen, von denen das Imperium zunehmend heimgesucht wurde, auf die Dauer nicht eingrenzen können.

1. Die innenpolitische Krise

a) Kaiser und Reich

Die Kaisermacht und das Heer

Der Dominat

Durch radikalere Eingriffe suchte Diocletianus (284–305) die Kaiserherrschaft und damit das Imperium Romanum neu zu festigen. Er begründete an Stelle des Prinzipats die Herrschaftsform des Dominats. Er erklärte sich zum Dominus, zum absoluten Herrscher über alle Untertanen. Ansätze zu einer solchen Politik hatte es bereits vorher gegeben, jedoch waren sie noch erfolglos geblieben. Seinen uneingeschränkten Herrschaftsanspruch unterstrich Diokletian, indem er die Bezeichnung „dominus et deus – Herr und Gott“ und den Beinamen „Jovius – Sohn des Jupiter“ in die offizielle Kaisertitulatur aufnahm. Mit einer Reihe von Reformen suchte er dem Staat wieder Stabilität zu verleihen. Er gliederte das Imperium in vier Reichsteile, die vier Regenten unterstellt wurden. Die ehemaligen Provinzen wurden in kleinere Verwaltungseinheiten aufgeteilt und je 10 bis 12 dieser neuen Provinzen zu einer sogenannten Diözese zusammengefaßt. Damit wurde die Zentralgewalt zwar grundsätzlich beibehalten, aber das Reich war nun mit Hilfe eines umfangreichen Beamtenapparates leichter zu überschauen und zu beherrschen. Außerdem erhöhte Diokletian den Truppenbestand des Heeres, das teils an den Grenzen stationiert, teils als bewegliche Truppe einsatzbereit gehalten wurde, und trennte die Militärgewalt von der Zivilge-

Goldsolidus des Konstantin: CONSTANTINUS MAX(imus) AUG

walt. Ferner wollte er durch eine festgelegte Thronfolge die willkürliche Ausrufung und Absetzung der Kaiser verhindern. Das von ihm erdachte System der Thronfolge scheiterte jedoch bereits am Ehrgeiz seiner Nachfolger.

Konstantin (306–337) siegte schließlich über seine Mitherrscher und Rivalen und erneuerte das einheitliche Römische Reich. Die Krise des Imperiums hatte sich jedoch inzwischen so weit vertieft, daß seine Einheit auf die Dauer nicht zu erhalten war. So vollzog sich, zuerst 364 durch die Brüder Valentinian I. und Valens, dann erneut durch Theodosius I. (379–395) die Teilung in das Oströmische und das Weströmische Reich.

Die über mehrere Jahrhunderte sich erstreckenden heftigen Erschütterungen im Innern beruhten auf ökonomischen und sozialen Umschichtungsprozessen. Die großen eigenständigen, auch in den Provinzen vordringenden Grundherrschaften mit den sich dort ausbreitenden und festigenden Kolonatsverhältnissen schwächten die sozialökonomische Stellung des kleinen und mittleren Grundbesitzes und der städtischen Siedlungen und verschoben damit auch die Kräftegruppierungen innerhalb der herrschenden Schichten. Seit Augustus hatten die Kaiser nicht nur mit den senatorischen Familien, die noch mit den republikanischen Traditionen verbunden waren, sondern immer wieder auch gegen sie regiert und hatten dabei die Bildung einer Oberschicht provinzialer Herkunft bzw. aus der Militärlaufbahn gefördert. Diese Gruppen meldeten nun immer wieder ihren Herrschaftsanspruch an – das Mittel, ihn durchzusetzen, waren die Legionen.

Vom Ende des 2. Jahrhunderts an nahm auch der äußere Druck auf das Imperium Romanum zu, so daß erhöhte Aufwendungen für die Verteidigung des Reiches notwendig wurden, was wiederum erhöhte Lasten für die Bevölkerung in jeder Hinsicht bedeutete. Und so wirkten innere wie äußere Faktoren zusammen, vertieften zunehmend die Instabilität der gesamten Gesellschaft, der die Kaiser, als die Exponenten bestimmter Gruppierungen der herrschenden Kreise, mit unterschiedlichen, letztlich doch untauglichen Mitteln entgegenzuwirken suchten.

b) Soziale und politische Strömungen

Wirtschaftlicher Niedergang führte seit dem 3. Jahrhundert zur fortschreitenden Verelendung breiter Volksschichten. Im ganzen Reiche wuchs die Zahl der verarmten Bürger, die aus ihrer verzweifelten Lage keinen anderen Ausweg finden konnten, als sich gegen die Staatsgewalt zu erheben. Empörungen und Aufstände waren besonders häufig in den Randgebieten, in denen Menschen lebten, die sich längst nicht mit der Unterdrückung durch Rom abgefunden hatten. Im 2. Jahrhundert kam es zu Bewegungen der ägyptischen Landbevölkerung und der Juden, die der Regierung schwer zu schaffen machten. Einer der gefährlichsten

Massenaufstände

Massenaufstände war im 3./5. Jahrhundert die gallische Bagaudenbewegung, die zwar blutig, aber nur mit Mühe unterdrückt wurde. Vorübergehend fielen ganze Provinzen von Rom ab und bildeten eigene Reiche, die von eigenen Herrschern regiert wurden, so z. B. Gallien und Syrien.

Die soziale Not der Massen war eine wesentliche Ursache für die rasche Ausbreitung von verschiedenen Erlösungsreligionen, darunter des Christentums. Die Menschen waren von einer tiefen Verzweiflung erfaßt und sahen keinen Ausweg. Das Christentum aber verhieß Gerechtigkeit und verkündete, daß alle Menschen gleich seien vor Gott.

Der römische Staat und das Christentum

Die römische Regierung erkannte die Gefahr, die von dieser Lehre ausging. Denn die ablehnende Haltung des frühen Christentums gegenüber den anerkannten Werten, den offiziell propagierten Ideen der antiken Gesellschaft, vor allem gegenüber dem Kaiserkult, dem Machtstreben, der Habgier und Verschwendungssucht der Herrschenden, mußte es diesen als gefährlich erscheinen lassen, obwohl es doch niemals eine wirkliche Umwälzung der bestehenden Herrschaftsverhältnisse beabsichtigte.

Mehrere große, letztlich aus politischen Gründen betriebene Verfolgungen hatten die christlichen Gemeinden, die sich seit dem 2. Jahrhundert immer mehr organisatorisch und ideell aus einem lockeren Verband zu einer festgefügten, durch Bischöfe gleichsam monarchisch geführten Kirche entwickelt hatten, nicht vernichten können. Am Anfang des 4. Jahrhunderts wurde die christliche Religion staatlich anerkannt, zunächst im Jahre 311 durch ein Toleranzedikt des Kaisers Galerius, dann 313 infolge einer Einigung zwischen Konstantin und Licinius auf ein religionspolitisches Programm, das sogenannte Mailänder Edikt, das dem Christentum noch mehr entgegenkam als der Erlaß des Galerius, u. a. dadurch, daß es die Freiheit des Gottesdienstes garantierte.

Konstantins Bestreben war zunehmend auf die Eingliederung der Kirche in den Staat gerichtet, um die straffe Organisation der Kirche für politische Zwecke, für die Festigung und Stützung der Staatsmacht und des bestehenden gesellschaftlichen Systems auszunutzen. Die Kaiser mischten sich nicht nur mit ihrer Macht in dogmatische Streitigkeiten der Kirche ein, hinter denen sich nicht selten auch oppositionelle politische Strömungen verbargen, sondern übten geradezu wirkliche Regierungsgewalt aus: Das 1. Ökumenische Konzil im Jahre 325 fand nicht nur im kaiserlichen Palast zu Nicaea im nordwestlichen Kleinasien statt, sondern es sah den Herrscher auch als seinen Vorsitzenden.

Seit Ende des 4. Jahrhunderts war das Christentum offizielle Staatsreligion, allein berechtigte Staatskirche unter der Oberherrschaft des Kaisers. Der römische Staat hatte damit zwar ein neues Machtmittel gewonnen, zugleich aber setzte eine allmählich zunehmende Entfremdung zwischen der offiziellen Kirche und der Masse der Bevölkerung ein, die sich noch in den folgenden Jahrhunderten teils in verschiedenartigen oppositionellen Bewegungen, teils in verbreiteter Passivität der einfachen Menschen gegenüber dem Staat äußerte.

Im Osten des Imperiums, dem späteren byzantinischen Reich, blieb die Kirche unter der Oberherrschaft des Kaisers, während im Westen im Gefolge der Völkerwanderung und des Zerfalls der römischen Kaisermacht die kirchliche Hierarchie immer mehr als eigenständige Macht in Erscheinung trat.

2. *Die Angriffe der „Barbaren"*

„Barbaren" war der wertfreie griechische Ausdruck für Nichtgriechen, also für jeden Ausländer. In diesem Sinne hatten auch die Römer das Wort übernommen.

Germanen und Parther

Schon die Regierungszeit Marc Aurels war von heftigen Abwehrkämpfen gegen Nachbarvölker erfüllt. Im Osten drangen die Parther in das Reich ein; sie wurden von den römischen Legionen in schweren Kämpfen und unter großen Opfern zurückgeschlagen. Dann folgten die langwierigen Markomannenkriege. Die germanischen Markomannen und Angehörige anderer Stämme überschritten die nur schwach verteidigte Donau und gefährdeten die nördlichen Provinzen des Reiches und sogar Norditalien. Über ein Jahrzehnt dauerten die Kämpfe zur Sicherung der einst von Augustus gegründeten Provinzen Rätien, Noricum und Pannonien. Im 3. Jahrhundert folgten Einfälle der Alamannen und Franken am Rhein, der Goten an der unteren Donau (letztere unternahmen zu Lande und zur See Beutezüge bis nach Griechenland und Kleinasien). In Asien kam es zu Kämpfen mit dem sogenannten Neupersischen Reich, das an die Stelle der Parther getreten war und das einst von Alexander zerstörte alte Perserreich erneuern wollte.

In der zweiten Hälfte des 4. Jahrhunderts drohte im Osten des Imperiums eine neue Gefahr. Die Reiterstämme der Hunnen, die aus den Steppen Asiens kamen, drangen in das Gebiet nördlich des Schwarzen Meeres ein. Im Jahre 375 besiegten sie die Ostgoten und zwangen sie, im hunnischen Heere mitzukämpfen. Unter Führung Attilas fielen die Hunnen, gemeinsam mit zahlreichen germanischen und slawischen Stämmen, in das Ostreich ein. Der Zug gegen das Westreich endete im Jahre 451 durch die Schlacht auf den Katalaunischen Feldern in Gallien mit einer Niederlage Attilas. Bald darauf zerfiel sein Reich.

Die Hunnen und die Völkerwanderung

Der Ansturm der Hunnen hatte aber viele germanische Stammesverbände, wie die Westgoten, dic Burgunder, die Vandalen, in Bewegung gebracht. Sie eroberten eine römische Provinz nach der anderen. Ihre Kriegszüge waren es, die endgültig den Untergang des Römischen Reiches herbeiführten.

378 drangen westgotische Scharen von der nördlichen Reichsgrenze her nach Süden vor. Bei Adrianopel, dem heutigen Edirne, vernichteten sie ein römisches Heer in der Stärke von 40 000 Mann, der Kaiser Valens fiel in der Schlacht. Waren die Einbrüche der Barbaren zuvor noch aufzuhalten gewesen, so flutete die Welle der Angreifer diesmal weit hinein in das Reich und brandete gegen Konstantinopel.

Theodosius I.

In dieser Lage übernahm Theodosius I. (379–395) die Herrschaft. Er bestach einzelne Stammesfürsten der Gegner, zermürbte den Feind in einem klug geführten Kleinkrieg und schuf damit Voraussetzungen, um mit den Goten einen Friedensvertrag auszuhandeln. Aber er triumphierte nicht mehr nach alter Römerart als Sieger über den Besiegten, sondern er erkaufte – wie hin und wieder schon ein Kaiser vor ihm – den Frieden mit Vieh und Getreide und mit Ländereien in Thrakien, Lydien und Phrygien.

Die Teilung des Reiches

Theodosius war der letzte Kaiser, der über ein einiges römisches Reich herrschte. Im Jahre seines Todes wurde eine Teilung vollzogen, und allmählich entstanden zwei de facto selbständige Staaten, das Oströmische und das Weströmische Reich.

Das Oströmische Reich – Byzanz

Das Oströmische Reich, später bezeichnet als Byzantinisches Reich, entwickelte sich zu einem Feudalstaat und bestand bis zum 15. Jahrhundert. Es fand schließlich seinen Widersacher im Osmanischen Reich der Türken. 1453 wechselte die Hagia Sophia zu Konstantinopel, prächtigstes Werk byzantinischer Baukunst, den Besitzer: Bis dahin christliche Kirche, wurde sie jetzt zur Moschee der Mohammedaner.

Der Untergang des Weströmischen Reiches

Das Schicksal des Weströmischen Reiches vollendete sich ungleich schneller. 410 fluteten die Truppen des Gotenfürsten Alarich über das Forum Romanum, plünderten drei Tage lang die altehrwürdige Stadt. Der römische Kaiser, der nicht mehr in Rom, sondern in Ravenna residierte, besaß nur noch wenig, was er beherrschen konnte. Die letzten Kaiser mußten tatenlos zusehen, wie die Reste römischer Legionen im Sturm der Hunnen und Germanen untergingen. 476 stieß ein Germane namens Odoaker, Befehlshaber germanischer Söldnertruppen, den Kaiser vom Thron und übernahm an seiner Stelle die Herrschaft, jedoch nicht über ein Imperium Romanum, sondern über ein germanisches Königreich auf italischem Boden.

Der Kaiser, den Odoaker stürzte, hieß Romulus – genau wie der legendäre Gründer, dem einst auf dem Palatium die Herrschaft über die junge Stadt verliehen war. Diese Ironie war nicht von Menschen erdacht, sondern vom Zufall gefügt. Zeitgenossen des letzten Kaisers hatten aber einen feinen Sinn für das Spiel des Zufalls. Wie vornehme Römer einst für hervorragende Taten oder Eigenschaften mit Beinamen ausgezeichnet wurden, so nannten sie auch den letzten Herrscher mit einem solchen Cognomen: Augustulus – der kleine Augustus. Halb zufällig, halb gewollt spricht so aus dem Namen des Mannes, der die letzte, wenn auch unbedeutende Persönlichkeit der römischen Geschichte ist, die Erinnerung an den Anfang, den Aufstieg und Niedergang des mächtigsten Staates der Antike.

Nicht auf einen Schlag, etwa mit den Ereignissen des Jahres 467, ging das Imperium Romanum zugrunde, endete die eine Geschichtsepoche und begann eine neue. Die Römer hatten lange Zeit trotz schwerer Einbußen die Grenzen des Reiches sichern und halten können. Im 4. Jahrhundert versuchten römische Kaiser, Germanenstämme innerhalb der Reichsgrenzen als *foederati* (Verbündete) anzusiedeln, um so den germanischen Druck abzufangen und Bauern und Soldaten zum Schutze der Grenzprovinzen zu haben. Nach 400 aber gingen die massiven Vorstöße „barbarischer" Völkerschaften in eine regelrechte Landnahme und Besiedlung römischen Territoriums über. Neue Staaten entstanden: das Vandalenreich in Nordafrika, das Westgotenreich in Gallien und Spanien, das Frankenreich, 493 nach der Beseitigung des Odoaker durch Theoderich das Ostgotenreich in Italien. Dem römischen Kaiser in Konstantinopel verblieb meist nur eine sehr formale Oberherrschaft.

Justinianus

Kaiser Justinianus (527–565) unternahm den Versuch, noch einmal durch eine Konzentration aller Kräfte die alte Ordnung zu restaurieren. Das von ihm veranlaßte Gesetzeswerk hielt noch einmal fest: „Alle Menschen sind entweder Freie oder Sklaven", die Philosophenschulen, letzte Stätten antiker Wissenschaft, wurden geschlossen und vom orthodoxen Glauben abweichende religiöse Richtungen verfolgt, die innere Opposition brutal unterdrückt, Nordafrika, der Südosten Spaniens und, nach 20jährigem Krieg, Italien wurden in byzantinische Gewalt zurückgebracht, die Sklavereiverhältnisse wurden wiederhergestellt. Weiter reichten die Kräfte des Römischen Reiches nicht mehr. Noch vor Ablauf des 6. Jahrhunderts mußten die spanischen Besitzungen aufgegeben werden, machte der Einfall der Langobarden in Italien der byzantinischen Reaktion (bis auf das Exarchat Ravenna) ein Ende, führten die immer wieder andrängenden Wellen slawischer Stämme auf der Balkanhalbinsel zu deren dauerhafter Ansiedlung, zum Entstehen gesellschaftlicher Verhältnisse, die auch im byzantinischen Reich den Feudalisierungsprozeß einleiteten.

ZUR
KULTUR DER
RÖMER

Die materielle Kultur

Produktion und Technik

Der Exkurs in die römische Geschichte hat verdeutlicht, daß wir Prozesse überschauen müssen, die sich über mehr als ein Jahrtausend erstrecken, daß wir uns in einem riesigen Territorium bewegen, das weder einheitlich noch gleichbleibend ist, und daß dort, wohin die Römer gelangten, meist schon eine materielle Kultur, aber in unterschiedlichster Ausprägung und auf verschiedenen Entwicklungsstufen, vorhanden war. Betrachtungen und Tatsachen, die in diesem und den folgenden Kapiteln angestellt und vermittelt werden, sind also nicht unterschiedslos auf das gesamte Imperium zu beziehen. Die Unterschiede zwischen Italien und den Provinzen sowie den Provinzen untereinander waren oft beträchtlich.

Als Rom noch in den Anfängen steckte, bedienten sich seine Bewohner der Produktion und Technik, die den einfachen wechselseitigen Beziehungen der Menschen in der Gemeinschaft von Gentes und Stämmen entsprachen. Ursache und Wirkung bedingen sich dabei naturgemäß gegenseitig: Die primitiven Arbeitsinstrumente hielten die Produktion auf einem derart niedrigen Niveau, daß nur ein sehr begrenzter Personenkreis daran Anteil und Nutzen hatte und komplexere soziale Bindungen zunächst gar nicht entstehen konnten. Neue und vollkommener werdende Werkzeuge förderten dagegen die Arbeitsteilung und damit eine Differenzierung des gesellschaftlichen Gefüges. Aus den Erfahrungen bei einem bestimmten Arbeitsvorgang gewannen die Produzenten größere Arbeitsfertigkeiten. Dadurch stieg die Produktivität. Das Handwerk spezialisierte sich zu bestimmten Produktionszweigen. Auch in der Landwirtschaft blieb es nicht bei der ersten Gliederung in Ackerbau und Viehzucht, sondern die Zweige des Obstbaus, der Gemüsekulturen, des Weinbaus und andere entstanden.

Trotz Spezialisierung und verbesserter Werkzeuge blieb die Arbeitsproduktivität verhältnismäßig gering. Bis zu einem gewissen Grade wurde dieser Mangel in der höchsten Entwicklungsstufe der Sklaverei durch die ungeheure Zahl der Arbeitskräfte und deren rücksichtslose Ausbeutung ausgeglichen. Das versetzte die Auftraggeber in die Lage, auch große Anlagen errichten zu lassen. Dämme, Be- und Entwässerungssysteme, Wasserleitungen, Straßen, Werften und Schiffe, bedeutende Bauwerke, all das, was der Stammesverband nie herzustellen vermocht hätte und wofür er selbstredend auch kein Bedürfnis hatte, das konnte unter den Bedingungen der entwickelten Sklaverei produziert werden.

Ein Teil der Gesellschaft konnte sich von der Notwendigkeit befreien, selbst materielle Produkte zu erzeugen. Damit waren die Voraussetzungen für die Entwicklung von Wissenschaft und Kunst gegeben.

Diesen sozialen Prozeß finden wir sogar im sprachlichen Material abgebildet: Ein griechischer Begriff *scholé* gelangte als Fremdwort *schola* ins Lateinische (er ist später von uns als *Schule* entlehnt). Die Vokabel bedeutet ursprünglich *Freizeit, Muße,* wird aber schon bei den Griechen zur Bezeichnung für die gelehrte Beschäftigung, die nur der verrichten konnte, der die nötige freie Zeit dazu hatte (Vergleiche den lateinischen Ausdruck *artes liberales,* mit dem die Wissenschaften bezeichnet wurden, die der freie Bürger pflegte).

Ist die Wissenschaft einmal enstanden, so fördert sie wieder die Entwicklung der Produktion. Allerdings blieb die Verbindung zwischen Produktion und Wissenschaft im Altertum sehr locker: Theorienbildung, z. T. auch pure Spekulationen rangierten vor dem Experiment, viele theoretisch bekannte und begriffene Zusammenhänge und Gesetzmäßigkeiten wurden für die Produktion kaum genutzt, das Maschinenwesen beschränkte sich auf einfache Hebezeuge, Winden und Pressen, und errang Ansehen vornehmlich in der Kriegstechnik und für technische Spielereien (Automatentheater u. ä.).

Aus diesen gesellschaftlichen Fortschritten wuchs die Technik der Antike. Sie hat Staunenswertes geleistet, und manches, was den Ingenieuren und Architekten des Altertums selbstverständlich war, mußte in der Renaissance oder gar noch später erst wiederentdeckt werden, bevor es in die moderne Produktion Eingang finden konnte.

Rom war einer der mächtigsten Staaten der alten Welt, zugleich aber der jüngste. Das brachte den Römern von vornherein einen Vorteil: sie brauchten die Wissenschaft nicht erst zu entwickeln, sondern konnten sich der Erfindungen anderer Völker bedienen. Die römische Zivilisation gründete sich auf die Technik und Wissenschaft der Völker, die unter die Gewalt Roms gerieten. Die herrschende Schicht der Stadt verachtete sogar – von Ausnahmen abgesehen – die Beschäftigung mit der Wissenschaft, ließ sich aber die Errungenschaften der Etrusker, Griechen und anderer Völker gern zugute kommen, holte außer oft gut ausgebildeten Handwerkern auch deren Techniker und Wissenschaftler nach Rom, um aus ihrer Arbeit Gewinn zu ziehen. Außerdem gestatteten die sozialen Bedingungen in Rom, die vorhandenen Kenntnisse und Erfahrungen großzügiger als zuvor auszunutzen. Denn die verfügbaren freien und unfreien Arbeitskräfte aus allen und in allen Ländern rund um das Mittelmeer ermöglichten eine erhebliche Produktionssteigerung von Waren jeglicher Art.

Denar des C. Marius Capito, 81 v. Chr.; Vs. Kopf der Göttin des Ackerbaus Ceres mit Ährenkranz, CAPIT(o), Kontrollzeichen; Rs. Pflüger mit Ochsengespann, darüber: Kontrollzeichen, darunter: C(aius) MARI(us) C(ai) F(ilius), S(enatus) C(onsulto) – „auf Senatsbeschluß“

Ein englischer Forscher bezeichnete die Antike einmal als Welt „ohne Maschinen und voller Sklaven“ – eine auf den ersten Blick bestechende Formulierung, die das wesentliche Hemmnis für die Entfaltung der Technik im Altertum zu fassen scheint. Sie umgeht jedoch den für uns nicht leicht verstehbaren, aber für diese Zeit wohl gültigen Sachverhalt, daß hier ein beinahe ausschließliches Interesse an Gebrauchswerten besteht. Die Aneignung von Lebensmitteln, Gebrauchsgütern, Rohstoffen und Leistungen aller Art diente, gleichgültig, ob als Ergebnis eigener Tätigkeit oder gewaltsamen Raubes oder der Ausnutzung fremder Arbeitskraft, der unmittelbaren und mittelbaren Befriedigung persönlicher und gemeinschaftlicher Bedürfnisse. Den Vorrang hat der Nutzen für den Konsumenten, nicht das Mehrprodukt, das durch Tausch, Handel und Produktion hätte Gewinn bringen können. Nach den Worten eines bekannten Ökonomen habe sich das Interesse der Alten fast ausschließlich darauf gerichtet, welcher Gebrauch des Eigentums die besten Staatsbürger hervorbringe.

Die Landwirtschaft

Die Landwirtschaft verdient es, an die erste Stelle gerückt zu werden. Schon mehrfach sahen wir das innige Verhältnis der Römer zum Ackerbau: Es äußert sich in der engen Beziehung zwischen Wehrdienst und freiem Bauerntum, es offenbart sich in der zentralen Stellung, die die Agrarfrage in den sozialen Auseinandersetzungen der Republik einnahm, und schließlich gibt es in Hülle und Fülle Zeugnisse der literarischen und materiellen Kultur, die uns zeigen, daß die landwirtschaftliche Tätigkeit für den freien Römer geradezu ein sittliches Ideal und zugleich ein sittlicher Kraftquell war. Die objektive Grundlage dafür bildet aber die Tatsache, daß die Landwirtschaft, Ackerbau vor allem, im gesamten Altertum den wichtigsten Produktionszweig bildete. Nur auf der Grundlage des Ackerbaus, der mit ihm verbundenen Seßhaftigkeit und Vorratswirtschaft konnten die ältesten Hochkulturen der Menschheit entstehen und sich in so vielfältiger und bedeutender Weise entwikkeln.

Bei allen erstaunlichen Fortschritten der Landwirtschaft gerade in der neuesten Zeit muß doch ein Blick auf die römische Landwirtschaft überraschen. In Rom betrieb man systematisch eine Verbesserung der Bodenverhältnisse. Entwässerung durch Dränagen lernte man schon während der Königszeit von den Etruskern. Auch daß man dem Boden durch sachgemäße Düngung und Tiefpflügen mehr Früchte abringen kann, wurde den Römern schnell bekannt. Man verwendete pflanzliche Düngemittel und den Mist von Tieren und wußte sehr wohl, daß Vögel den wertvollsten Dung liefern. Spätestens im Anfang der Republik war der hölzerne Pflug durch einen sinnreich konstruierten Eisenpflug ersetzt, und dieser wurde von Rindern gezogen, wie uns eine etruskische Statuette aus dem 4. Jahrhundert v. Chr. beweist.

Die verwendeten Ackergeräte blieben über Jahrtausende hinweg relativ unverändert, Verbesserungen waren geringfügig und, wie die meisten der höherentwickelten Geräte, nur regional wirksam. Man kannte zwar Pflüge, die den Boden nicht nur aufrissen, sondern auch umwendeten, doch waren stets auch primitivere Pflugtypen im Gebrauch. Die aus Plinius' Beschreibung und belgischen Reliefdarstellungen bekannten Mähmaschinen waren auf die großen Güter Nordgalliens beschränkt.

Neben dem Pflug verwandte man zur Bodenbearbeitung Hacke, Egge und Spaten und für die Getreideernte die Sense. Der römische Bauer beachtete auch den Fruchtwechsel, vornehmlich zwischen Getreide und Hülsenfrüchten. Archäologische Funde geben Auskunft über die bevorzugten Getreidesorten. Dazu gehörten Gerste, Emmer, Hafer und Weizen. Daneben blühte bereits der Gemüse-, Obst- und Weinanbau, den die Römer auch in den Provinzen pflegten und so anderen Völkern vermittelten.

Für das 2. Jahrhundert v. Chr. liefert uns M. Porcius Cato in seiner Schrift „De agricultura", einem Lehrbuch des Ackerbaus, einen lebendigen Eindruck von der Produktion einer mittleren Wirtschaft (villa) von mehreren hundert Jugera. „Was heißt einen Acker gut bebauen?" fragt er. „Gut ackern! Was zum zweiten? Gut ackern! Und zum dritten: Düngen!" Pünktlichkeit und Ordnung sind Grundlage allen Erfolges: „Denn so ist es in der Landwirtschaft: tust du eine Sache zu spät, so wird alles zu spät."

Wir lesen von der zweckmäßigen Anlage des Hauses wie von der Pflege lebenden und toten Inventars. Für die Bearbeitung des Weingartens von 25 Hektar sind 14 Sklaven nötig, der Olivenhain von 60 Hektar braucht elf Sklaven. Interessant sind auch die Empfehlungen zur rationellsten Ausnutzung der Sklaven: sie sollen nur so lange behalten werden, wie sie arbeiten können. Wie altes Vieh, Schrott und überzähliges Inventar soll man sie bei Verlust ihrer Arbeitskraft verkaufen.

Trotz Sklavenarbeit und der Entwicklung der landwirtschaftlichen Technik mußte fast zu jeder Zeit zusätzlich Getreide nach Italien eingeführt werden, vor allem aus Ägypten. Dafür schickte die italische Landwirtschaft, die sich auf besonders gewinnbringende Erzeugnisse spezialisiert hatte, ihre Produkte, Wein, Öl und Wolle, in alle Welt. Die Tendenz zur Spezialisierung und Marktorientierung der *villae,* seit dem 2. Jahrhundert v. Chr. wirksam, entwickelte sich stetig bis in den Anfang des 2. Jahrhunderts n. Chr. fort. Für diesen Gutstyp empfiehlt L. Junius Moderatus Columella, der bedeutendste römische Landwirtschaftsschriftsteller des 1. Jahrhunderts n. Chr., in seinem Werk „De re rustica" in ausführlichen, ins einzelne gehenden Ratschlägen eine intensive, vielseitige Nutzung des Bodens, wobei er auf angemessene Arbeitsteilung unter den Sklaven, rationelle Methoden der Aufsicht und Kontrolle, Vorgabe differenzierter Arbeitsnormen und Beachtung psychologischer Stimulierung der Sklaven für den Arbeitsprozeß besonderen Wert legt. Acker-, Wein- und Gartenbau, Baumpflege und Viehhaltung (Groß- und Kleinvieh, Geflügel, Fische, Bienen), die Pflichten des Gutsverwalters u. v. a. bilden den Stoff seines auf eminenter Sachkunde aus eigener Erfahrung und Verarbeitung der Fachliteratur beruhenden Werkes.

Handwerk

Ähnliches gilt für die Entwicklung des römischen Handwerks, obwohl dieser Erwerbszweig unter ganz anderen Voraussetzungen produzierte. In der handwerklichen Produktion gibt es keine eigentlichen Großbetriebe. Zwar entstanden, vor allem in der Kaiserzeit, hier und da Werkstätten, die mit einer beachtlichen Serienfertigung aufwarteten, aber die Massensklaverei blieb dem Handwerk fremd.

Seit der frühen Königszeit haben die Römer das Handwerk gekannt, es als lebensnotwendig geschätzt, wenn auch als Erwerbsquelle verachtet. Schon Numa Pompilius soll erste Handwerkerbünde der Zimmerleute, Töpfer, Gerber und anderer Berufe gegründet haben. In der jungen Republik wird nach dem Galliereinfall besonders das Bauhandwerk einen großen Aufschwung erfahren haben. Der Reichtum der vermögenden Schicht, der durch die Ausplünderung der Provinzen ständig wuchs, förderte etwa seit dem 3. Jh. v. Chr. wiederum die Entwicklung von Berufsgruppen, die das Luxusbedürfnis der Besitzenden befriedigten. Dazu gehörten Juweliere und Parfümeriearbeiter ebenso wie Mosaikleger und Maler. Doch gab es kaum einen Handwerksbetrieb, der große Sklavenzahlen beschäftigte. Statt großer Betriebe bevorzugte man die Gründung von Klein- und Mittelbetrieben mit 10 bis 30 Sklaven. Nur in wenigen Berufen, so z. B. in der Tonwarenherstellung und in den textilverarbeitenden Betrieben, waren mehr Arbeitskräfte tätig, denn die Erzeugnisse dieser Erwerbszweige konnten exportiert werden. Hier gab es auch fast fabrikmäßige Serienfertigung, bei der der Produktionsvorgang in seinen einzelnen Arbeitsgängen an besondere Facharbeiter verteilt war. Andere Produkte waren außerhalb Italiens kaum gefragt, so daß das Handwerk fast nur für den Binnenmarkt arbeitete. Damit waren seiner Entwicklung verhältnismäßig enge Grenzen gezogen. Dennoch sind die Produkte der römischen Werkstätten von erstaunlicher Vielseitigkeit und Qualität. In der frühen Kaiserzeit hatte sich das Handwerk so weit spezialisiert, daß – von ganz modernen Berufsgruppen abgesehen – kaum ein Gewerbe fehlte, das nicht auch noch bei uns zu finden wäre. Schuhmacher, Verfertiger von Stoffen, Färber, Schneider, Teppichweber, die verschiedensten Berufe des Baugewerbes, der Holz-, Stein- und Metallbearbeitung, der Geschirrherstellung, Grob- und Kunstschmiede, Glaskünstler, Maler, Juweliere, Gold- und Silberschmiede, Instrumentenbauer und selbstverständlich alle Berufe des Lebensmittelgewerbes, wie Müller, Bäcker, Fleischer – alles war vorhanden. Besonders beachtlich war die Herstellung medizinischer Instrumente, vor allem für die Hand des Chirurgen.

So imponierend die handwerklichen Produkte sind, so eindringlich ihre Reste auch vom Können ihrer Erzeuger erzählen, mehr noch überzeugen uns die Baudenkmäler von der technischen Meisterschaft ihrer Schöpfer.

Wasserleitungen

Unter den Zweckbauten nehmen die Bogenaquädukte eine hervorragende Stelle ein. Dieses System der Wasserzufuhr ersetzte das früher (z. B. bei der Aqua Appia) angewandte Prinzip der Druckleitung. Bei der Druckleitung wird das Wasser an einem hochgelegenen Orte gesammelt und durch ein Röhrensystem in die Versorgungs- und Steigleitungen der Häuser gedrückt. Es ist das gleiche Verfahren, das wir von den Wassertürmen unserer Städte kennen. Im übrigen gab es in den Häusern Absperrvorrichtungen, die sich von „Wasserhähnen“ kaum unterscheiden.

Die Aquädukte waren dagegen Gefälleleitungen. Über kilometerweite Strecken führten sie auf hohen Bögen das Wasser in gleichmäßigem leichtem Fall herbei. In der Kaiserzeit gab es allein für die Versorgung Roms elf solcher Aquädukte, die täglich ca. 95 000 m^3 Wasser in die Stadt lieferten. Die von Kaiser Claudius erbaute Leitung war die größte dieser Art. Sie nahm oberhalb der Stadt Tibur (heute Tivoli) das Wasser des Anio auf, leitete es zunächst in einem unterirdischen Stollen durchs Gebirge, dann auf Bögen über die Täler der römischen Campania zu den Reinigungsbassins, von wo aus es in die Stadtbezirke verteilt wurde. Die 155 noch stehenden Bögen dieses Aquädukts haben jeder eine Spannweite von 5,5 m und sind fast 30 m hoch. Selbstverständlich war die Rinne abgedeckt, um das Wasser vor Verunreinigungen zu schützen.

Gewölbe

Einen aus Stein gefügten Bogen von 5,5 m Spannweite errichtet auch ein Architekt der Gegenwart. Nicht nachgebaut wurde bisher das Gewölbe der letzten großen Basilika Roms, der von Konstantin vollendeten Maxentiusbasilika, deren nördliches Seitenschiff mit drei mächtigen Bogen noch zu bewundern ist. Das Mittelschiff der Halle war überhöht, aber trotz seiner Breite von 25 m nicht flach gedeckt, sondern von drei gewaltigen, 35 m hohen Kreuzgewölben überspannt. Während das Dach der trajanischen Basilika Ulpia noch von 96 Säulen gestützt wurde, genügten dem Baumeister der Maxentiusbasilika acht Pfeiler von 20 m Höhe, um das riesige Gewölbe zu tragen.

Brückenbau

Nicht weniger beeindruckend ist die Technik des Brückenbaues. Zwar wissen wir nur wenig von den alten Tiberbrücken in Rom. Immerhin stammen drei Pfeiler der heutigen Engelsbrücke, die vom linken Tiberufer zum Grabmal des Hadrian führt, von Baumeistern der Antike. In Südfrankreich, Spanien und Kleinasien stehen römische Brücken, die noch heute dem Verkehr dienen. Die Moselbrücke in Trier ruht auf den von Römern errichteten Grundpfeilern. Trajan ließ während der Kämpfe gegen die Daker eine Brücke über die Donau schlagen. Der über einen Kilometer lange Bau wurde von nur 20 Steinpfeilern getragen. Überhaupt verlangte die Kriegführung häufig den Bau zuverlässiger Flußübergänge. Caesar überschritt während des Helvetierfeldzuges die Saône auf einer eigens dazu errichteten Brücke. Nach seiner Angabe nahmen die Arbeit und der Übergang lediglich einen Tag in Anspruch. Die Helvetier dagegen hatten 20 Tage benötigt, um den Fluß zu überqueren. Anschaulich schildert er uns im vierten Buche des Bellum Gallicum die Errichtung einer Brücke über den Rhein. Auf Schiffen wollte er nicht übersetzen, weil ihm das nicht sicher genug und „der Würde des römischen Volkes nicht angemessen" schien. Der mit bewundernswertem Geschick kontruierte Pfahlbau gab nach zehn Tagen, gerechnet von der Herbeischaffung des Materials, den Legionen den Weg nach Germanien frei.

Straßen

Wenn die Römer Meister des Straßenbaus wurden, so verdanken sie das nicht zufälliger Veranlagung, sondern zwingender politischer Notwendigkeit. Als der Einflußbereich Roms die Grenzen der Stadt überschritt, brauchte man schnelle und sichere Verbindungswege in die anderen Gebiete Italiens, Wege, auf denen die römischen Legionen rasch dem Gegner entgegeneilen konnten. Die erste dieser mit vollendetem technischen Können angelegten Straßen war die Via Appia, benannt nach dem Censor Appius Claudius Caecus, der ihren Bau um 312 v. Chr. beginnen ließ. In fast schnurgerader Richtung führte sie von Rom nach Südosten, erreichte bei Tarracina das Tyrrhenische Meer und wandte sich dann ostwärts nach Capua. Später wurde sie von dort aus über Tarent bis Brundisium verlängert, so daß römische Truppen auf diesem Wege in kürzester Zeit bis zum Adriatischen Meer gelangten konnten. „Regina viarum – Königin der Straßen" hieß die Via Appia schon im Altertum. Sie war so breit, daß zwei Lastwagen bequem einander ausweichen konnten. Genau bearbeitete polygonale Steine bildeten ein festes, lückenlos gefügtes Pflaster. Bis ins 6. Jahrhundert n. Chr. war sie völlig unversehrt und ist auch in der Gegenwart auf manchem Streckenabschnitt selbst für schwere Fahrzeuge brauchbar. Wer sich auf der Via Appia Rom näherte, sah zu beiden Seiten die Gräber vornehmer Römer – die ärmere Bevölkerung endete namenlos in Massengräbern –, so den gut erhaltenen Rundbau der Caecilia Metella und die Denkmäler der Scipionen.

Nach Norden wurde die Verbindung um 220 v. Chr.durch die Via Flaminia geschaffen. Sie führte über den Apennin zunächst bis Ariminium. Von dort aus konnte man seit dem 2. Jahrhundert v. Chr. auf zwei Straßen Gallia Cisalpina erreichen. Der Weg nach Norden stand außerdem über die um 240 v. Chr. angelegte Via Cassia offen, die durch Etrurien bis Pisa führte. Dort traf sie auf die ebenfalls – längs der Küste – von Rom kommende Via Aurelia, die bis nach Genua fortgesetzt wurde. Im letzten Jahrhundert v. Chr. war Italien verkehrsmäßig erschlossen, zumal alle diese hervorragenden Straßen, wenn sie etwa in gleicher Richtung liefen, noch untereinander verbunden waren.

Das römische Verkehrssystem – etwa 80 000 km Gesamtstraßenlänge! – war mit einer Folgerichtigkeit entwickelt, die keinem modernen Eisenbahn- oder Straßennetz nachsteht. Hatte man z. B. auf der Via Appia Brundisium erreicht und war von dort auf dem Wasserwege nach Dyrrhachium gelangt, so schloß sich eine ausgezeichnete Landverbindung nach Byzanz an. In Kleinasien gabelte sie sich. Eine Abzweigung führte über Syrien nach Palästina, die andere zum Euphrat. Nördlich von Rom wurde die Via Cassia über die Alpen fortgesetzt und erreichte über Mainz, Trier und Köln den Ärmelkanal, um einen raschen Übergang nach Britannien zu sichern. Ihre Streckenführung und viele ihrer Abzweigungen bilden noch in der Gegenwart die Trasse des westdeutschen Straßennetzes. Eine andere Heerstraße durchschnitt die Pyrenäen nach Spanien, die nächste führte quer durch Nordafrika, von Karthago, das von Rom aus am schnellsten zu erreichen war, westwärts durch Algier bis Marokko, ostwärts nach Alexandria und darüber hinaus ein beträchtliches Stück nilaufwärts.

In Rom selbst war den Straßen anfangs weit weniger Aufwand gewidmet. Erst seit dem Anfang des 2. Jahrhunderts v. Chr. scheint es in der Stadt ein Pflaster gegeben zu haben. Wichtiger war eben der sichere und schnelle Weg zu den Brennpunkten politischen Geschehens.

Schiffbau

Die Schiffe, die das Meer überwanden, waren dem griechischen Muster nachgebaut, gelernt hatte man indes auch bei anderen seefahrenden Völkern des Mittelmeerraumes, besonders bei den Karthagern. Angetrieben wurden die Schiffe durch Segel und Ruder, die wechselnd oder sich gegenseitig ergänzend eingesetzt werden konnten. Die Haupttypen waren Dreiruderer (drei Reihen Ruder waren übereinander angeordnet) mit einer Länge bis zu 47 m und Fünfruderer, die rund 53 m maßen. Um hohe Geschwindigkeiten zu erzielen, war der Rumpf der Kriegsschiffe sehr schlank gehalten, Frachtschiffe dagegen waren bauchig geformt, damit sie ein möglichst großes Fassungsvermögen hatten. Sie transportierten Lasten von 120–200 Tonnen, doch gab es sogar Schiffe mit einer Tragfähigkeit bis zu 3 000 Tonnen.

Messingsesterz des NERO CLAUD(ius) CAESAR AUG GER(manicus) P M TR P IMP P P, Kaiserbildnis mit Corona triumphalis (seit 36 n. Chr. ständiges Recht des Kaisers), Rs. zwischen den mit Säulenhallen und Wellenbrechern geschmückten Kaimauern das Hafenbecken mit Schiffen, Claudiusstatue auf der künstlichen Insel, die auch den Leuchtturm trug, unten Neptunus, Umschrift AUGUSTI POR(tus) OST(iensis) zwischen S C

Leuchttürme

Der Orientierung der Seeleute dienten Leuchttürme. Ihr Vorbild war der große Leuchtturm auf der Insel Pharos vor dem Hafen Alexandria. Dieses Bauwerk, mehr als 100 m hoch, als eines der sieben Weltwunder bestaunt, war 279 v. Chr. von einem alexandrinischen Architekten errichtet worden. Es fiel erst 1326 n. Chr. einem Erdbeben zum Opfer. Ähnlich prunkvolle und mächtige Türme bauten die Römer nicht, aber in Nordwestspanien, bei La Coruna, steht ein Leuchtturm aus der Kaiserzeit, der noch in unserem Jahrhundert den Matrosen Sicherheit verhieß.

Wohnhaus

Das Können der Architekten und Künstler äußert sich auch im Wohnhaus, seiner Inneneinrichtung und Wohnkultur.

Die wohl eindrucksvollste Anschauung römischen Alltagslebens vermittelt Pompeji, jene Stadt, die durch den Vesuvausbruch im Jahre 79 in kurzer Zeit von einer mehrere Meter mächtigen Asche- und Bimssteinschicht verschüttet wurde. Viele der etwa 25 000 Einwohner konnten sich retten. Ihre Häuser, ihre Habe, die Spuren ihrer Tätigkeit, ihres Lebens, Denkens und Fühlens, jäh zum Stillstand gebracht, unter der Verschüttung 1 700 Jahre fast unverändert bewahrt, sind nun wieder weitgehend ans Licht gebracht. Goethe, der nur das Ergebnis flüchtiger Ausgrabungen kannte (planmäßig wird erst seit etwas über 100 Jahren geforscht), sagte über den Untergang dieser Stadt: „Es ist viel Unheil in der Welt geschehen, aber wenig, das den Nachkommen so viel Freude gemacht hat."

Hypocaustum

Nirgends gibt es ein Forum, das so gut erhalten wäre wie das pompejanische. Die großzügig ausgestatteten öffentlichen Bäder (Thermen) vermitteln uns ein ziemlich genaues Bild von einer Zentralheizung, dem Hypocaustum. Diese ebenso einfache wie praktische Einrichtung verlangt Wärmetechnikern und Heizungskonstrukteuren noch heute höchsten Respekt ab. Beim Hypocaustum ruht der Fußboden auf Backsteinpfeilern. Durch die so entstandenen Hohlräume streicht die im peripheren Heizraum erzeugte heiße Luft und erwärmt den Boden, der seine Temperatur in den Raum abstrahlt. Da es offenbar lange dauerte, bis ein Zimmer auf diese Weise angenehm temperiert war, konnte man durch eine sonst verschlossene Öffnung auch heiße Luft direkt vom Heizraum einleiten. Das Hypocaustum war weit verbreitet und Luxus auch mancher Privathäuser. Gelegentlich war die Fußbodenheizung dadurch ergänzt, daß die Mauern als parallel verlaufende Doppelwände mit dazwischenliegendem Hohlraum aufgezogen waren. So konnte das Zimmer von unten und von allen Seiten gleichmäßig erwärmt werden.

Am wertvollsten ist uns Pompeji durch die relativ gute Erhaltung der Privathäuser, aus denen wir sogar die architektonischen Eigenheiten und die Wohnkultur verschiedener Epochen kennenlernen können.

Atriumhaus

Das römische Normalhaus ist aus dem italischen Atriumhaus hervorgegangen. Das Atrium, eine Wohnhalle, war der Hauptraum. Es lag unmittelbar hinter dem Hauseingange. Um das Atrium gruppierten sich Nebenräume, zu denen das Schlafzimmer (Cubiculum) gehörte. Gelegentlich waren links und rechts des Einganges von der Straße her Kaufläden (Officinae), Imbißstuben (Thermopolia) oder kleine Gaststätten (Tabernae) eingebaut. Die alten aus Kalkstein errichteten Atrien besaßen kein oberes Stockwerk und waren im übrigen fast ohne jeden Schmuck. Die kleinen Randzimmer hatten statt der Fensterscheiben nur Mauerschlitze und erhielten ihr Licht durch die offene Tür vom Atrium. Mitten im Dache war über der Wohnhalle eine Öffnung, durch die nicht nur Licht, sondern auch Regenwasser einfiel. Dieses wurde in einem Becken (Impluvium) gesammelt.

Peristyl

Im 2. Jahrhundert v. Chr. wurde das Atriumhaus unter griechischem Einfluß durch ein Peristyl, eine kleinere Säulenhalle, ergänzt. Das Peristyl nahm die Stelle ein, an der vorher hinter dem Hause meist ein kleiner Garten geblüht hatte. Es umschließt ein Gärtchen, vielleicht auch einen Springbrunnen oder eine andere hübsche Anlage im Inneren des Hausgrundstückes. Mit dem Peristyl wurde das Gebäude wesentlich vergrößert. Die freien Räume, die längst der Seitenwände entstanden, ließen sich als zusätzliche Zimmer nutzen. Mehrere Speisesäle (Triclinia), die nach der Jahreszeit wechselnd benutzt wurden, ein Salon (Exedra), der vornehmlich nur der Unterhaltung diente, und neue Wirtschaftsräume waren der Gewinn. Nun kam in vielen Häusern auch ein Obergeschoß dazu, zu dem häufig ein Balkon gehörte. Vor allem für den Schmuck des Hauses opferte der wohlhabende Römer viel Geld. Wir kennen aus Pompeji eine Fülle von Wandgemälden, kostbaren Mosaikfußböden und herrlich gearbeiteten Plastiken. Manche dieser Häuser waren überdies mit verglasten Fenstern, fließendem Wasser, Badezimmern und Spültoiletten versehen. Freilich waren das die Wohnungen der wohlhabenden Schichten. Aber wir sollten nicht vergessen, daß man die Mietshäuser in den ersten Jahrzehnten des 20. Jahrhunderts auch noch vielfach ohne Bad und Innentoilette baute. Die Hinterhäuser, die uns aus dieser Zeit in mancher Großstadt als Erbschaft hinterlassen worden sind, waren im „Komfort" den römischen Mietshäusern keinesfalls überlegen.

Zum Vergleich denke man aber auch an die mittelalterlichen Städte in Deutschland, selbst an die Paläste und Burgen der Feudalherren. Das Wasser wurde dort noch 1 000 Jahre nach Pompejis Untergang aus Zisternen geschöpft, der schmucklose Fußboden aus Estrich war höchst ungemütlich, die Maueröffnungen wurden, da das Glas fehlte, bei niedrigen Temperaturen mit Fellen oder Decken verhängt, und dazu brannte im Kamin ein offenes Feuer und verteilte seinen Qualm im ganzen Raum.

Das Haus eines sehr vermögenden Bürgers von Pompeji hatte eine Grundfläche von etwa 720 m^2, 60 m in der Länge, 12 m in der Breite. Die kleineren Einzelhändler, Handwerker und Arbeiter lebten in bescheideneren Bauten. Immerhin hat aber das zweigeschossige Haus eines Bäkkers in Pompeji eine Fläche von 27 mal 18 m, wobei das Erdgeschoß die Gewerberäume mit den Backöfen und vier Eselmühlen einnimmt. – In Rom wie in anderen großen Städten (vor allem Ostia vermittelt uns davon ein Bild) bezog die Masse der minderbegüterten Menschen Mietshäuser. Die freilich entbehrten allen Komforts, waren dunkel, schlecht belüftet und nicht heizbar, das Leben in ihnen nicht nur unhygienisch – insbesondere mangels sanitärer Einrichtungen –, sondern mitunter auch nicht ungefährlich, weil sie vielfach als Spekulationsobjekte, ohne Rücksicht auf bauliche Sicherheit errichtet worden waren. Augustus begrenzte ihre Höhe auf 21 m, Trajan reduzierte sie nochmals auf 18 m. Trotzdem kam es immer wieder zu Unfällen, von der hohen Brandgefahr zu schweigen. So sehr manche Kaiser auch dem steigenden Mietzins entgegenzuwirken suchten, so hat der Bedarf an Grund und Boden gerade für die Repräsentationsbauten der Kaiserzeit den Preis ständig in die Höhe getrieben.

Mietshäuser

Aus Ton gebrannte Ziegel und Kalkstein waren das gebräuchlichste Baumaterial, und für die Häuser der Wohlhabenden natürlich Marmor. Die einfachen Handwerksgeräte, vom Richtscheit bis zur Mörtelkelle, haben sich bis heute nicht geändert. Wer nun stolz auf einen modernen Turmdrehkran verweist, mag eine Grabplatte aus dem 2. Jahrhundert n. Chr. betrachten, die uns zeigt, daß schwere Lasten auch in Rom mit Flaschenzug und Kran gehoben wurden, freilich durch ein Tretrad bewegt, das von Menschen angetrieben wurde.

Bautechnik

So stehen wir bewundernd vor den Leistungen antiker Technik: Eine erstaunliche Fülle von empirisch gewonnenen handwerklichen Erfahrungen, eine oft bewunderswerte Feinheit handwerklicher Fertigkeiten, die Nutzung mechanischer Prinzipien mittels der Hauptantriebskraft, die man kannte und zu nutzen verstand – die Muskelkraft von Mensch und Tier –, das ist die Grundlage der Technik, der Produktivkräfte des Altertums. Auf dieser Grundlage erhob sich eine Kultur, deren Anteil an der Kultur der gesamten Menschheit unvergleichlich ist. Noch die Erfindungen und Entdeckungen unserer Gegenwart setzen die Leistungen des Altertums voraus. Die Theoretiker und Praktiker, die unser Leben vorbereiteten, waren nun einmal in Athen, Alexandria oder Rom zu Hause. Die Errungenschaften von Römerreich und Griechentum, unbestreitbar eine der Grundlagen des modernen Europa, sind unlöslich verknüpft mit den gesellschaftlichen Verhältnissen, unter denen sie entstanden, grausamste Sklaverei als eine wesentliche Bedingung eingeschlossen.

Die Stadt Rom

Der Sage nach ist der Mons Palatinus das einstige Zentrum Roms. Noch in der Königszeit wuchs die Bevölkerungszahl der Stadt – offenbar auch durch den Zusammenschluß mit Nachbarsiedlungen und, so die römische Überlieferung, gewaltsame Umsiedlungen unterworfener Nachbarn – so rasch, daß die benachbarten Höhen bald einbezogen wurden. Zu Beginn der Republik war Rom bereits die Siebenhügelstadt. Nach Westen bildete allerdings der Tiber ein natürliches Hindernis, so daß sich das Territorium der Gemeinde zunächst vornehmlich nach Norden und Osten ausdehnte.

Die antike Überlieferung schrieb bereits den Königen das Verdienst zu, die bedeutendsten Bauwerke der Stadt Rom angelegt zu haben: den Tempel des Jupiter und das Forum Romanum, die Tempel des Janus und der Vesta, die Curia (Versammlungshaus), die Tiberbrücke, den Carcer publicus (Staatsgefängnis), die Cloaca maxima und den Circus maximus, die Stadtbefestigung und den Hafen von Ostia. Moderne archäologische Forschung hat allerdings die spätere Entstehungszeit all dieser baulichen Anlagen wahrscheinlich gemacht.

Das Rom der Königszeit haben wir uns als sehr bescheiden vorzustellen: auf den Hügeln – abgesehen vom Mons Capitolinus, auf dem sich die Arx (Burg) befand – einzelne Siedlungen dörflichen Charakters, davon mindestens der Mons Palatinus befestigt, die Niederungen zwischen den Hügeln noch wenig genutzt, da sie immer wieder Überschwemmungen durch den Tiber ausgesetzt waren. Anfang des 6. Jh. v. Chr., im Rom der Etruskerkönige, dürfte der Bach, der das Tal zwischen Capitolinus und Palatinus durchfloß, reguliert und als Hauptkanal für die sich anschließenden Dränagearbeiten in den sumpfigen Niederungen verwendet worden sein. Der endgültige Ausbau – gepflasterte Grabensohle, gemauerte Wände und tonnengewölbte Abdeckung – war erst im 2. Jahrhundert v. Chr. abgeschlossen.

Das dadurch gewonnene Land wurde dann bald bebaut mit dem Comitium, dem Versammlungsplatz für den *Populus Romanus,* dem Senatshaus (curia), dem Forum, das sich mit Tempeln, Weihgeschenken, Denkmälern und den Buden (tabernae) der Händler füllte.

Die älteste Stadtbefestigung scheint nicht sehr stark gewesen zu sein – die Überlieferung weiß mehrfach von (meist absichtlich verwischten) Spuren kriegerischer Ereignisse, in deren Verlauf Feinde bis in das Stadtgebiet eindrangen. Der letzte dieser Angriffe, der Einfall der Gallier 387 v. Chr., schon im Lichte der Geschichte, veranlaßte wohl dann den Bau einer neuen Stadtmauer, aus mächtigen, regelmäßigen Tuffsteinquadern ohne Mörtel aufgeschichtet, die später unter dem Namen Servianische Mauer dem vorletzten König zugeschrieben wurde und deren Reste noch heute den Betrachter beeindrucken.

Überall und zu jeder Zeit wurde in Rom gebaut. Nach dem ersten Jahrhundert der Republik erlitt die Stadt allerdings eine Katastrophe riesigen Ausmaßes, die Zerstörung durch den erwähnten Galliereinfall. Um so sichtbarer war der Aufschwung, als die Schäden überwunden waren und durch die italischen Eroberungen der Wohlstand der Bürger wieder zunahm. Besonders nach dem Zweiten Punischen Kriege entfaltete sich eine rege Bautätigkeit. Die Bevölkerung wuchs sprunghaft, vor allem durch die Landflucht verarmter Bauern, so daß der Wohnungsbau zu einem dringlichen Anliegen der städtischen Verwaltung wurde. Auch nach dem Ende des Dritten Punischen Krieges brach der Menschenstrom, der in die Hauptstadt Italiens floß, nicht ab. Die Ansiedlungen, die einst außerhalb der Servianischen Mauer lagen, gehörten nun längst zu Rom, und das alte Befestigungswerk war vom Häusergewirr der Stadt verschlungen.

Da wir nicht das ganze Baugeschehen betrachten können, das den Aufstieg Roms begleitete, schenken wir unsere Aufmerksamkeit nur zwei besonders markanten Formen: den reinen Zweckbauten, vor allem den Wasserleitungen, und den Bauwerken, die zwar auch aus praktischen Bedürfnissen, aber gleichzeitig zum Schmuck der Stadt, vor allem am Forum und auf dem Mons Capitolinus, angelegt wurden.

Wasserleitungen

Beim Bau von Wasserleitungen haben die Römer Vortreffliches geleistet. Die Wasserleitungen zur Zeit der Republik sind freilich noch nicht die prächtigen Aquädukte der Kaiserzeit, wie sie sich z. B. im berühmten Pont du Gard in Südfrankreich und in der Aqua Claudia zeigen. Allein Zweckmäßigkeit bestimmte zunächst die technischen Einrichtungen, mit denen der Stadt Wasser zugeführt wurde. Die Brunnen und Zisternen reichten für die stetig steigende Einwohnerzahl bei weitem nicht aus. 312 v. Chr. richtete derselbe Appius Claudius, der die Via Appia schuf, die erste große Wasserleitung ein. Unter dem Mons Caelius und dem Mons Aventinus ließ er einen Stollen nach Rom führen. In der Stadt wurde das Wasser in hochgelegenen Speichern gesammelt und floß in Röhren aus Blei und Ton in kleinere Behälter, aus denen die zahlreichen städtischen Wasserbassins, die Bäder und die Springbrunnen in den Häusern der Reichen gespeist wurden. Der Aqua Appia folgten zahlreiche andere Leitungen, die den Wasserbedarf der Großstadt sicherten. Zum Vergleich sei erwähnt, daß Leipzig seine erste Wasserleitung im Jahre 1866 erhielt.

Weil das wachsende Rom mehr und mehr aufs rechte Tiberufer übergriff, verlangte auch der Brückenbau immer größere Fertigkeiten. Neben dem hölzernen Pons sublicius, an dem einst Horatius Cocles seine Heldentat vollbracht hatte, überspannte nun der aus Steinen gefügte Pons Aemilius (2. Jahrh. v. Chr.) den Fluß und verband die beiden Teile der Stadt miteinander.

Inzwischen wandelten auch der politische und der sakrale Mittelpunkt der Stadt, das Forum und der Mons Capitolinus, ihr Äußeres.

Forum Romanum

Als 1835 die Ausgrabungen des Forum Romanum begannen, lag über der Oberfläche eine Schuttdecke von 9 Metern, überwuchert von einer üppigen Vegetation. Auf dem Forum Romanum weideten Kühe. Campo vaccino (Rinderfeld) hieß im Anfang des 19. Jahrhunderts der Platz, auf dem einst die Geschicke der Welt bestimmt wurden. Aber auch die inzwischen freigelegten Reste lassen kaum die Herrlichkeit und Pracht ahnen, in der das gesellschaftliche Zentrum Roms einst erstrahlte.

Die Nordgrenze des Geländes bildete die Via Sacra. Nach Nordwesten wurde das Forum durch das Comitium mit der Curia abgeschlossen. Vor der Curia war die Rednerbühne errichtet, Rostra (Schiffsschnäbel) genannt, weil sie gegen Ende des 4. Jahrhunderts v. Chr. nach einem siegreichen Kriegszug mit den Schnäbeln gleichenden Rammspornen eroberter Schiffe geschmückt worden war. Rostra

Zwischen Rostra und dem offenen Platz stand der Janustempel. Im Norden und Süden bildeten Kaufhallen und Tabernen die Grenze des Geländes, und im Südosten schließlich ging es in den Hain der Vesta über, vor dem der Tempel der Göttin und die Regia, die Amtswohnung des Pontifex Maximus, aufragten. Lücken, welche die ursprüngliche Bebauung offengelassen hatte, wurden allmählich von prächtigen Basiliken geschlossen. Innerhalb von 15 Jahren (185–170 v. Chr.) entstanden drei solcher Säulenhallen, die erst dem Handelsverkehr dienten, dann aber, als andere Geschäfte entstanden, Gerichtssitzungen vorbehalten blieben.

Westlich vom Forum, vorbei am Tempel des Saturn (Reste sind noch vorhanden), in dem der Staatsschatz (aerarium) bewacht wurde, und am Tabularium, dem Verwahrungsort des Archivs (auf seinem Erdgeschoß steht heute der Senatorenpalast), gelangte man auf einem Fahrweg, dem Clivus Capitolinus, hinauf zur Höhe. Eigentlich sind es zwei Höhen, die ein flacher Sattel voneinander trennt. Die nördliche Spitze, die Arx, trug den Tempel der Juno Moneta. Auf der südlichen Kuppe stand das Capitolium, das Heiligtum der Götterdreiheit Jupiter, Juno, Minerva. Im Innern boten sich dem Betrachter drei Cellae (Räume). In der mittleren thronte Jupiter, ihm zur Rechten wohnte Minerva, zur Linken Juno. Dieser erste Jupitertempel, von etruskischen Bauleuten errichtet und ausgeschmückt, wurde nach langer Bauzeit 509 v. Chr. geweiht.

Capitolium

Alle Pracht des republikanischen Forums wurde überboten, als fast jeder Kaiser den Ehrgeiz hatte, seinen Namen durch herrliche Bauwerke unvergänglich zu machen. Darin ging Augustus seinen Nachfolgern mit bestem Beispiel voran. Nach dem Zeugnis des Biographen Sueton wollte er „eine Marmorstadt hinterlassen, wo er eine Stadt aus Ziegeln vorgefunden hatte".

Forum Augusti

Eines der ersten Vorhaben des Augustus war die Neugestaltung des Forum Romanum. Die alten Tempel und Basiliken wurden renoviert, war doch während der Bürgerkriege zu ihrer Erhaltung nur wenig getan worden. An der Stelle, an der die Römer einst Caesars Leichnam den Flammen übergeben hatten, ließ Augustus einen Tempel des Divus Julius, des göttlichen Caesar, errichten. Nördlich vom Forum Romanum hatte C. Julius Caesar ein neues Forum begonnen, das Augustus nun vollenden ließ. Nach Nordosten schloß er sein Forum Augusti an, das mit einem Tempel des Mars dekoriert wurde. Mars erhielt hier das Cognomen Ultor – der Rächer. Augustus hatte die Errichtung des Tempels 42 v. Chr. während der Schlacht bei Philippi gelobt: Die Rache an den Cäsarmördern und damit die Erinnerung an die Bürgerkriege wurde mit dieser sehr späten Tempelweihung nachdrücklich verdrängt, denn Augustus ließ in den neuen Tempel die von den Parthern wiedergewonnenen Feldzeichen des Crassus überführen.

Theater

Auch sein zweites Theater verdankte Rom dem ersten Princeps. Obwohl die Stadt nach dem ersten Punischen Kriege dramatische Spiele nach griechischem Vorbild kennengelernt hatte, wurde erst von Pompeius am Südrand des Marsfeldes ein Theater aus Stein errichtet. Ihm fügte Augustus das Theatrum Marcelli zu, das mehr als 10 000 Zuschauern Platz bot.

Der erste Kaiser Roms begann auch den Ausbau des Mons Palatinus zur prunkvollen Residenz. Er ließ die Domus Augustana, ferner den berühmten Apollotempel mit zahlreichen Kunstwerken und zwei Bibliotheken errichten.

Von den Nachfolgern des Augustus sorgten besonders Nero, die Dynastie der Flavier, Diokletian und Konstantin für die Verschönerung der Stadt. Auf Befehl Neros wurde nach dem großen Brande des Jahres 64 n. Chr. am Palatinischen Berge die Domus Aurea, das Goldene Haus, ge-

Messingsesterz des Domitian (81–96) anläßlich der Einweihung des Amphitheatrum Flavianum (Colosseum)

baut. Von diesem Palaste wissen wir nur wenig. Offenbar waren Verschwendung und Prunksucht, die der Kaiser damit bekundet hatte, seinen Nachfolgern zu viel, so daß sie das Bauwerk abreißen ließen.

Flavisches Amphitheater

Auf den Fundamenten begann Vespasian die Anlage des Flavischen Amphitheaters, des sogenannten Colosseums. Im Gegensatz zu griechischen Theaterbauten hat das Colosseum eine elliptische Grundfläche, die etwa mit der moderner Sportstadien vergleichbar ist. Die Umfassungsmauern, im Kern aus Ziegeln und Travertin, an den Außenwänden einst mit Marmor verkleidet, erreichen die stattliche Höhe von 43 Metern. Der ovale Kampfplatz maß 79 m in der Länge und 46 m in der Breite, dem entsprachen Umfassungsmauern von 188 bzw. 156 m. Die Fassade des Baus erfreut durch variationsreiche Gliederung: Stattliche Bögen wechseln mit Halbsäulen, die im untersten Stockwerk im dorischen Stil gehalten sind, in den beiden darüber liegenden Geschossen der ionischen und korinthischen Ordnung folgen. Die oberste Ebene hat an Stelle von Bögen rechteckige Fenster und war durch Steinkonsolen und Pilaster mit korinthischen Kapitellen aufgelockert. Auf den konzentrisch ansteigenden Sitzreihen fanden 45 000 Menschen Platz; zusätzlich konnten auf der oberen offenen Galerie noch etwa 5 000 Personen stehen.

Durch 80 Eingänge gelangten die Zuschauer über ein System von Treppen und Korridoren zu ihren Plätzen. Vor allzu großer Hitze schützten Sonnensegel *(vela),* die mit Hilfe eines raffiniert ausgeklügelten Mechanismus von Seilen, Flaschenzügen und Winden bis zum obersten Rang (summa cavea) aufgezogen, über dem Oval durch Mastbäume gehalten und außen zu ebener Erde mittels der Seile an 160 großen Steinblöcken befestigt wurden. Unter der Arena (das ist eigentlich der Sand, der über die Holzbeplankung gestreut war) befanden sich Kellerräume, Aufenthalts- und Trainingsstätten der Gladiatoren und Käfige für die wilden Tiere, die von dort, z. T. durch Aufzüge, zu den blutigen Schaustellungen auf den Kampfplatz entlassen wurden.

Eingeweiht wurde dieses gewaltige Bauwerk im Jahre 80 n. Chr. von Vespasians Nachfolger Titus. An ihn erinnert auch der ein Jahr später errichtete Titusbogen, den man durchschreitet, wenn man sich vom Forum Romanum ostwärts zum Colosseum begibt. Der reiche Reliefschmuck des Ehrenmals preist die Erfolge des Kaisers im Jüdischen Krieg. Vespasian, der Sieger im blutigen Vierkaiserjahr 68/69, legte auch ein eigenes Forum an, auf dem er einen Friedenstempel, Templum Pacis, errichten ließ.

Thermen

Nero und Titus vermehrten die Zahl der in Rom vorhandenen Thermen um neue öffentliche Bäder. Das bemerkenswerte Reinlichkeitsbedürfnis der Römer wurde hier zum Luxus. Riesige Anlagen, mit verschwenderischer Pracht ausgestattet, luden nicht nur zum Bade ein, sondern kamen auch dem Kunstsinn und dem geistigen Bedürfnis der Besucher weitgehend entgegen. In den Thermen gab es nicht nur Schwimmbassins, sondern weiträumige, schattige Säulenpromenaden, Plätze für Gymnastik und Ballspiel. Die eigentlichen Bäder waren in Abteilungen für Männer und Frauen gegliedert. Der Benutzer konnte zwischen einem heißen, einem mäßig warmen oder einem kalten Bade wählen und anschließend einen Masseur aufsuchen. Kleinere Räume, in denen man nach dem Bade in Ruhe ein anregendes Gespräch führen konnte, luden zum Verweilen ein. Reiche Mosaikarbeiten und wertvolle Plastiken lieferten einen geschmackvollen Rahmen. Bibliotheken, Säle für Vorträge und Dichterlesungen, Büfetts, Läden – an jeden Wunsch des Gastes war gedacht. Überboten wurde dieser Aufwand später noch durch die von Trajan, Caracalla und Diokletian angelegten Bäder. Die Caracallathermen hatten eine Gesamtfläche von über 10 ha.

Als Trajan sein Forum vollendet hatte – er schloß es dem Forum Augusti nach Nordwesten an –, reihte sich vom Palatium bis zum Marsfeld ein herrliches Baudenkmal an das andere: Rom war die von Augustus ersehnte Marmorstadt.

Doch selbst Marmor überdauerte nicht die Zeiten. Im Mittelalter betrachteten die Angehörigen des Adels das Colosseum und andere Großbauten als Steinbrüche für ihre Paläste. Bei den meisten Bauten künden heute nur noch Trümmer von vergangener Größe, oder sie mußten ganz dem Rom unserer Tage weichen. Vom Trajansforum aus wollen wir uns deshalb noch einmal weiter nach Nordwesten wenden, denn dort treffen wir auf zwei Denkmäler der antiken Stadt, die fast völlig erhalten sind.

Die Begrenzung des Forum Trajani bildete die fünfschiffige Basilica Ulpia. An sie erinnern nur noch Säulenreste. Hinter ihr ragt jedoch noch heute die 38 m hohe Trajansäule empor und zeigt auf ihrem Reliefband in 164 Einzelszenen die Geschichte der Dakerkriege. Einst war sie gekrönt vom Standbild des Kaisers. Seine Stelle nimmt seit dem 16. Jahrhundert auf Veranlassung von Papst Sixtus V. die Statue des Apostels Petrus ein.

Weiter im Nordwesten finden wir im Häusermeer der modernen Großstadt einen Rundbau, über den sich eine gewaltige Kuppel wölbt. Durchschreiten wir die von 16 Granitsäulen gebildete Vorhalle, die von einem Dach mit Dreieckgiebel gekrönt ist, so gelangen wir durch eine Bronzetür in einen riesigen Raum. Nicht weniger als 43,20 m mißt der Durchmesser des Runds. Die Kuppel (übrigens die größte des Altertums) hat in ihrem Scheitel genau die gleiche Höhe. Pantheon

Dadurch erreichten die Architekten eine ungewöhnliche Raumwirkung. Das Licht fällt von oben her ein durch das „Auge", eine Öffnung von 9 m Durchmesser im höchsten Punkt der Wölbung. Ein Bronzering fängt den Druck der Steine auf. Sieben Nischen, die im Wechsel halbrund und viereckig gestaltet sind, gliedern zu ebener Erde die Innenwand des Zylinders. Das ansteigende Kuppeldach ist mit fünf Reihen Kassetten geschmückt. Der Betrachter empfindet die großartige Weite der Kuppel notwendig als die künstlerische Gestaltung des Himmelsgewölbes. Unter diesem Himmel fanden *alle Götter* ihre Heimstatt. Wenn die Nischen auch nur sieben Statuen aufnehmen konnten (unter ihnen natürlich Jupiter und Mars, aber auch Venus als Stammutter der Römer und des göttlichen Caesar), so war der Tempel doch allen Göttern geweiht und trug deshalb den Namen Pantheon. Errichtet wurde das Bauwerk – ein Vorgängerbau, auf Geheiß des Agrippa 27 v. Chr. geschaffen, war 110 durch Blitzschlag zerstört worden – in den Jahren 120/125 n. Chr. Seine Kuppel wurde zum Vorbild der Hagia Sophia in Konstantinopel, der Peterskirche in Rom und nicht zuletzt der St. Hedwigskathedrale in Berlin.

Unsere kurze Wanderung durch Rom konnte nicht den ganzen materiellen und künstlerischen Reichtum sichtbar machen, der das Gesicht der Stadt prägte. Sie sollte drei Dinge zeigen: wie die Stadt aus einfachsten Anfängen zum glanzvollen Mittelpunkt des Imperiums wuchs, welche hohen Ansprüche ihre Bürger an das Leben stellten und wie Schönheit und Zweckmäßigkeit ihrer Anlagen zu einer Einheit verbunden waren, die trotz allen technischen Fortschritts in der Gegenwart nur selten erreicht wird.

Architektur und Plastik

Die Kapitel „Produktion und Technik" und „Die Stadt Rom" mußten der Baukunst bereits viel Raum widmen. Auf den Spuren der Römer in Nordafrika und Europa werden wir weitere Denkmäler finden. Hier sind deshalb nur einige Grundsätze über die kunstgeschichtliche Stellung der römischen Architektur zu vermerken.

Der Charakter der römischen Architektur ist uneinheitlicher und vielschichtiger als der anderer Kulturen des Altertums. Der Verlauf der römischen Geschichte bedingte den Zusammenfluß vieler verschiedenartiger Elemente in der Kunst. Uritalisches Gut und etruskisches Wesen, das seinerseits orientalisch und griechisch beeinflußt war, schließlich griechische Eigenart selbst, überlagerten und verbanden sich in Rom. Daraus entwickelten die Römer etwas Eigenständiges, Typisches, das den Namen *Römische* Architektur durchaus verdient.

Als Rom mit der griechischen Baukunst bekannt wurde, war das selbständige altitalische Element bei weitem noch nicht so weit gereift und ausgeformt, daß es dem fremden, durch Schönheit und Zweckmäßigkeit bezwingenden Einfluß hätte standhalten können. Deshalb erhielt es sich, dort allerdings sehr charakteristisch, vornehmlich nur im Wohnhaus, dem Atrium, bis es sich auch da im 2. Jahrhundert v. Chr. mit dem griechischen Peristyl verband.

In den großen öffentlichen Bauten ist von italischem Gut wenig zu erkennen. Die ersten Tempel der Stadt, bis weit hinein in die Zeit der Republik, sind Werke etruskischer Baumeister. Im Gegensatz zum griechischen Tempel ruhen sie auf einem hohen, durch eine Treppe zugänglichen Podium und wenden dem Betrachter die architektonisch betonte Frontseite zu. Etrusker und vor allem Griechen lieferten auch die Säule, die dem römischen Baustil lange Zeit das Gepräge gab. Aber in den Zweckbauten, vor allem während der Kaiserzeit, tritt ein neues Element hinzu, das der römischen Baukunst eine eigene Note gibt – nämlich der Bogen. Mit der Bevorzugung des Bogens, der auf Pfeilern ruht, verliert die Säule ihre tragende Funktion und dient häufig allein dem repräsentativen Schmuck.

Die Wasserleitungen, wie die Aqua Claudia und der Pont du Gard, bedienen sich ganz und gar dieser neuen Technik. Aber bei aller Zweckbestimmtheit und Sachlichkeit hat der Bogen auch eine ästhetische Bedeutung: er erhöht, vor allem in den Basiliken, die Weite des Raumes. Wo die Säule und andere klassische griechische Elemente noch verwandt werden, dienen sie vornehmlich der Dekoration. Das wird beson-
Colosseum ders deutlich bei mehrgeschossigen Gebäuden, z. B. beim Flavischen

Denar; Vs. Kopf des Kaisers Augustus (CAESAR AVGVSTVS); Rs. Jupitertempel, IOVI O(ptimo) M(aximo)

Amphitheater. Jedes der drei unteren Stockwerke wird von „Bogenfenstern“ beherrscht. Aber in horizontaler wie in vertikaler Richtung wird die Fassade durch griechische Bau- und Schmuckelemente gegliedert und aufgelockert. In der Waagerechten trennt ein Sims ein Stockwerk vom anderen und täuscht vor, daß die Stützpfeiler der Bogen von einem Architrav getragen werden. Senkrecht ist jedem Pfeiler eine Säule vorgelagert und läßt die Bogen zurücktreten. Sims und Säulen nehmen der Fassade die starre Ebenheit der Fläche, lassen sie plastisch und lebendig werden.

Romanik und Renaissance

Pfeiler, Bogen, Rundgewölbe, kubische, zylindrische und andere geometrische Formen der frühmittelalterlichen Baukunst haben ihr im 19. Jahrhundert die Bezeichnung „Romanik, romanischer Stil“ eingebracht. Viel näher in ästhetischer Hinsicht steht jedoch dem römischen Vorbild die Baukunst der Renaissance, vor allem Italiens, die nicht nur Form- und Schmuckelemente, sondern auch architektonische Grundgedanken der Römer aufnahm: die Betonung der klaren Gliederung des Baukörpers in der Vertikalen und in der Horizontalen, in der Außengestalt des Baukörpers wie in der Binnenform des Raumes, der Symmetrie, der Axialität der Bauensembles, der harmonischen Fassadenwirkung.

Plastik

Etruskische und griechische Einflüsse wirkten auch entscheidend auf die Entwicklung der römischen Plastik.

Die Bildhauer der Griechen verherrlichten in ihren Statuen, mochten sie einen Gott oder einen Sterblichen darstellen, die Schönheit des menschlichen Körpers. Bis weit hinein in die Zeit der griechischen Klassik, die ihren Höhepunkt in der 2. Hälfte des 5. Jahrhunderts v. Chr. erreicht, entsteht in Griechenland keine Skulptur, die in naturalistischer Offenheit auch die häßlichen Züge des Menschen nachbildet. Wie der Dichter weist auch der Bildhauer seinen Zeitgenossen ein Ideal, dem nahezukommen höchstes Ziel des Lebens ist. In Rom gewinnt die Bildhauerkunst erst im 2. Jahrhundert v. Chr. allmählich an Bedeutung. In jenen Jahrzehnten war den Römern die griechische Kunst schon wohlbekannt. Um so merkwürdiger mag es scheinen, daß die römischen Künstler dem Idealbild aus Hellas nicht folgen. Sie entwickeln vielmehr eine ausgeprägte Porträtplastik, eine Form, die wie eine Photographie das lebende Modell möglichst echt abzubilden versucht, ohne das Häßliche zu retuschieren.

Porträtplastik

Die Porträtplastik hat zwei historische Quellen. Bis in die Kaiserzeit hinein hat bei den Römern der Ahnenkult eine überragende Rolle gespielt. Als Hausgötter (Laren) wurden seit alter Zeit die Verstorbenen in Wachs porträtiert und im Familienheiligtum aufbewahrt, bei Leichenzügen sogar mitgeführt. Das war ein italischer Brauch, der die vornehmen römischen Geschlechter in die Lage versetzte, ihre Ahnenreihe bis in die früheste Zeit der Stadt zurückzuverfolgen. Das prächtigste Beispiel dafür vollbrachte die Gens Julia, der Caesar angehörte: sie vermochte ihren Stammbaum – freilich mit einiger Nachhilfe – über Romulus bis zu Venus zu vervollständigen! Dahinter verbarg sich mehr als Familiensinn und Aberglauben. Die Ahnenverehrung förderte das historische und nationale Empfinden und erwies sich damit als anregend für die Entwicklung römischen Staatsdenkens. Die Fähigkeit, menschliche Köpfe in Bronze zu gießen oder aus Stein zu hauen, wurde für politische Absichten nutzbar gemacht.

Eine zweite Wurzel der Porträtplastik mag die etruskische Kunst gewesen sein. Schon im 5. Jahrhundert v. Chr. schufen die Etrusker Reliefs und vollplastische Darstellungen von Menschen, die zweifellos die individuellen Züge des Modells tragen.

Bei den Römern nun wurde diese Form der Bildhauerkunst zur beherrschenden Gattung der Plastik, so sehr, daß über dem Interesse am Porträt der Körper oft vernachlässigt wurde. Büste oder Kopf sind häufig einem beliebigen Körper aufsetzbar, aber dafür ist eben dieser Kopf ganz und gar Abbild des Charakters, Darstellung des Individuums. Römische Porträtplastik ist daher für uns von höchstem Wert, nicht nur, weil sie das Antlitz vieler bedeutender Persönlichkeiten erhalten hat, sondern auch den namenlosen Bürger vorstellt, der uns die Energie, die Strenge und die Entschlossenheit des Römervolkes ahnen läßt. Selbst wenn man die Leistungen dieser Menschen nicht kennt, sieht man ihnen an, daß sie hart arbeiten, erbittert kämpfen und unnachgiebig herrschen konnten. Schon das Gesicht des Knaben spricht die gleiche ernste Sprache wie das des reifen Mannes, ohne etwas vom Reiz der Jugend einzubüßen. Um wieviel mehr noch reden Caesars Züge von kluger Voraussicht und der Unerbittlichkeit seiner Entschlüsse! Wie lebhaft und zwingend schaut uns Cicero an, als ließe er, mitten in der Rede, den einen Gedanken verklingen, um zum nächsten anzuheben! Und selbst das erschlaffte, nicht sehr schöne Antlitz des Pompeius verrät die Schläue und Berechnung, die sein politisches Streben leiten. Wenn ein Jahrhundert später Nero über uns hinwegsieht, kann er trotz des Anscheins der Entschlossenheit nicht verbergen, wie bedenkenlos und gleichgültig er ist, wie er nur seinen Begierden und seinem Ich lebt. Endlos wäre die Reihe fortzusetzen: jeder Kopf das Abbild eines Charakters, die Stein gewordene Summe des Wesens!

Etwa seit der Zeitenwende gewinnt griechische Gestaltung wieder stärkeren Einfluß auf die römische Plastik. Die berühmte Marmorstatue des Augustus von Primaporta erhielt ihren Körper nach einem Werk des klassischen griechischen Bronzegießers Polyklet, dem sogenannten Doryphoros (Speerträger). Das Streben nach Repräsentation (wir erleben es zur gleichen Zeit in den Prachtbauten) bestimmt auch hier die Wahl. Wohl lebt das Antlitz des Kaisers und kündet von seiner menschlichen Reife, betont zugleich die edle Gesinnung und seinen entschiedenen Willen. Der Körper dagegen verrät nichts von individuellem, persönli-

Augustus von Primaporta

chem Ausdruck. Auch die deklamatorische Gebärde der rechten Hand vermag das nicht zu ändern. Indes betont das Standbild durch mancherlei andere, gewissermaßen verschlüsselte Details die Vielfalt beabsichtigter Wirkungen. Die Barfüßigkeit verweist auf Heldisches – galt doch der Speerträger auch als Darstellung des Heros Achilleus. Der reiche Schmuck des Harnischs rückt symbolhaft einen der großen und groß gefeierten Erfolge augusteischer Politik ins Blickfeld, die Rückgabe der römischen Feldzeichen durch die Parther (20 v. Chr.), die Crassus im Jahre 53 v. Chr. eingebüßt hatte. Auch der kleine Amor zu Füßen des Herrschers hat seine Bedeutung: Als Sohn der Venus stellt er die Verbindung zur Stammutter des Geschlechts der Iulier her, dem Oktavian, da er durch Cäsar adoptiert worden war, gleichfalls angehörte. Schließlich wird die Verbindung der Gens Iulia zum legendären troischen Ursprung angedeutet, da Amor auf einem Delphin reitet, der als ikonographisches Kürzel für das Meer anzusehen ist.

Reliefkunst

Neben der Plastik erwarben sich römische Bildhauer große Verdienste in der Reliefkunst. Auf Sarkophagen begegnen uns Reliefs schon in der Zeit der Republik. Ihre Blüte erlangt diese Technik unter den Kaisern. Auch darin machte die Ära des ersten Princeps den großartigen Anfang mit der Ara Pacis Augustae, dem Altar des Augusteischen Friedens.

Die Anlage hat eine quadratische Grundfläche von 11,5 m Seitenlänge. Die Außenwände tragen über einem Rankenornament Figurenfriese, auf denen die feierliche Opferprozession der Kaiserfamilie mit Beamten, Priestern und Senatoren dargestellt ist. Andere Reliefplatten zeigen das Opfer des Aeneas, Romulus und Remus mit der Wölfin, die Stadtgöttin Roma, die Göttin Tellus, umgeben von einer üppig blühenden Naturszene – insgesamt gleichsam Hinweistafeln auf die Kontinuität der römischen Geschichte, auf die ältesten Überlieferungen, auf die Erfüllung der historischen Sendung Roms durch die Herrschaft des Augustus.

Die prächtigste Leistung der römischen Reliefkunst sind die Bänder auf den großen Ehrensäulen, die zum Andenken an die Taten des Trajan und des Marc Aurel errichtet wurden. Die Bilder der Trajanssäule erinnern an die Feldzüge, die der Kaiser gegen die Daker unternahm, die Marc-Aurel-Säule berichtet vom Kriege gegen die Markomannen. Auch hier kann man einen für römische Kunst charakteristischen Zug feststellen: Die anscheinend nur dem historischen Tatsachenbericht verpflichteten Reliefs gehen darüber hinaus und betonen programmatisch die Vorzüge und Tugenden des Kaisers, das Wirken der Götter, die Größe und Überlegenheit Roms.

Wissenschaft

Schule und Erziehung

AABCDEF ... das ist der Anfang einer Inschrift an einer Hauswand Pompejis. Eine geheimnisvolle Formel? – Gewiß nicht! Der Schreiber war offenbar ein pompejanischer Junge, der sich nur wenig von seinen Altersgenossen unserer Zeit unterschied: als er von der Schule nach Hause bummelte, erprobte er, wenn auch mit ungelenker Hand, so doch mit einigem Stolz, seine Schreibkunst und die Kenntnis des Alphabets.

Die Menge der pompejanischen Inschriften – von denen nur einige Kritzeleien von Kinderhand sind – ist außerordentlich groß. Auch an anderen Orten würden uns die Mauern, hätten sie die Zeit überdauert, sicher nicht wenig vom Leben der Menschen erzählen. Diese Fülle verschiedenartiger Notizen ist bemerkenswert – nicht, weil schon damals Narrenhände Wände beschmierten, sondern weil so viele Schreiber augenscheinlich damit rechneten, auch ein lesekundiges Publikum zu finden.

Obwohl das Bildungswesen bei weitem nicht so straff organisiert war wie in einem modernen Staate, läßt sich auch schon in Rom eine Dreiteilung des Unterrichts beobachten, die etwa mit den Begriffen Grund-, Mittel- und Hochschule gekennzeichnet werden könnte.

Die erste Erziehung genoß das Kind im Hause der Eltern unter der Fürsorge der Mutter. Ein Junge wurde auch oft vom Vater in den Anfangsgründen der Schreib- und Rechenkunst unterrichtet. Die vornehmen Bürger verfügten weiterhin über besondere Sklaven (Paidagogoi, von griech. *pais – Kind* und *ago – führe*) zur Wartung und Bedienung, aber auch zur Unterweisung der Kinder. Die Söhne der Reichen hatten meist einen gebildeten griechischen Sklaven als Hauslehrer. Für andere begann etwa mit dem 7. Lebensjahr der Weg zur Schule.

„Grundschule"

Die Schule war ein privates Unternehmen. Das Gebäude war einfach und dürftig ausgestattet und lag meist an einem zentralen Platze. Lesen, Schreiben und Rechnen bildeten die Fächer des Elementarunterrichts. Für die Jüngsten bestand das Schreibmaterial aus einem metallenen Griffel und einer Holztafel, die mit einer Wachsschicht überzogen war. Mit der Spitze des Griffels ritzten die Kinder die Zeichen in das Wachs. Mit dem flachen Ende des Stabes (oder – sicher nicht selten – mit dem Finger) konnten sie die Buchstaben wieder löschen und die Tafel zu neuem Gebrauche vorbereiten. Waren die Schreibkenntnisse schon sicherer, so durfte der Schüler auch ein Papyrusblatt, Tinte und ein Schreibrohr aus Schilf oder anderem Material verwenden.

Das Rechnen wird den Schulanfängern mehr Kummer bereitet haben. Bei leichteren Aufgaben halfen die Finger. Schwierigere Rechnungen konnten mit einem einfachen Rechengerät, dem sogenannten Abacus, bewältigt werden.

Daneben vermittelte die „Grundschule" einige Kenntnisse in Geschichte und Mythologie und ließ auch die Leibesübungen nicht zu kurz kommen.

Grammatik-schule

Wer mehr als Lesen, Schreiben und die vier Grundrechenarten lernen wollte, mußte etwa vom 12. Lebensjahr an in eine der Grammatikschulen gehen, die allerdings erst seit der Mitte des 2. Jahrhunderts v. Chr. üblich wurden. Unter Grammatik verstanden die Römer nicht allein Sprachlehre in dem uns geläufigen Sinne, Grammatikunterricht war für sie vielmehr ein umfassender Sprach- und Literaturunterricht. Behandelt wurden alle bedeutenden Schriftsteller, besonders auch die griechischen, und diese freilich in der Originalsprache. Damit kommt den Römern das Verdienst zu, als erstes Volk der Welt einen eigentlichen Fremdsprachenunterricht getrieben zu haben. Rechtschreibunterricht und formale Sprachlehre waren in die Schriftstellerlektüre eingeschlossen, denn selbstverständlich strebte man nach einer einwandfreien Beherrschung der sprachlichen Regeln.

Trotzdem verrät manche Inschrift, daß auch die Römer Schwierigkeiten mit der Grammatik des Lateinischen hatten. Ein reizendes Beispiel (ausgerechnet von einem Lehrer oder Lehrmeister oder doch wenigstens in seinem Namen geschrieben) findet sich wiederum in Pompeji:

C. CUSPIUM PANSAM AED......SATURNINUS CUM
DISCENTES ROGAT

Wollen wir den Fehler im Deutschen nachmachen, so wäre etwa zu übersetzen:

Den C. Cuspius Pansa macht zum Aedilen! Darum bittet Saturninus mit seine Schüler.

Die Grammatikschulen kannten neben dem Sprach- und Literaturunterricht Unterweisungen in Geschichte, Philosophie, Astronomie und Musik. Dazu kam ein intensiver Sportunterricht mit Leichtathletik, Ringen, Boxen und Diskus- und Speerwurf.

Rhetoren-schulen

Als höchstes Ziel der Bildung galt der erfolgreiche Besuch einer Rhetorenschule, brauchte der Römer doch die Redekunst, wenn er eine politische Karriere einschlagen wollte. Zwar lernten die Römer die Rhetorik als wissenschaftliche Disziplin erst im 2. Jahrhundert v. Chr. kennen, erkannten jedoch bald ihren Wert und vertrauten sich dem Unterricht griechischer Rhetoren an, die sich in Rom niederließen. Wenn der Geldbeutel der Eltern es zuließ, begab sich der junge Römer auch in eine der berühmten Rhetorenschulen nach Athen, Rhodos oder Ephesos und genoß dort eine kostspielige Ausbildung, die durchaus nicht auf die Redekunst beschränkt war, sondern ein universelles wissenschaftliches Studium einschloß. Wer nämlich mit einer Rede vor die Öffentlichkeit treten wollte, konnte nicht allein dadurch gefallen, daß er treffende Wörter zu finden und kunstvolle Sätze zu bauen verstand. Er mußte vielmehr beweisen, daß er belesen war und sich in allen Wissenschaften auskannte.

Recht und Gesetz

Um die Eigentumsverhältnisse und die daraus entstehenden sozialen Beziehungen zwischen den Menschen zu regeln, setzt ein Staat bestimmte Verhaltensnormen (Gesetze) fest. Die Gesamtheit dieser Normen bezeichnet man vielfach als Recht.

In der Entwicklung des Rechts vollbrachten die Römer ihre eigenständigste Leistung. Zwar konnten sie sich auch auf diesem Gebiet an Vorbildern orientieren, so z. B. an den Gesetzen, die Solon um 600 v. Chr. für Athen aufgestellt hatte, doch ist die z. T. bis in unsere Tage gültige Systematisierung des Rechts ebenso wie die Ausbildung der Rechtswissenschaft das alleinige Verdienst der römischen Juristen.

Schon unter gentilgemeinschaftlichen Bedingungen hatte sich ein Gewohnheitsrecht ausgebildet, das zunächst keiner schriftlichen Aufzeichnung bedurfte. Die fortschreitende Differenzierung der sozialen Beziehungen verlangte jedoch schon in der Frühzeit des Staates eine allgemein gültige Festlegung der Verhaltensnormen mit einer Strafandrohung für denjenigen, der diese Normen verletzte. Eine solche Fixierung des Rechts erzwangen die minderberechtigten Schichten im Kampf um politischen Einfluß, um die Willkür der Mächtigeren einzuschränken.

Zwölftafelgesetze

Die erste Aufzeichnung römischen Rechts sind die berühmten Zwölftafelgesetze.

Die Überlieferung verbindet dieses Ereignis mit Auseinandersetzungen zwischen Patriziern und Plebejern. Im Jahre 451 v. Chr. wurden weder Konsuln noch Tribunen gewählt. An ihrer Stelle erhielt eine aus zehn Männern bestehende Kommission (Decemviri legibus scribendis) den Auftrag, Gesetze aufzustellen. Da die Arbeit innerhalb eines Jahres nicht abgeschlossen war, wurde für das folgende Jahr eine zweite Kommission eingesetzt, die das Werk vollenden sollte. Diese Gruppe wollte ihre Vollmachten nicht mehr abtreten und strebte nach der Gewaltherrschaft. Als der Dezemvir Appius Claudius einem plebejischen Mädchen namens Verginia Gewalt antun wollte, konnte der Vater seine Tochter nur dadurch vor der Schande retten, daß er sie erstach (Lessing verwendet dieses Motiv in seinem Trauerspiel „Emilia Galotti"). Nach der Überlieferung folgte dieser Tat eine zweite Auswanderung der Plebejer zum Heiligen Berge. Nur neue Zugeständnisse konnten sie zur Rückkehr bewegen. Neben anderem verlangten die Plebejer von den Patriziern die Anerkennung der von den Dezemvirn ausgearbeiteten Gesetze.

Der Name dieser Gesetze geht auf die Form ihrer Veröffentlichung zurück: ihr Text wurde auf zwölf Bronzetafeln am Forum Romanum aufgestellt. Obwohl jene Tafeln verloren sind, können wir aus späteren Quellen ein ungefähres Bild von ihrem Inhalt gewinnen, waren diese Gesetze doch für lange Zeit die Grundlage des römischen Rechts, so daß sie oft zitiert wurden.

Die Zwölf Tafeln bestätigen für das 5. Jahrhundert v. Chr. die Existenz des individuellen Eigentums, denn sie enthalten Bestimmungen über Verkauf und Erwerb von Gegenständen sowie sehr harte Strafandrohungen (selbst die Todesstrafe) für Eigentumsdelikte. Weiterhin regelten sie u. a. Erbschaftsangelegenheiten, Fragen des Familienrechts und das Schuldrecht. Zwar ließen sie das Nexum (die Schuldknechtschaft, nach der ein zahlungsunfähiger Schuldner Eigentum des Gläubigers und damit faktisch Sklave wurde) bestehen, doch geboten sie dem Wucher Einhalt, indem sie den Zinsfuß für einen übernommenen Kredit auf jährlich $8^1/_3$ % begrenzten.

Die grundsätzlichen Festlegungen der Zwölftafelgesetze waren nach Livius „fons omnis publici privatique iuris – Quelle des gesamten allgemeinen und privaten Rechts". Freilich konnten sie für die Dauer nur einen Rahmen bieten, dem sich die Gesetzgebung unter fortschreitenden ökonomischen und sozialen Bedingungen weitgehend einfügen sollte. Keinesfalls machten die Zwölf Tafeln die in den Komitien beschlossenen Leges überflüssig, die für zahlreiche spezielle Rechtsfragen erlassen wurden. Leges

Gesetze wurden meist nach dem Namen der Antragsteller (höhere Magistrate oder Tribunen) benannt, so z. B. Leges Liciniae Sextiae – Gesetze der Volkstribunen Licinius und Sextius. Der Gesetzesvorschlag mußte öffentlich aufgestellt werden, danach folgte in den Volksversammlungen (seit Servius Tullius in den Zenturiatkomitien, später auch in den Tributkomitien) die Beratung und schließlich die Abstimmung.

Prozeß
Die Prozeßordnung war streng geregelt. Dabei ist bemerkenswert, daß es im Kriminalprozeß keinen Staatsanwalt gab, also keinen Ankläger, der als Vertreter des Staates für die Bestrafung des Gesetzesbrechers sorgte. Ein Verfahren konnte grundsätzlich nur auf eine Klage hin eröffnet werden. Jeder freie ehrbare Bürger (Frauen und Unmündige ausgenommen) hatte das Recht, als Kläger aufzutreten. Der Kläger beantragte beim Prätor die Erlaubnis, eine bestimmte Person wegen eines be-

stimmten Verbrechens zu belangen. Gab der Prätor diesem Antrag statt, so wurde unter Einhaltung verschiedener Vorschriften das Verfahren eröffnet und durchgeführt. Die Prätoren bestellten die Richter – keine berufsmäßigen Juristen, sondern rechtskundige Bürger, ursprünglich aussschließlich Senatoren – und achteten selbst auf korrekte Prozeßführung.

Edikte

Bereits bei seinem Amtsantritt hatte der Prätor in einem „Edictum" die Grundsätze seiner Rechtsprechung bekanntgegeben. Das Edikt durfte keinesfalls den allgemein gültigen Gesetzen zuwiderlaufen, vielmehr präzisierte und erweiterte es das bestehende Recht für solche Fälle, in denen die Praxis die bestehenden Gesetze als unzureichend erwiesen hatte. Anfänglich galten diese Edikte formell nur für das Amtsjahr das Prätors. Da jedoch jedes folgende Edikt die Erfahrungen des früheren einschloß, brachten gerade diese Verlautbarungen eine ständige Weiterentwicklung des römischen Rechts und der gerichtlichen Verfahrensordnung. Schließlich ließ Kaiser Hadrian ein „Edictum perpetuum", ein „ständiges" Edikt, auf der Grundlage der prätorialen Erklärungen herausgeben.

Rechtswissenschaftliche Literatur

Das Edictum perpetuum Hadrians steht inmitten einer langen Reihe von Arbeiten über die Rechtswissenschaft und -praxis. Bereits zu Beginn des 1. Jahrhunderts v. Chr. hatte der Konsul Q. Mucius Scaevola die erste wissenschaftliche Schrift über das Zivilrecht verfaßt. Im 1. Jahrhundert der Kaiserzeit nahm die Literatur über Rechtsfragen rasch zu: Über ihren Inhalt haben wir allerdings nur ungenaue Kenntnis. Im wesentlichen erhalten sind dagegen die „Institutionen" des Gaius (2. Jahrhundert n. Chr.), eine Schrift in vier Büchern, die eine systematisch geordnete Übersicht des römischen Privatrechts geben.

Systematisierung des Rechts

Die Kaiserzeit ist die Epoche, in der das Recht jene Systematisierung erhielt, die es für Jahrhunderte zum unübertroffenen Muster der Jurisprudenz machte. Den krönenden Abschluß dieser Entwicklung brachten das 5. und 6. Jahrhundert n. Chr. im Oströmischen Reich. Die komplizierten Aufgaben der Verwaltung hatten schon längst ein Sammelwerk der allgemein verbindlichen Verordnungen und Gesetze zum Bedürfnis gemacht. Versuche einer solchen „Kodifizierung" reichen daher bis in das Ende des 3. und in das 4. Jahrhundert n. Chr. zurück. Doch hatte der „Codex Theodosianus" (entstanden unter Theodosius II., Oströmischer Kaiser 408–450) noch zu viele Mängel, um den Juristen als Handbuch dienen zu können. Erst unter Justinian (527–565) wurde dieses große Sammelwerk vollendet, das den Namen „Corpus iuris civilis" erhielt.

In das „Corpus iuris civilis" waren die Erfahrungen einer Rechtspraxis eingeflossen, die sich in fast einem Jahrtausend kontinuierlich entwikkelt hatte. Nicht zuletzt war es dieser große Erfahrungsschatz, der dem römischen Recht Geltung bis in unsere Zeit hinein sicherte. Im Westen des ehemaligen Imperium Romanum regte das römische Recht die Kodifizierung der einheimischen Volksrechte in den frühfeudalen germanischen Staaten an. Seit dem 12. Jahrhundert wurde das römische Recht Lehrgegenstand der rasch aufblühenden juristischen Fakultäten. Die Feudalmonarchien benutzten das Recht der römischen Kaiserzeit zur Festigung ihrer Macht, die frühbürgerliche Gesellschaft wiederum suchte es für ihre Auseinandersetzungen mit den Feudalverhältnissen und Feudalmächten nutzbringend zu verwenden. Denn es war – nach den Worten eines bedeutenden Historikers – „das erste Weltrecht einer Waren produzierenden Gesellschaft ... mit seiner unübertrefflich scharfen Ausarbeitung aller wesentlichen Rechtsbeziehungen." Zwar verdrängten bürgerliche Gesetzbücher – Napoleons Code civil, das BGB u. a. – Justinians Corpus iuris (das in Griechenland übrigens bis 1941 gültig war), stützten sich jedoch immer wieder auf die klaren Definitionen und strengen Formulierungen der scharfsinnigen Juristen der römischen Kaiserzeit. Wie sehr auch Antike und Gegenwart sich voneinander unterscheiden mögen – der Gedanke einer rationalen, allgemeingültigen, von Menschen getroffenen und garantierten verbindlichen Regelung sozialer Beziehungen – bis in die Beziehungen der Staaten untereinander – ist wohl eines der bedeutendsten Güter antiken Erbes.

Medizinische Wissenschaft und Praxis

Unterhalb des Mons Capitolinus teilt sich der Tiber und bildet eine Insel. Sie ist heute Standort eines modernen Krankenhauses – im Altertum trug sie das Heiligtums des Aesculap, des Gottes der Heilkunst. In den Mauern des Tempels suchten viele Römer Erlösung von ihren Leiden.

Nach der Überlieferung wurde Rom im Jahre 291 v. Chr. von einer furchtbaren Seuche geplagt. Eine römische Abordnung holte aus der Kultstätte des Asklepios zu Epidauros die Schlange des Gottes nach Rom, um von ihr Rettung zu erbitten. Die Schlange durchschwamm den Tiber und ging auf der Insel an Land. Die Römer weihten die Insel dem Aesculap und errichteten ihm dort einen Tempel.

Anfänge der medizinischen Wissenschaft in Rom

Sicher hatte nicht die Schlange die Erlösung gebracht, sondern die in der Heilkunst erfahrenen Priester, die mit ihr nach Rom gekommen waren. Als die Römer dringend Ärzte brauchten, mußten sie sich der Hilfe der Griechen bedienen. Einmal mehr wird daraus ihre Abhängigkeit von der Wissenschaft der Hellenen offenbar.

Einer der ersten Mediziner, die sich in Rom niederließen, war der Peloponnesier Archagathos (um 220 v. Chr.). In einer Taberna eröffnete er ein Art chirurgische Klinik, offenbar mit solchem Erfolge, daß er schnell zu Ansehen und Geld gelangte und viele seiner Landsleute gleich ihm nach Rom zogen, um dort ihrem Berufe nachzugehen.

Hippokrates

Die Heilkunst hatte bei den Griechen eine lange Tradition. Ihr berühmtester Arzt, Hippokrates aus Kos, war um 460 v. Chr. geboren. Sein Verdienst besteht darin, die Medizin wissenschaftlich begründet und die Pathologie, Therapie und Chirurgie in dem Grade vervollkommnet zu haben, der den Erkenntnissen seiner Zeit angemessen war.

Nicht alle Römer vertrauten den griechischen Medizinern. M. Porcius Cato warnte seinen Sohn: Die griechischen Ärzte hätten sich verschworen, alle Barbaren, also auch die Römer, umzubringen; und das täten sie noch dazu für gutes Geld, damit man ihnen Vertrauen schenke und sie um so leichter zu ihrem Ziel kämen.

Catos düstere Prophezeiung schien sich nicht zu bestätigen, denn allmählich verdrängte die griechische Medizin die alten römischen Hausmittel, die dem Quacksalbertum anderer Zeiten in keiner Weise nachstanden; so wurden z. B. ausgefallene Milchzähne gegen Frauenleiden und Taubendreck gegen Furunkel verwandt.

Der griechische Arzt Asklepiades, der im 1. Jahrhundert v. Chr. in Rom wirkte, trug durch seine Kunst viel dazu bei, das Ansehen der griechischen Medizin und der Mediziner zu heben. Gestützt auf die philosophische Theorie der Atomenlehre, wandte er mit Erfolg einfache physiotherapeutische Maßnahmen wie Massagen, Bäder, Gymnastik u. ä. an.

Die Römer selbst legten keinen Wert darauf, den Arztberuf zu ergreifen. Er blieb Zugewanderten und Freigelassenen vorbehalten. Vornehme Römer hatten den Arzt als Sklaven im Hause. Als Dank für besondere Heilerfolge wurde dem Arztsklaven oft die Freiheit geschenkt.

Arztberuf in der Kaiserzeit

Caesar verlieh allen freigeborenen Ärzten das Bürgerrecht. Der Beruf gewann noch an Ansehen, als Antonius Musa (ein Freigelassener), Leibarzt des Augustus, den Kaiser von schwerer Krankheit befreite. Seinem Erfolge war es zu verdanken, daß der Princeps allen Ärzten Steuerfreiheit gewährte. – In der Kaiserzeit wurden Mediziner auch am Hofe oder beim Militär, ja sogar als Gemeindeärzte fest angestellt und bezahlt.

Trotzdem blühte in Rom die Kurpfuscherei. Das lag nicht zuletzt daran, daß für den Arzt keine besondere Ausbildung vorgeschrieben war. Jeder, der hoffte, durch die Behandlung von Kranken leicht zu Geld zu kommen, konnte sich als Arzt niederlassen. Die Ärzte waren deshalb auch oft Ziel des Spottes. Martial schrieb diese hübsche Satire:

„Gestern war Andragoras noch kerngesund, er war mit uns zusammen im Bade und hat gut zu Abend gegessen. Heute morgen lag er tot im Bett. Warum er starb? Sein Hausarzt ist ihm nachts im Traum erschienen!“

Fachärzte

In den Jahrhunderten n. Chr. wuchs auch die Zahl der Spezialärzte. Es gab Chirurgen, Augenärzte, Ohrenärzte, auch Fachärzte für Frauenleiden und Zahnärzte. Eine besondere Stellung nahmen die Militärärzte ein, die die Legionen bei den Feldzügen begleiteten.

Von der hohen Kunst der antiken Ärzte zeugt z. B. die Zahnheilkunde: außer der Extraktion, die Celsus als letztes Mittel anzuwenden empfahl, war das Plombieren, verschiedene medikamentöse Behandlungen, das Befestigen von gelockerten Zähnen durch Goldbänder und das Anfertigen vollständiger Zahnprothesen bekannt.

Medizinische Fachliteratur

Es entstand auch eine ärztliche Fachliteratur. Der Römer Aulus Cornelius Celsus verfaßte im 1. Jahrhundert n. Chr. eine Enzyklopädie aller Wissenschaften, aus der uns die acht Bücher „De medicina" erhalten sind. Sie enthalten ausführliche Beschreibungen von Krankheitsfällen und Heilverfahren und geben einen umfassenden Überblick über die medizinische Wissenschaft seiner Zeit. Mancher seiner Ratschläge für gesunde Lebensweise verdient auch heute noch Beachtung.

Galenos, geboren 129 n. Chr. in Pergamon, ist der Autor von etwa 100 medizinischen Schriften. Zwar ist er Grieche und schreibt griechisch, aber durch seine Tätigkeit in Rom seit 169 n. Chr. als Leibarzt am Kaiserhof berücksichtigen seine Werke alle Erfahrungen, die er in der Hauptstadt des Imperiums gesammelt hat. Sie erfassen alle Teilgebiete der ärztlichen Wissenschaft. Die bedeutendsten Erkenntnisse brachten sie der Anatomie und Physiologie durch Untersuchungen über das Rükkenmark, das Gehirn, die Muskeln, die Verdauung und die Atmung. Galen trieb sorgfältige wissenschaftliche Forschungen. Unter anderem sezierte er Affen und suchte daraus den Bau des menschlichen Körpers kennenzulernen.

Galens Forschungen verdienen hohe Anerkennung: mit ihm erreichte die Heilkunst des Altertums ihren Höhepunkt. Achtung nötigt uns auch die medizinische Praxis der Griechen und Römer ab – nicht nur ihr Streben, dem kranken Menschen zu helfen, sondern auch ihr Berufsethos, das aus dem Eid des Hippokrates und aus den Schriften des Galen spricht.

Dennoch: wir würden uns nach den Methoden eines Chirurgen der Antike kaum behandeln lassen wollen. Denn die Medizin gehört zu den Wissenschaften, die in ihrer Geschichte, besonders in den letzten hundert Jahren, die größten Fortschritte gemacht haben. Geblieben ist das Symbol der ärztlichen Kunst, der Stab des Aesculap, um den sich die Schlange, Sinnbild des sich verjüngenden Lebens, windet. Sie trinkt aus einer Schale, die ihr von Hygieia gereicht wird. Hygieia ist die Tochter des Aesculap. Ihr Name heißt in unserer Sprache Gesundheit.

Literatur

Anfänge der Literatur

In der Literatur ist es wie auf fast allen Gebieten des römischen Lebens: dank den Anregungen, die vom griechischen Kulturbereich ausgehen, verläuft auch hier die Entwicklung beschleunigt. Das ist vor allem der Fall, als um 300 v. Chr. Rom seine Macht auf Unteritalien und dessen Griechenstädte ausdehnt und damit seinerseits stärker ins Gesichtsfeld der Griechen rückt. Die Wirkung griechischer Kultur in Rom war freilich nur möglich, weil der Boden – trug er bis dahin auch nur karge Frucht – bereits vorbereitet war.

Das hatten die Etrusker geleistet, die freilich schon früher Kontakte mit Griechen gehabt hatten, jetzt aber, in der Zeit ihrer größten Machtentfaltung um 600 v. Chr. auch weit nach Süden, bis nach Kampanien vorgedrungen und dort den kolonisierenden Griechen begegnet waren. Die Etrusker übernahmen von ihnen die Buchstabenschrift, und so bediente man sich bereits im Rom des 6. Jh. eines aus dem griechischen Alphabet abgeleiteten Schriftsystems.

Nach römischer Vorstellung umfaßt der Begriff Literatur alles Geschriebene, also auch die ältesten kurzen, oft kaum deutbaren Inschriften.

Das erste größere Literaturdenkmal, das zwar nicht im Original erhalten ist, das wir aber aus späteren Quellen leidlich rekonstruieren können, ist die Niederschrift der Zwölftafelgesetze (Leges duodecim tabularum), jene Aufzeichnung des Gewohnheitsrechts, die seit 450 v. Chr. geradezu eine Art Schulbuch war. Die uns erhaltenen Bruchstücke verdanken wir zufälligen Zitaten bei späteren Schriftstellern, die zwar in den seltensten Fällen Juristen, sondern meist Grammatiker, an sprachlichen Eigenheiten interessierte Leute waren.

Zwölftafelgesetze

Die Sprache der zwölf Tafeln war noch sehr altertümlich. Mancher nur schwer verständliche Ausdruck entstand allerdings aus dem Ringen um Eindeutigkeit des Inhalts. Auch moderne Gesetzestexte zeichnen sich oft durch scheinbar ungeschickte Formulierungen aus: „Wer Banknoten nachmacht oder verfälscht oder nachgemachte oder verfälschte sich verschafft und in Verkehr bringt, wird bestraft." Mit einem einzigen Satz wird versucht, alle möglichen Fälle des Unrechts zu bezeichnen. Eindeutigkeit und Klarheit des Inhalts war schon bei den Römern unumgängliche Forderung an das geschriebene Gesetz und bestimmte fortan die Sprache juristischer Texte.

Der echt römische Sinn für die Verwaltung des Staates begünstigte die Entstehung einer zweiten amtlichen Urkunde, der sogenannten Annales (zu *annus – Jahr*). Der Pontifex Maximus, der höchste Priester, war dafür verantwortlich, daß die Namen der Beamten eines jeden Jahres und die wichtigsten Ereignisse aus ihrer Amtszeit in Listen eingetragen wurden. Um 130 v. Chr. scheint man diesen Brauch, dessen Anfänge sich nicht sicher ausmachen lassen, aufgegeben zu haben. Spätere Historiker aber benutzten diese „Annalen", soweit sie ihnen zugänglich waren, für ihre Geschichtswerke. Annales

Der erste Autorenname ist der Names eines Römers, der auch in der Geschichte als erste lebendige Persönlichkeit vor uns steht, Appius Claudius Caecus, bedeutend als Staatsmann in verschiedenen Ämtern, besonders als Zensor, und Erbauer der Via Appia. Er veröffentlichte einst die Rede, die er 280 v. Chr. im Senat gehalten hatte, um das Friedensgesuch des Königs Pyrrhos zurückzuweisen. Das Werk ging jedoch restlos verloren. Appius Claudius Caecus

Wir besitzen sehr alte Werke in gebundener Rede, zumeist Kultlieder, für die kein Verfasser zu nennen ist. In altertümlichem Latein wurde z. B. im Lied der Salier, eines Priesterkollegiums, jährlich im März und Oktober der Schutz des Mars erfleht. Erhalten sind uns solche Gebete allein durch spätere Aufzeichnungen. Gebundene Rede

Die römische Poesie kannte im Altertum keinen Endreim (er taucht erst seit dem 4. Jahrhundert n. Chr. in der Kirchendichtung auf). Die Verszeile wurde vielmehr durch einen ganz bestimmten Rhythmus der Worte, das Versmaß, gebildet. Die alten Kultlieder zeigen, daß die italischen Völker einen eigenen Vers durchaus kannten. Wir bezeichnen ihn als Saturnier. Das ist jedoch ein sehr schwerfälliger, eintöniger Rhythmus, dem kein Überleben beschieden war, als lateinische Dichter damit begannen, die Sprache der Römer in den gefälligeren griechischen Metren daherfließen zu lassen.

Der erste Autor, von dessen Schriften in lateinischer Sprache wir nennenswerte Reste besitzen, heißt Livius Andronicus. Livius Andronicus

Eigentlich römisch ist an ihm und seiner Dichtung jedoch nur wenig, wenn man davon absieht, daß er in der Sprache der Römer schreibt. Denn Andronicus war ein griechischer Sklave, der später als Freigelassener den Namen seines ehemaligen Herrn Livius führen durfte. Auch seine Dichtung war keine Neuschöpfung, sondern die Übertragung, besser noch Umdichtung, griechischer Vorlagen ins Lateinische.

Livius Andronicus trat erstmals um 240 v. Chr. in Rom als Autor, Regisseur und Darsteller eines festlichen Schauspiels anläßlich der Beendigung des Ersten Punischen Krieges an die Öffentlichkeit. Gebürtig war er aus Tarent und dort wahrscheinlich auch in Gefangenschaft geraten.

Als er seinen Plan verwirklichte, Homers Odyssee (mit erheblichen Kürzungen) für Unterrichtszwecke – er unterrichtete Söhne von Nobiles in Griechisch und Latein – ins Lateinische zu übersetzen, mußte er sich in Ermangelung eines anderen geeigneten Verses noch des Saturniers (der übrigens Ähnlichkeit mit dem Nibelungenvers hat) bedienen. Die Odyssee war in Hexametern geschrieben. Die lateinische Sprache hatte eben noch nicht die Beweglichkeit und Geschmeidigkeit, die eine Dichtung in Hexametern erfordert. Die lateinische „Odusia" des Livius Andronicus war dann auch für einen Mann mit einem so feinen Sprachempfinden wie Cicero eine nahezu unerträgliche Lektüre. Bei dem Versuche, griechische Tragödien und Komödien für die römische Bühne zurechtzumachen, verwandte aber derselbe Dichter bereits griechische Jamben und Trochäen. Das konnte freilich nicht immer glücken, doch gerade die Unvollkommenheiten gaben den Anstoß, das Lateinische zu einer Kunstsprache zu entwickeln.

So nimmt Livius Andronicus in mancherlei Hinsicht eine bedeutende Stellung in der römischen Literatur, ja in der Weltliteratur ein. Er „erfand" die Übersetzung, lenkte den Sinn der Römer auf schöngeistiges Schrifttum und erwies die Notwendigkeit, die lateinische Sprache den Ansprüchen der Dichtung gefügig zu machen. Das war freilich ein Prozeß, der sich über das Leben von Generationen erstreckte, der jedoch dank der Lernfreudigkeit und Weltoffenheit der Römer unvergängliche Werke entstehen ließ.

Dichtung und Theater

Naevius

Fast gleichzeitig mit Livius Andronicus lebte Gnaeus Naevius, gestorben um 200 v. Chr. Er war kein Grieche, sondern Latiner. Merkmale einer nationalen Dichtung treten deshalb in seinem Werke schon deutlicher zutage als bei seinem griechischen Vorgänger.

Naevius bediente sich der Formen, die Livius Andronicus vorgezeichnet hatte. Auch er bearbeitete griechische Dramen, wählte für seine Tragödien aber auch Stoffe aus der römischen Vergangenheit. An die Seite der Odyssee des Livius Andronicus stellte er ein neues Epos. Immer noch blieb der Vers der altitalische Saturnier, Thema war dagegen der Erste Punische Krieg, an dem Naevius als Soldat teilgenommen hatte, und dessen bis in die mythische Vorzeit zurückreichende Vorgeschichte.

Ennius

Um 204 v. Chr. kam der außerordentlich gebildete Ennius (239–169) aus Kalabrien nach Rom und gewann hier die Freundschaft bedeutender römischer Familien. Sein Hauptwerk sind die Annalen. Der Titel ist von den amtlichen Aufzeichnungen der Pontifices, der Priester, entlehnt. Das Werk umfaßte 18 Bücher, erhalten sind uns etwa 600 Verse. Der

Dichter schilderte die römische Geschichte seit Aenas und stellte so bedeutende Ereignisse wie den Pyrrhoskrieg und die Feldzüge gegen Hannibal dar. So sehr der Stoff dem Nationalstolze der Römer entgegenkam, so sehr entschied Ennius zugleich für alle Zeiten den Sieg der griechischen Form in der römischen Literatur: Er war der erste Dichter, der lateinische Sprache in Hexametern auszudrücken vermochte.

Dem Bedürfnisse nach dramatischer Dichtung folgend, schuf er Tragödien und Komödien, von denen erstere bis in Ciceros Zeit Geltung behielten. Bekannt sind uns 24 Titel, überdauert haben nur wenig mehr als 400 Verse. In den Tragödien, überwiegend Nachdichtungen griechischer Vorlagen, besonders des Euripides, herrschten Stoffe aus der griechischen Sage vor, doch schrieb er auch ein Drama über den Raub der Sabinerinnen.

Ennius verdankt das lateinische Publikum auch die erste (nicht erhaltene) Übersetzung philosophischen Schrifttums aus dem Griechischen.

Weit mehr als von der Tragödie wissen wir von der Komödie jenes Zeitalters. Drei Namen beherrschten die Bühne: Caecilius, Plautus und Terenz. Während uns von Caecilius nicht viel mehr als sein Name bekannt ist, sind von Plautus (etwa 254–184 v. Chr.) 21 – von etwa 130 Stücken – und von Terenz (etwa 190–159 v. Chr.) sechs vollständige Werke erhalten.

Plautus

Plautus bearbeitete Stücke der sogenannten neuen attischen Komödie, einer besonderen Form der griechischen Komödiendichtung, die etwa an der Wende vom 4. zum 3. Jh. v. Chr. blühte. Häufig vereinte er dabei mehrere Vorlagen zu einem neuen Werke.

Die Ursachen für dieses eigenartige Verfahren liegen vor allem in den Ansprüchen der Zuschauer. Das Publikum wünschte auf der Bühne eine turbulente Handlung zu sehen. Nur der muntere Wirbel auf der Szene vermochte die ungezwungene Heiterkeit des Publikums zu entfachen. Plautus benutzte mit Vorliebe (wie seine Vorlagen auch) feste Typen: den Dummkopf, den Geizigen, den grimmigen Alten, den verliebten Jüngling, immer wieder den listigen Sklaven, den aufschneiderischen Soldaten. Allerlei Verwechslungskomik, Prügelszenen, Schimpfkanonaden, Balletteinlagen, Gesangsnummern und Zwischenaktmusiken belebten die Handlung und machten die Plautinischen Komödien überaus beliebt.

Plautus hat der Weltliteratur einen unschätzbaren Dienst erwiesen. Von den zahlreichen Originalen der neuen attischen Komödie hat nur sehr wenig die Zeit überdauert. Gerade diese Form der dramatischen Dichtung hat aber über Plautus bis zu Shakespeare und Molière, bis Goldoni, Lessing und Heinrich von Kleist gewirkt.

Shakespeares „Komödie der Irrungen“ geht auf die „Menaechmi“ zurück, den „Amphitruo“ gewann Molière für die französische Bühne (1668), Kleist für die deutsche (1807), beide regten andere Autoren an

(u. a. Giraudoux, Hacks, Stolper), sogar der Film nahm sich des Stoffes an. Lessing verfaßte in seiner Jugend die Komödie „Der Schatz" nach der Vorlage des „Trinummus". Er übersetzte außerdem die „Captivi".

Terenz

Sechs Komödien besitzen wir von Terenz. Obwohl er nur wenige Jahrzehnte von Plautus getrennt ist, sind seine Stücke schon weitaus anspruchsvoller. Auch Terenz holte seine Vorlagen von den Griechen und verfuhr damit genau so frei wie Plautus. Jedoch folgte er besonnener dem griechischen Geschmacke, verzichtete auf Vergröberungen und übertriebene Situationskomik und widmete sich mehr der Charakterzeichnung.

Theaterbauten und Aufführung

Im 2. Jahrhundert v. Chr. fanden die Aufführungen noch auf einem einfachen, als provisorische Bühne hergerichteten Holzgerüste statt. Die Zuschauer folgten dem Spiele im Stehen.

Pompeius ließ 55. v. Chr. am Marsfelde das erste Theater aus Stein errichten. Es war mit Statuen und anderen Kunstwerken prächtig ausgestattet und soll 40 000 Menschen Platz geboten haben. Später erhielt Rom zwei weitere feste Theaterbauten, das Theater des Balbus mit 8 000 und das des Marcellus mit mehr als 10 000 Sitzplätzen (eines der größten Theater der Gegenwart, die Mailänder Scala, hat 3 600, das Leipziger Opernhaus 1 634 Plätze!).

Der Zuschauerraum war halbkreisförmig und bot von allen Sitzen, die bis zu einer Höhe von drei Stockwerken aufragten, ausgezeichnete Sicht. Die Bühne befand sich auf einem etwa 1 ½ m hohen Podium. Sie war vom Zuschauerraum durch einen Vorhang getrennt. Ihren Hintergrund und gleichzeitigen Abschluß bildete ein prächtiges Bühnengebäude. Die Vorstellungen fanden vormittags statt. Gegen die Hitze schützten riesige Planen, sogenannte *Vela* (Sonnensegel), die über das offene Halbrund gespannt wurden. – Der Eintritt war kostenlos. Senatoren und Equites hatten besondere, numerierte Plätze. Die Schauspieler standen in Rom in der allgemeinen Achtung sehr niedrig, sie waren Sklaven und Freigelassene und diffamierenden Vorschriften und Werturteilen ausgesetzt. Nur wenige Stars genossen dank ihrer Kunst die Gunst des Publikums und mächtiger Mäzene. Wie anders in Griechenland, wo die Schauspieler hochangesehene Bürger waren, wo ihnen besondere Ehrungen und Privilegien zuteil wurden! Waren, nach den Worten eines Theaterhistorikers, in Athen die Schauspieler von bestimmten Pflichten ehrenhalber befreit, so in Rom schandenhalber.

Nur wenig Bedeutendes brachte die römische Poesie in den Jahrzehnten hervor, die dem Wirken von Plautus und Terenz folgten. Erst in der Mitte des letzten Jahrhunderts v. Chr. traten wieder bedeutende Dichter an die Öffentlichkeit.

Titus Lucretius Carus (etwa 96–55 v. Chr.) schrieb in Hexametern ein umfangreiches Lehrgedicht über die philosophischen Anschauungen des Griechen Epikur (etwa 341–270 v. Chr.), ein Werk, mit dem erstmals in Rom fortschrittliche griechische Philosophietradition literarisch aufgenommen und weitervermittelt wird. Lukrez nannte die Schrift „De rerum natura" – „Vom Ursprung der Dinge" oder auch „Vom Wesen des Weltalls".

Lukrez

Der Dichter trägt darin auf anschauliche Weise in einer kraftvoll-sinnlichen poetischen Sprache die Anschauung vor, daß außer den im leeren Raum durch mechanische Kräfte, durch ihre eigene Schwere sich bewegenden Atomen nichts existiert, daß nichts aus nichts entstehen und nichts in nichts vergehen kann, daß die Fülle der Erscheinungen auf ganz natürliche Weise erkannt, erklärt und verstanden werden kann. Sein Hauptziel ist die Befreiung seines Lesers von der Furcht vor dem Tode, dem Jenseits, dem Zorne der Götter: solange wir leben, geht uns der Tod nichts an, und nach dem Tode sind wir nicht mehr vorhanden – was sollte uns da erschrecken? Die Götter aber, weltenfern in seliger Heiterkeit lebend, kümmern sich nicht um die Welt der Menschen. – Zu den großartigsten Partien des Werkes gehört die materialistische Darstellung der Entwicklung der Menschheit aus rohem, tierhaftem, der Natur ausgeliefertem Urzustand zu den Höhen der Kultur. Lukrez' „De rerum natura" und Vergils „Georgica" haben Bertolt Brecht zu dem Versuch angeregt, ein Lehrgedicht in Hexametern zu schaffen.

Im Jahre 87 v. Chr. wurde in Verona der erste bedeutende Lyriker lateinischer Sprache geboren, C. Valerius Catullus, gestorben etwa 54 v. Chr. Er hinterließ 116 Gedichte. Vielseitig sind die Themen seiner Lieder. Zahlreiche Gedichte widmete er seiner Geliebten Lesbia. Nicht immer erzählen sie von Freude und Glück. Auch Schmerz und Enttäuschung über die Treulosigkeit der Freundin vermochte Catull ebenso eindrucksvoll zu schildern wie die Erbitterung über den Nebenbuhler. Zartheit und Zorn, Gelassenheit und Leidenschaft, Selbstironie und kekker Spott – nichts davon ist dem Dichter fremd.

Catull

Solche Lyrik erforderte eine reichere Verskunst. Catull und seine Dichterfreunde führten neue, an modernen griechischen Vorbildern orientierte Versmaße ein, die die ganze Skala menschlicher Empfindungen und Stimmungen zu fassen gestatteten. Auffällig ist die in Catulls Dichtung ausgesprochene Abwendung von der Politik. Das politische Leben der Bürgerkriegszeit war ihm zu unerquicklich, zu abstoßend, er reagiert nur ablehnend. Auch Lukrez sucht den Ausweg aus den Unsicherheiten des Lebens, aber in der durch Philosophie vermittelten Seelenruhe.

Anders gestaltete sich die Situation für Dichter und Dichtung, als sich der Ausweg aus der gesellschaftlichen Krise bot. Wieviele Hoffnungen verknüpften sich mit der Herrschaft des Augustus, wie kunstfreundlich sammelte der Princeps Dichter als Künder seines Ruhmes um sich! Aber Catull und Lukrez hatten die Blüte der Literatur vorbereiten geholfen, deren Rom sich nun im Zeitalter des Augustus erfreute.

Zeitalter des Augustus

Elegie

Tibull (um 54–19 v. Chr.), Properz (50–15 v. Chr.) und Ovid widmeten sich einer Kunstform, die von den Griechen den Namen Elegie erhalten hatte.

Diese Bezeichnung gibt indes keinen Hinweis auf den Inhalt der Werke. Römische Elegien brauchten durchaus keinen wehmütigen oder gar klagenden Grundton zu haben. Wie bei den griechischen Vorbildern sind ihre Stoffe einmal ernst und erhaben, dann wieder heiter und lebensfroh. Freude und Schmerz der Liebe sind wieder bevorzugtes Thema. Einheitlich ist in diesen Gedichten die Versform, das Distichon, bei dem jedem Hexameter ein Pentameter angeschlossen wird.

Ovid

Als Hauptwerk des Ovid (43 v. Chr.–17 n. Chr.) gelten die „Metamorphosen". Sie gehören allerdings nicht zur Elegie, sondern sind vielmehr das einzige Werk, das der Dichter in fortlaufenden Hexametern verfaßt hat. Er erzählt darin Geschichten von phantastischen Verwandlungen aus dem Reiche der Mythen. Der Stoff reicht vom sagenumwobenen Anfang der Welt und dem sogenannten Goldenen Zeitalter bis zur Verwandlung der Seele des Julius Caesar in einen Stern.

Die Darstellung der zahlreichen Verwandlungsgeschichten war ein sehr schwieriges Unterfangen. Denn der Stoff war so umfangreich, die Geschichten im Inhalte einander oft so ähnlich, daß nur lebendige Schilderung und Erzählkunst Langeweile oder gar Ermüdung vermeiden konnten. Die Metamorphosen umfassen 15 Bücher, in denen über 12 000 Verse hinweg die Anschaulichkeit durch bildhafte Sprache, die Teilnahme des Lesers durch lebhafte Darstellung gewahrt bleiben. Für die Späteren sind die Metamorphosen eine der reichsten Quellen für die Kenntnis der kaum überschaubaren griechichen Mythenwelt geworden.

Die Fasten Ovids sind ein poetischer Festkalender, in dem der Dichter die Entstehung der römischen Feste aus Mythen erklärte. Zu den bekanntesten Werken des Dichters zählt die „Ars amatoria – Die Liebeskunst". Sie ist wohl das reizendste und poesievollste Lehrbuch der Weltliteratur. Jünglinge und junge Mädchen erhalten Anleitung zu klugem Handeln in Liebesangelegenheiten. – Seine Vielseitigkeit bezeugte der Dichter durch die „Medicamina faciei" – eine Anweisung zum Gebrauche von Schönheitsmitteln. Während die „Kunst des Liebens" noch heute fleißigem Studium zur Verfügung steht, hat diese Schrift die Zeiten nicht überdauert – aus ganzen 100 Versen müssen wir unsere Kenntnisse über die Toilettengeheimnisse der römischen Damen beziehen, zu wenig, um uns recht daran erfreuen zu können, aber genug, um wenigstens zu erfahren, daß Schönheitspflege im Alltag auch der Römerin ihren festen Platz hatte.

Ovid verbrachte die letzten Jahre seines Lebens in Tomis, dem heutigen Constanza, am Schwarzen Meer. Im Jahre 8 n. Chr. war er vom Kaiser dorthin verbannt worden. Den Grund kennen wir nicht, er scheint auch dem Dichter nicht recht klar gewesen zu sein. Die spielerische

Poesie Ovids, die sogar des Kaisers Triumphe ohne die gebührende ernsthafte Feierlichkeit in seine „Ars amatoria" einbezog, paßte nicht in die kulturpolitische Linie des Augustus. Vom Leben des Verbannten berichten die Tristia (Klagelieder) und die Epistulae ex Ponto.

Horaz

Quintus Horatius Flaccus (65–8 v. Chr.), Sohn eines Freigelassenen, als Student Offizier im Heere des Brutus, nach der Schlacht bei Philippi amnestiert und durch Maecenas' Vermittlung Schreiber im Finanzarchiv, setzte in seinen Gedichten (carmina) zunächst große Hoffnung auf die neue Regierung. In seinen frühen Werken, Satiren oder Sermones betitelt, hatte er moralische Schwächen mit lächelndem Spott aufs Korn genommen (ridendo dicere verum). Später riet er dann in seinen von Epikurs Philosophie geprägten Epistulae doch zu einem maßvollen, bescheiden-zufriedenen Dasein fern dem unruhigen Getümmel politischen Lebens und Strebens. Im Schlußgedicht seiner 23 v. Chr. herausgegebenen Gedichtsammlung spricht er stolz von dem Denkmal, das er, ein Princeps der Dichtung, sich in seinem Werk errichtet habe, ein Denkmal, höher als die Pyramiden, dauerhafter als ein Bronzestandbild.

Vergil

Der andere große Dichter augusteischer Zeit, Publius Vergilius Maro (70–19 v. Chr.), stammte aus einem Dorf bei Mantua. Das Landleben prägte sein Weltbild und Lebensgefühl. Begonnen hatte er mit Poesien in der Art des Catull, berühmt aber wurde er mit den zehn Hirtengedichten (Bucolica): das erste spricht von der wunderbaren, göttlichen Rettung vor der Vertreibung von Haus und Hof, Herd und Heimat, das vierte von der bevorstehenden Geburt eines Kindes, mit dessen Heranwachsen das Goldene Zeitalter wiederkehren werde. Des Kaisers Bemühungen um die Wiederbelebung des Bauerntums unterstützte Vergil mit den Georgica, einem Lehrgedicht über Landwirtschaft, das vor allem die Vorzüge des Landlebens und die gesunde Tüchtigkeit der Bauern preist. Sein Hauptwerk, die unvollendet gebliebene „Aeneis", erzählt von den Irrfahrten und Taten des Aeneas, des Ahnherrn der Römer. Mit kluger Ökonomie flicht Vergil die Sinndeutung des Schicksals seines Helden in Ausblicken auf die römische Geschichte bis Augustus ein: Im 8. Buch z. B. beschreibt er den Schild, den der Gott Vulcanus für Aeneas gefertigt hat. Auf ihm fügt sich Bild an Bild römische Geschichte bis zur Schlacht bei Actium. Aeneas betrachtet staunend die Bilder, deren Sinn

Silberdenar Caesars, 47–46 v. Chr., Vs. Kopf der Göttin Venus, Rs. Aeneas, seinen Vater Anchises tragend, in der Rechten das Palladium, CAESAR

er nicht zu begreifen vermag, nimmt dann den Schild auf, neuen Kämpfen entgegen, und trägt auf der Schulter „den Ruhm und die Schicksale der Nachfahren".

Zwei angriffslustige Spötter aus der Kaiserzeit verdienen Erwähnung. Der erste ist der Spanier Martial (um 40–120 n. Chr.). Er schrieb kleine Satiren in Form des sogenannten Epigramms (Epigramme sind kurze Gedichte, meist aus Distichen bestehend, die ihre Pointe gewöhnlich durch eine überraschende Schlußwendung finden). Martial macht die Lasterhaftigkeit der vornehmen Römer zum Ziele seines Spottes, er demaskiert die Unwahrheit und Angeberei, von der mancher Zeitgenosse lebt:

Martial

„An Galla ist fast alles unecht – Haare, Augenbrauen und Zähne; wenn sie schläft, sind drei Viertel von ihr in Schachteln verpackt."

Juvenal

Juvenal (um 60–140 n. Chr.) fühlte ebenfalls die Berufung zum poetischen Sittenrichter. Aus seinen Gedichten spricht aber weniger Humor, vielmehr der Zorn über die gesellschaftlichen Zustände seiner Zeit.

Wahrhaft Großes vollbrachten die römischen Autoren der Kaiserzeit eigentlich nur noch in der Prosa. Von der Prosaliteratur ist ein Werk aus der Zeit Neros besonders zu würdigen.

Petronius

Am Hofe des Kaisers lebte ein talentvoller Mann feinsten Geschmacks. Anfangs ein Günstling des Herrschers, wurde er später in eine Verschwörung verwickelt und gab sich, wie viele seiner Zeitgenossen, mit Gleichmut selbst den Tod. Ihm, Petronius, verdanken wir einen köstlichen, leider nicht mehr vollständigen Zeit- und Sittenroman. Er gehört zum Geistreichsten, was uns das Altertum hinterließ. Der erhaltene Teil des Romans, „Das Gastmahl des Trimalchio", erzählt in bester Laune vom liederlichen Leben eines neureichen Freigelassenen und dem zügellosen Treiben seiner feinen Tischgäste. Nicht nur die kritisch-satirische Stimmung machen das Buch lesenswert. Unersetzlich ist für uns die Schilderung der Sitten, aus der wir ein erschreckendes Bild von der Verdorbenheit der einflußreichen Kreise Roms gewinnen. Und deshalb ist das Buch für uns nicht nur Genuß. Es hinterläßt ein beklemmendes Gefühl, da man weiß, daß eine solche Gesellschaft unschätzbaren Reichtum und schrankenlose Macht besaß und das Geschick der Welt lenkte.

Seneca

Des Petronius Zeit- und Schicksalsgenosse – auch er endete auf Geheiß seines kaiserlichen Herrn durch Freitod – ist Lucius Annaeus Seneca (4 v. Chr.–65 n. Chr.), der Erzieher Neros. Sein umfangreiches literarisches Schaffen, für das sowohl Prosaschriften wie Reden, Briefe und Dialoge als auch Dichtungen, vornehmlich Tragödien, bezeugt sind, ist von der Sittenlehre der griechischen Stoa geprägt. Damit erlangten, sieht man von den vorwiegend durch staatstheoretische Überlegungen bestimmten philosophischen Schriften Ciceros ab, nach Lukrez ein weiteres Mal griechische Denkmodelle Einfluß auf römisches Geistesleben.

Dem hellenischen Vorbild folgend sucht Seneca die Forderungen nach Menschenfreundlichkeit und sozialem Verstehen, nach sittlicher Gleichheit aller Menschen (doch ohne die Sklaverei in Frage zu stellen) und das Lob der Bedürfnislosigkeit und der Armut zu formulieren. Damit wie mit der Auslegung von Tugend- und Pflichtbegriffen, in denen die Ruhe des Gemüts und die Freiheit von Begierden gepriesen werden, hat er zweifellos Vorleistungen für den Einzug des Christentums in Rom erbracht.

Für die Erben der Römer waren die Werke ihrer besten Dichter in allen Zeiten von unwiderstehlichem Reiz. Freilich hatten griechische Poesie und hellenischer Geist Pate an ihrer Wiege gestanden. Aber wie so oft beflügelte auch in der Dichtung das griechische Können den römischen Willen. Der Lehrer erzog einen Schüler, der ihm ebenbürtig wurde.

Wie die Dichter Roms sich nicht von der Mutter Hellas zu lösen vermochten, so konnte sich keine Epoche nach ihnen dem Banne des antiken Vorbilds entziehen. Die reiche europäische Dichtkunst ist nicht denkbar ohne griechisch-römische Form, ohne die Klänge und Bilder, Geschichten und Gestalten, die als das Erbe der Antike auf uns gekommen, uns anvertraut sind.

Rhetorik

Rhetorik ist die Kunst des Redens. Eine Rede wirkt nicht nur durch das, was man sagt, sondern auch dadurch, wie man es sagt. Wer eine Rede hält, will Menschen beeinflussen oder überzeugen, möchte seine Hörer zu Willensentscheidungen bewegen. Das ist in der Tat eine Kunst.

Die Septem Artes

Rhetorik war im Altertum ein ordentliches Lehrfach in den Schulen. Als das Mittelalter sein pädagogisches System der Septem Artes Liberales, der Sieben Freien Künste, ausbildete, verzichtete es nicht auf die Rhetorik. Die Septem Artes Liberales gliederten sich in ein sogenanntes Trivium mit allen sprachlichen Disziplinen (Grammatik, Dialektik, Rhetorik) und ein Quadrivium mit den mathematischen Fächern (Arithmetik, Geometrie, Musiktheorie, Astronomie). Bis in das 18. Jahrhundert gehörte Rhetorik zum Bestandteil der Bildung. Erst danach glaubte man reden zu können, ohne das Reden lernen zu müssen.

In Griechenland war die Redekunst zur wissenschaftlichen Disziplin geworden. Wer nach politischen Erfolgen, Einfluß, Ansehen und Ehre trachtete, studierte Rhetorik. Es gab Reden, die aus praktischem Bedürfnis bei Staats- und Rechtsangelegenheiten gehalten wurden, aber es gab auch solche, die allein die Gewandtheit des Vortragenden bezeugen sollten. Ungeachtet der Zweckbestimmung einer Rede ist die Bildung, die von den Rhetorenschulen ausging, bis in alle Bereiche der Literatur spürbar.

Rom soll die Redekunst im Jahre 155 v. Chr. von einer athenischen Gesandtschaft kennengelernt haben. Das Auftreten griechischer Redner hinterließ in Rom einen derart starken Eindruck, daß man diese Leute für gefährlich hielt und aus der Stadt verbannte. Versagen konnten sich die Römer ihrer Wirkung trotzdem nicht. Sie hatten gespürt, welch großartiges Mittel der Menschenerziehung und Massenbeeinflussung ihnen in die Hand gegeben war. Vornehme Römer zogen deshalb in die Rednerschulen nach Athen und Rhodos, um sich in der neuen Kunst ausbilden zu lassen.

Cato

Freilich war schon vorher in Rom „geredet" worden. Sitzungen des Senats, Verhandlungen vor Gericht und Trauerfeiern bedurften der mündlichen Äußerung. Bis aber die Rede durch das griechische Vorbild zur Kunstform wurde, hielten sich Beamte, Rechtsanwälte und Leichenredner an die Regel Catos: „Halte die Sache fest, die Worte werden sich von selbst einstellen!" Jener M. Porcius Cato (234–149 v. Chr.), ein sehr vielseitiger und gebildeter Mann, zeigte sich durchaus nicht als Freund der Griechen. Er stellte sich der griechischen Bildung entgegen, weil er in der Hinwendung zu geistigen Interessen und zum Kunstgenuß Gefahren für die traditionellen Werte und Normen erblickte. Aber selbst dieser vir vere Romanus, der wahrhaft römische Mann, der hartnäckige Gegner griechischen Geistes, trug in den Reden und Werken seiner Greisenjahre den Stempel des Hellenentums.

C. Gracchus

Schon ganz beeinflußt vom attischen Vorbild sprach Gaius Gracchus. Cicero, dessen Zuständigkeit in Stil- und Kunstfragen unbestritten ist, nannte ihn den größten aller Redner. Vielleicht war es nur noch Cicero selbst, der Gracchus übertraf.

Cicero

Marcus Tullius Cicero (106–43 v. Chr.) müßte bei einer Würdigung römischer Bildung und Kultur in fast jedem Kapitel Platz finden. Denn seine universelle Begabung und Tätigkeit ließ ihn in gleicher Weise als Politiker, Philosoph und Schriftsteller an die Öffentlichkeit treten. Der Privatmann Cicero wird lebendig in den zahlreichen Briefen, die er hinterließ, der Staatsmann in seinen Reden.

Die ersten Sporen verdiente er sich als Rechtsanwalt. Aber auch als Ankläger lernten die Römer ihn kennen, z. B. in den Reden gegen den Statthalter der Provinz Sizilicn, den berüchtigten Verres, den die Wucht der Anklage so schwer traf, daß er gar nicht das Urteil abwartete, sondern vorher freiwillig in die Verbannung ging. Als Praetor trat Cicero im Jahre 66 v. Chr. zum ersten Male mit einer Rede in Staatsangelegenheiten vor das Publikum. Es war jenes Meisterwerk der Rhetorik, in dem er den Oberbefehl des Pompeius im Mithradatischen Kriege befürwortete. Wir können leider nur lesen, was Cicero sagte. Mimik und Gestik, der

Fluß der Worte, Heben und Senken der Stimme, Verharren bei einem Gedanken, der Ausbruch des Temperaments beim nächsten – das alles sind Dinge, die wir nicht miterleben. Aber allein die Lektüre läßt ahnen, daß nach den letzten Worten des Redners die Masse der Zuhörer überzeugt war, Pompeius sei der berufene und wirklich der einzige Mann, der den Krieg in Asien zum Wohle des römischen Volkes beenden könnte.

Ein weiterer Glanzpunkt im rhetorischen Schaffen Ciceros waren seine vier Reden gegen Catilina. Freilich stecken viel Pathos, viel Bewegung und Temperament in solchen Werken, so viel, daß dem nüchternen Empfinden des Deutschen der Zugang zu Ciceros Rhetorik weitaus schwerer fällt als z. B. dem Italiener oder dem Franzosen. Und doch wirken Ziel und Absicht ihres Schöpfers heute wie vor 2 000 Jahren auf den, der lateinische Sprache zu lesen versteht.

Man muß allerdings wissen, daß die vorhandenen Texte nicht mit dem mündlichen Vortrage übereinstimmen. Cicero hat sie nachträglich überarbeitet und als literarische Kunstwerke veröffentlicht.

Cicero strebte nicht nach bloßer technischer Meisterschaft, sein Rednerideal zeigt uns einen vielseitig gebildeten und philosophisch erzogenen Meister des Wortes und darum sachkundigen und verantwortungsbewußten Politiker, der in den Schriften „De re publica“ und „De legibus“ („Über den Staat“ und „Von den Gesetzen“) eine an griechischen Staatslehren geschulte Staatstheorie entwickelt. Als ausgezeichneter Kenner griechischer Philosophie, die der Rhetor als Universalgelehrter studiert haben mußte, erwies er sich in seinen Betrachtungen über größtes Gut und größtes Übel („De finibus bonorum et malorum“ und „Tusculanae disputationes“). Ein religionsphilosophisches Werk ist „De natura deorum“ (Vom Wesen der Götter), eine ethische Programmschrift „De officiis“ (Von den Pflichten). Mit der Gesamtheit dieser Arbeiten hat Cicero versucht, wesentliche Lehrmeinungen griechischer Denker seinen römischen Mitbürgern nahezubringen.

Als mit Beginn der Kaiserzeit Volksversammlung und Senat zunehmend an realer politischer Funktion verloren, verkümmerte die rhetorisch-politische Publizistik, die die Republik hervorgebracht und getragen hatte, zusehends. Es blieben vor allem formalistische Schulübungen, kunstvolle und gekünstelte Deklamationen über alle möglichen Themen, Fest- und Prunkreden. Aber es mühten sich auch immer wieder verständige, fleißige Männer, das große Erbe der klassischen Zeiten zu erhalten, zu pflegen und zu mehren.

Geschichtsschreiber

Eine Geschichtsschreibung im modernen Sinne kannten die Römer nicht. Hatte mancher der Autoren auch erkannt, daß sorgfältiges Quellenstudium und kritisches Urteil unerläßliche Voraussetzungen historischer Forschung sind, so verfügte er doch noch nicht über die wissenschaftlichen Arbeitsmethoden, die zu gesicherten Ergebnissen führen. Dennoch hinterließen die Schriftsteller Roms Werke, die wichtige Aufschlüsse über die Entwicklung der Stadt von der Frühzeit bis zu ihrem Untergang liefern. Mit gewissen Vorbehalten darf man diesen Komplex der Literatur als Geschichtsschreibung bezeichnen.

Als Quellenmaterial sind die Werke jedoch nur mit großer Vorsicht zu benutzen. Denn viele Autoren hatten weniger die Absicht, für die Nachwelt ein genaues Bild der historischen Ereignisse zu zeichnen, als vielmehr den Ruf vornehmer Familien zu erhöhen und den Ruhm des Römervolkes zu verherrlichen. Strenge Objektivität und Sachlichkeit, die wir von Geschichtsstudien verlangen, sind in historischen Werken der Römer meist zu vermissen. Und es geschah nicht selten, daß antike Historiker die exakte Darstellung der Ereignisse einer eindrucksvollen, packenden, erschütternden Schilderung zuliebe gröblich vernachlässigten und die Wahrheit der künstlerischen Absicht opferten.

Quintus Fabius Pictor

Als erster Autor römischer Geschichtsschreibung trat Quintus Fabius Pictor an die Öffentlichkeit. Er lebte in der zweiten Hälfte des 3. Jahrhunderts v. Chr. Sein Werk schilderte die Vergangenheit des Römervolkes von Aeneas bis zu seiner Zeit. Überraschend mag erscheinen, daß in jener Epoche, in der die römische Literatur noch in den Anfängen steckte, ein so bedeutendes Werk entstand. Das Geheimnis ist schnell geklärt: der Autor bediente sich der griechischen Sprache. Fabius, wie andere zeitgenössische römische Historiker, versuchte auf diese Weise der romfeindlichen Propaganda in der griechischen Staatenwelt entgegenzuwirken. Seine Tätigkeit war also gleichsam römische Außenpolitik mit publizistischen Mitteln. Später wurden lateinische Bearbeitungen angefertigt. Wie das griechische Original haben sie die Zeiten nicht überdauert.

Quintus Fabius Pictor hatte die Anregung gegeben, die Taten des römischen Volkes literarisch aufzuzeichnen. Gleichzeitig wies er den methodischen Weg. Denn er stützte sich nicht nur auf mündliche Überlieferungen, sondern benutzte auch die Akten der Pontifices, jene Annalen, die Auskunft über wichtige Zeitereignisse gaben. Eine strenge Trennung von wissenschaftlicher Literatur und Dichtung war den Römern zu dieser Zeit noch fremd. Denn was Fabius Pictor in griechischer Prosa schuf, gestaltete Ennius nur wenige Jahrzehnte später in lateinischen Hexametern in seinen Annalen.

Annalen

Ennius

Marcus Porcius Cato (234–149 v. Chr.) verfaßte das erste lateinische Prosawerk über die römische Vergangenheit. Es trug den Titel „Origines“ (Ursprünge) und erzählte die Vorgänge der römischen Königszeit und der Punischen Kriege. Die „Origines“ verzichteten offenbar auf die Darstellung der Taten aus den beiden ersten Jahrhunderten der Republik. Vielleicht war sich der Autor bewußt, daß die Überlieferung für diese Zeit höchst unzuverlässig war. M. Porcius Cato

Cato ist der Vorgänger einer ganzen Reihe von Historikern, die unter der Sammelbezeichnung „Annalisten“ geführt werden. Ihre Werke sind kritiklose Zusammenstellungen von Ereignissen der Vergangenheit. Mit besonderer Freude gaben sich gerade die Annalisten der Verherrlichung von Personen und Familien hin und scheuten auch vor Fälschungen nicht zurück. Aus diesem Grund sind ihre nur sehr fragmentarisch erhaltenen Produkte dazu angetan, die römische Geschichte eher zu verdunkeln als aufzuhellen. Annalisten

Nach langer Pause lieferte erst wieder Caesar mit seinen „Commentarii“ eine Literatur, die in die Geschichtsschreibung eingereiht zu werden verdient. Die beiden Schriften Caesars über die Kämpfe in Gallien und über den Bürgerkrieg gegen Pompeius sind höchst wertvolle Zeitdokumente. Allerdings ist der Autor im subjektiven Urteil befangen und ganz darauf bedacht, seine eigenen Taten ins rechte Licht zu rücken. Die „Commentarii de bello Gallico“ hatte er eigens mit der Absicht verfaßt, die Meinung des Senats und des Volkes für sich zu gewinnen. C. Julius Caesar

Während Caesars Legionen in Gallien standen, brachten Eilboten Meldungen über die neuesten Ereignisse vom Kriegsschauplatz nach Rom. Caesars Siege hoben die Stimmung des Volkes. Er schilderte seine Taten mit einfachen sprachlichen Mitteln, verstand Bescheidenheit vorzutäuschen und den Gedanken so geschickt zu führen, daß der Leser oder Hörer bewogen wurde, die Meinung des Autors zu teilen.

Caesars Werke sind demnach eigentlich politische Tendenzschriften. Die Wahrheitsliebe trat oft hinter der politischen Absicht zurück, und daher ist es nicht immer leicht, das Richtige vom Falschen zu unterscheiden. Trotzdem liefern uns Caesars Commentarii eine Fülle von Einzelheiten, aus denen man ein relativ genaues Bild von den Kämpfen in Gallien und den Vorgängen während der Auseinandersetzung mit Pompeius gewinnt.

Die Berichte über den gallischen Krieg haben noch aus anderen Gründen unermeßlichen Wert. Vor allem im VI. Buch erzählt Caesar von den gesellschaftlichen Verhältnissen bei den Britanniern, Kelten und Germanen. Caesars Bericht über die Lebensweise der Germanen ist überhaupt die erste genauere literarische Nachricht über unsere „Vorfahren“.

Zur gleichen Zeit wie Caesar lebte Gaius Sallustius Crispus (86–36 v. Chr.), der Schöpfer der historischen Monographie, d. h. der Darstellung eines symptomatischen oder exemplarischen Einzelereignisses der C. Sallustius Crispus

Silberdenar Caesars, 46–45 v. Chr., Vs. Kopf der Göttin Venus, Rs. Tropaion mit keltischen Beutewaffen, trauernder Gallia und gefesseltem Gallier, CAESAR

Geschichte. Die Korruption, die in der römischen Gesellschaft während der Kämpfe gegen Jugurtha herrschte, wird aus seinem „Bellum Iugurthinum" deutlich. Die „Coniuratio Catilinae" ist ebenfalls einem der düstersten Kapitel der innenpolitischen Entwicklung Roms gewidmet. Die vier Anklagereden, die Cicero gegen Catilina hielt, werden durch Sallusts Darstellung vortrefflich ergänzt.

Es ist kein Zufall, daß Sallust gerade diese beiden Themen aufgriff und Ereignisse beschrieb, die seine Zeit erschütterten. Er selbst war unzufrieden mit den gesellschaftlichen Zuständen in Rom seiner Tage und gedachte mit Wehmut der vergangenen Größe der Republik, der Zeit echten Römertums. Die Behandlung von Zeitereignissen forderte Parteinahme, und Sallust erweist sich in seinen Schriften als Gegner der Nobilität. Seine Darstellung der Catilinarischen Verschwörung ist auch aus diesem Grunde ein besonders wertvolles Gegenstück zu den Reden Ciceros.

Cornelius Nepos

Eine Sammlung von kurzen Lebensbeschreibungen berühmter Männer hinterließ Cornelius Nepos (etwa 90–20 v. Chr.). Er wollte damit weite Kreise Roms mit bedeutenden Persönlichkeiten, auch des Auslandes, bekannt machen und den Römern auf diese Weise Vorbilder zeigen. Trotz manchen sachlichen Fehlers sind die erhaltenen, in einfachem Latein geschriebenen Biographien eine nützliche Quelle zur Vervollständigung unserer Geschichtskenntnisse.

Wie für die Dichtung liegt auch für die Geschichtsschreibung der Höhepunkt im Zeitalter des Augustus. Das patriotische Empfinden, von dem jeder Römer unter dem Eindruck politischer und gesellschaftlicher Fortschritte des frühen Prinzipats ergriffen werden sollte, erhob eine literarische Würdigung der nationalen Vergangenheit geradezu zum Gebot.

Titus Livius

Titus Livius (59 v. Chr.–17. n. Chr.) machte sich an das gewaltige Werk, die Taten des römischen Volkes vom Anbeginn seiner Geschichte bis zur Augusteischen Gegenwart ausführlich darzustellen. Der Anspruch auf historische Vollständigkeit wird durch den Titel „Ab urbe condita" („Römische Geschichte seit der Gründung der Stadt") wirkungsvoll unterstrichen. In nicht weniger als 142 Büchern, von denen 35 erhalten sind, wurde der gewaltige Stoff in 40jähriger Arbeit des Autors geordnet. Wir besitzen die Bücher 1 bis 10 (Königszeit und Anfänge der Republik) und 21 bis 45 (vom Zweiten Punischen Krieg bis zur Unterwerfung Makedoniens im Jahre 167 v. Chr.). Besonders schmerzlich trifft uns der Verlust der letzten Bücher, der Darstellung der Epoche des Augustus. Wir wissen lediglich, daß das Werk, an dessen Anfang die Abfahrt des Aeneas aus Troja steht, mit dem Jahre 9 v. Chr., dem Tode des Drusus, des Stiefsohnes des Kaisers und erfolgreichen Eroberers Germaniens, schloß. Wie in vielen anderen Geschichtsbüchern nimmt die Ausführlichkeit in dem Maße zu, in dem sich der Stoff der Gegenwart nähert.

„Ab urbe condita" wurde schon von den Römern als die Krönung ihrer Geschichtsschreibung gewertet. Aber auch das Werk des Livius zeigt die Mängel, die moderne Kritik am historisch-literarischen Nachlaß der Römer rügen muß. Exaktes Quellenstudium und kritische Sichtung der Quellen sind dem Autor fremd. Galt doch der Ehrgeiz des Schriftstellers vorzugsweise dem einen Ziel, die Macht und die Größe Roms in den leuchtendsten Farben und eindrucksvollsten Bildern zu schildern und erlebbar werden zu lassen.

Doch Livius vereinigte in seinem Werk auch bemerkenswerte Vorzüge. Obwohl ihm die Methoden exakter Forschung fehlten, bemühte er sich, zumindest bewußte Unwahrheiten fernzuhalten. Die Sagen und unsicheren Überlieferungen der Frühzeit nahm er freilich für bare Münze. Im übrigen war er ein begabter Schriftsteller, der auch die Sprache zu meistern wußte, ein Vorzug, der ihn über viele wissenschaftliche Autoren späterer Zeiten erhebt. Natürliche schriftstellerische Veranlagung und die Liebe zum Stoff bewirkten den frischen, nie langweiligen Stil.

Die breit angelegte, ausführliche und kunstvolle Darstellung, die die römische Geschichte im Werk des Livius gefunden hatte, verdrängte die Werke der früheren Annalisten so vollständig, daß uns davon bestenfalls nur Fragmente zufällig erhalten geblieben sind.

Cornelius Tacitus

Einen neuen Gipfel erreichte die Geschichtsschreibung mit Cornelius Tacitus (55–117 n. Chr.). Neben kleineren Schriften ragen seine Hauptwerke, die „Historien" und die „Annalen" hervor. In den „Historien" schildert er seine eigene Zeit, die „Annalen" enthalten die Ereignisse seit dem Tode des Augustus.

Den Historiker bewegte vor allem die Frage nach dem historischen Platz der Kaiserherrschaft: in den „Historiae" deckt er auf, daß und wie sich die Kaisermacht auf die Legionen stützt und wie sie beinahe unaufhaltsam in blutige Tyrannei entartet, in den „Annales" geht er, weit ausholend bis zum Ende des Augustus, der Frage nach, ob solche Entartung denn notwendigerweise mit dem Wesenskern des Prinzipats verbunden sei. Seine Ergebnisse sind düster und pessimistisch: Die Kaiser allein können das Imperium noch halten, doch müssen sie um ihrer

Herrschaft willen alle Libertas, jede Regung von Tüchtigkeit mißtrauisch unterdrücken und sich so selber der Zügellosigkeit des Herrschens ausliefern.

Unersetzlich ist vor allem seine berühmte „Germania", ein nur kleines, aber sehr gründliches Werk über das Leben und die gesellschaftlichen Verhältnisse der Stämme, die ostwärts des Rheines wohnten. Ob Tacitus selbst Germanien bereist hat, ist zweifelhaft. Aber seine Nachforschungen waren sorgfältig und zuverlässig genug, um uns unschätzbares Material über die Frühgeschichte unseres eigenen Volkes zu liefern.

C. Suetonius Tranquillus

Um 75–150 n. Chr. lebte Gaius Suetonius Tranquillus. Er galt als der gelehrteste Mann seiner Epoche und genoß den Vorzug, als Geheimsekretär Hadrians Dinge zu erfahren, die anderen Zeitgenossen verborgen blieben. Er hinterließ die Biographien der Herrscher Roms von Caesar bis Domitian. Diese Lebensbilder sind bemerkenswerte Quellen für die Geschichte des Prinzipats.

Ammianus Marcellinus

Nur noch ein Name ragt aus den Literaten der Kaiserzeit heraus. Ammianus Marcellinus (um 330–400 n. Chr.) verfaßte eine umfangreiche Geschichte des römischen Reiches von Kaiser Nerva (96–98) bis zum Ende des 4. Jh., bis zum Tod des Kaisers Valens (378). Wie eine Ironie des Schicksals mutet es an, daß dieser letzte große römische Historiker gar kein Römer war, sondern ein Grieche aus Antiochia in Syrien, der aber lateinisch schrieb. Ammians politisches Leitbild ist Rom, nicht unbedingt das der eigenen Zeit, sondern das der einstigen Macht und Größe. Sein literarisches Vorbild ist Tacitus, sein Idealkaiser Julianus (361–363), der nochmals, allerdings erfolglos, eine Rückkehr zu den alten Göttern, zur alten klassischen Kultur herbeiführen wollte. Was uns Ammian von den Angelegenheiten des Reiches erzählt, verdient im wesentlichen Glauben, da er als Offizier und Beamter Personen, Ereignisse, Schauplätze oft aus eigener Anschauung kennt.

Mit Ammian sind wir wieder zu den Griechen zurückgekehrt. Eine auch noch so kurze Betrachtung der römischen Geschichtsschreibung

Messingsesterz des Antoninus Pius (138–161) mit Kaiserbildnis ANTONINUS AUGUSTUS P P, Rs. Wölfin mit Romulus und Remus, Cos III (= Jahr 140) S C

wäre unvollständig, wollte man verschweigen, daß zahlreiche Schriften in griechischer Sprache das Bild über die römische Gesellschaft abrunden. Polybios, Dionys von Halikarnass, Cassius Dio, Appian und Plutarch, um nur die Bedeutendsten zu nennen, gaben der Nachwelt wertvolle Darstellungen, die das Verständnis des politischen Weges der Römer ermöglichen.

Götterverehrung und öffentliche Spiele

Götter, Kultus und Religion

Gestalten und Begriffe

Bildhaft vorstellbare Göttergestalten, etwa gar mit menschlichen Zügen, kannten die alten italischen Völker offenbar nicht; mithin fehlten sie anfangs auch den Römern. Gleichwohl gab es bei ihnen schon in frühesten Zeiten so etwas wie ein religiöses Empfinden – es richtete sich auf die Erscheinungen, die gestaltlos in allen Bereichen des Lebens und vor allem der Natur wirkten. Eine solche unpersönlich wirkende Kraft, gewissermaßen ein göttliches Walten im täglichen menschlichen Erfahrungsbereich, nannten sie Numen (etwa: Wink, Geheiß). Selbst wenn die Gottheit durch eine Persönlichkeitsvorstellung geprägt war, orientierte sich das Empfinden mehr auf die Kraft des Gottes, weniger auf seine Gestalt.

Religion und Kultus

Maßgebend für die Bestimmung und Benennung solcher Mächte ist der Gesichtskreis der Menschen. Bauern halten sich an die bäuerliche Sphäre. Folglich waren für die Römer z. B. die Erde (Tellus) oder die Ernte (Ops) und eine beträchtliche Zahl anderer das ländliche Leben beherrschender Erscheinungen verehrungswürdig. Unter dem Einfluß der Etrusker, vor allem aber der Griechen, bei denen die Götter als Personen erlebt wurden, kamen später Gottheiten in Menschengestalt dazu.

Von Anfang an gab es für die Verehrung göttlicher Kräfte feste Normen, deren Gesamtheit wir Kult nennen. Kultus und Religion – beide Begriffe sind von den Römern geprägt – gehören also eng zusammen.

Während mit dem Kult die Handlungen gemeinschaftlicher Verehrung der Gottheit bezeichnet werden *(colere – verehren)*, meint die *religio* (von dem verlorenen Verbum *religere – ernst nehmen*) das innerliche Verhältnis zu jener Macht, die den Menschen beherrschte; Religion ist deshalb nicht einfach Glauben, vielmehr Verbundenheit oder mehr noch Ehrfurcht. Die Römer hatten für diese Ehrfurcht (vor den Göttern, den Älteren und den Vorfahren, den Ranghöheren) den Begriff Pietas.

In der Frühzeit der menschlichen Gesellschaft war die Gottheit oft Ersatz für wissenschaftliche Erfahrungen. Deshalb standen die Götter auch viel gegenwärtiger, viel wirksamer im Dasein, als das für die meisten von uns heute vorstellbar ist. Das muß man beachten, wenn man das Verhältnis der alten Völker zu ihren Göttern verstehen will.

In der Gemeinschaft der Gentes und des Stammes war der Stammesfürst zugleich Oberpriester. Als soziale Schichten und der Staat entstanden, nutzte der Fürst neben seiner Stellung auch die Gottesfürchtigkeit der Menschen, um sich die Stammesgenossen untertan zu machen.

Etruskischer Einfluß und italische Gottheiten

Die erste kultische Handlung, die der Überlieferung nach in Rom vorgenommen wurde, war das Auspicium, das Romulus die Gründung der Stadt auftrug.

Auspicium

Beim Auspicium (*avis – Vogel* und *specere – schauen*) wurden von eigens dazu ausgewählten Priestern, den sogenannten Auguren, der Vogelflug (bei Reihern und Adlern) oder die Stimmen der Vögel (bei Raben, Krähen, Eulen) nach bestimmten Riten beobachtet. Die Auguren beurteilten nach dem Verhalten der Tiere die Erfolgsaussichten eines geplanten Unternehmens. Wie das Auspicium war auch das Haruspicium, die Deutung der Zukunft aus den Eingeweiden von Opfertieren, etruskischen Ursprungs.

Haruspicium

Außer diesen beiden Kulthandlungen stammte mancher andere religiöse Brauch von den Etruskern. Ihr Einfluß auf die römische Religion beschränkte sich vornehmlich auf das Zeremoniell. Dagegen waren die Götter, die Rom in frühester Zeit verehrte, zumeist bei den Latinern und Sabinern zu Hause.

Diese beiden Völker waren Hirten und Ackerbauern. Kein Wunder, daß sie Gottheiten schufen, die dem Vieh und dem Felde Gedeihen sichern sollten. Dazu gehören Faunus (vermutlich zu *favere – begünstigen*, also der *Günstige*) und Saturnus (wahrscheinlich zu *serere, satus – säen*, also der *Schützer der Saaten*).

Hausgötter

Die ursprüngliche Beschränkung gemeinschaftlichen Lebens auf die kleine Einheit der Gens brachte bei Latinern und Sabinern eine Gruppe eigentümlicher Gottheiten hervor, die den Zusammenhalt der Familie, des Hauses fördern sollten. Die Familie ehrte den Genius (Schutzgeist) des Hausherrn zu dessen Geburtstag (*genius* zu *gignere – erzeugen, hervorbringen*). Das Familienoberhaupt, der Pater familias, versah den täglichen Kult für den Lar, den Schutzgott des Hauses und des zum Hause gehörigen Landes, und die Penaten, die Götter der gefüllten Vorratskammern. Unter diese Hausgötter konnten auch andere Schutzgeister aufgenommen werden. Ihre Kultbilder standen an dem ebenfalls kultisch bedeutsamen Herd, dessen Feuer von der Göttin Vesta beschützt wurde.

Vesta stand in außerordentlich hohem Ansehen. Sie wurde – wie alle anderen großen Götter – auch von Staats wegen verehrt. Ihr war ein Heiligtum am Forum gebaut, ein Rundtempel, in dessen Innern sich ein Herd mit dem Ewigen Feuer befand. Sechs Priesterinnen, die Vestalinnen, hatten darüber zu wachen, daß die Flamme stets Nahrung hatte. Vesta

Die Vestalinnen wurden als Mädchen von sechs bis zehn Jahren in den Dienst aufgenommen und mußten ihn 30 Jahre treu versehen. Erlosch das Feuer (das galt als Unglück für den Staat), so wurde das schuldige Mädchen ausgepeitscht. Noch schlimmer war die Strafe, wenn die Priesterin das Gebot der Keuschheit übertrat: die ruchlose Vestalin wurde lebendigen Leibes begraben.

Uralt wie Vesta ist auch der zweigesichtige Janus. Bei jedem Opfer, gleichviel welchem Gott es galt, mußte Janus stets als erste, Vesta immer als letzte aller aufgerufenen Gottheiten genannt werden. Keine der antiken Religionen kannte einen Gott wie diesen: er war der Herr aller Türen und Tore, aller Eingänge und Durchgänge, aber nicht allein im räumlichen, sondern auch im zeitlichen Sinne. Mit seinen zwei Gesichtern vermochte er voraus- und zurückzublicken, das Außen und Innen zu sehen, Vergangenheit und Zukunft zu überschauen. Janus

In der Nähe des Forums stand sein Tempel, den Numa Pompilius, erster König nach Romulus, begründet haben soll. Die Doppeltore des Tempels waren geschlossen, wenn Frieden herrschte, sie wurden geöffnet, wenn ein Kriegszug begann. Dann durchschritt die waffenfähige Jugend Roms in feierlichem Zeremoniell die Tore. Der Konsul trat sein Amt am ersten Januar mit der Anrufung des Janus an. Nicht geringer wurde der Gott von den Bauern verehrt: bei Beginn der Saat und zum Anfang der Ernte erflehten sie seinen Beistand.

Janus hatte nach dem Glauben der Römer vor Jupiter und Saturnus in Italien geherrscht. Saturnus wurde als Flüchtling von Janus aufgenommen und an der Herrschaft beteiligt. Er erwies sich als Wohltäter der italischen Heimat, weil er die Kunst des Ackerbaus mitbrachte. Deshalb war er würdig, in den Kreis der größten Götter eingereiht zu werden. Jupiter Saturnus

Vom 17. bis 24. Dezember, um die Zeit also, da sich nach dem kürzesten Tag des Jahres die Erneuerung der Natur vorbereitet, feierte man ihm ein großes volkstümliches Fest, die Saturnalien. Die Gebräuche der Saturnalien zeigen, daß im Denken der Römer eine leise Erinnerung Saturnalien wach war an Tage, in denen die Menschen in einem glücklicheren, unverdorbenen, dem sogenannten Goldenen Zeitalter lebten.

Man darf hinter dem antiken Idealbild vom Goldenen Zeitalter mehr sehen als die vielen Generationen eigene und meist ganz unberechtigte Sehnsucht nach der „Guten alten Zeit". Während der Saturnalien gab es Festessen auf Staatskosten, und es war üblich, sich gegenseitig zu beschenken. Mehr noch: die Standesunterschiede galten an diesen Tagen als beseitigt, die Sklaven waren pro forma frei und wurden dann und wann sogar von ihren Herren bedient. Der Gedanke vom Goldenen Zeitalter erweist sich durch diese Bräuche als der Nachklang der geschichtlichen Epoche, da die Menschen noch nicht durch soziale Unterschiede und Herrschaftsansprüche der Mächtigen entzweit waren.

Die griechisch-römischen Götter

Der mächtigste römische Gott war Jupiter. Griechen und Italiker hatten ihn schon in ihrer alten nördlichen Heimat gekannt, ihn dann auf ihren Zügen nach dem Süden mitgenommen und dort als den Himmelskönig weiterverehrt.

Griechen und Italiker unterschieden sich aber trotz des gemeinsamen indoeuropäischen Ursprungs ganz wesentlich in ihrer Denkweise. Die Italiker und mit ihnen die Römer blieben durch alle Zeiten eine Völkergruppe, deren Sinn vornehmlich auf das Nützliche, Praktische, auf das Materielle zielte. Bei den Griechen dagegen fand schon in früher Zeit jeder Bereich des Lebens eine poesievolle Formung. Ganz besonders gilt das für den schier unerschöpflichen und stets erweiterungsfähigen phantastischen Stoff der Götterwelt. Da es im Glauben der Griechen keine Erscheinung der Natur gab, der nicht ein göttliches Wesen als gestaltende und bewahrende Kraft innewohnte, da überdies für jeden Gott Sage auf Sage erfunden und weitergegeben wurde, schillert die Welt der griechischen Götter in einer bunten und fast unübersehbaren Vielfalt.

Wesentliche Impulse für die Gestaltung ihrer Götterwelt verdankten die Griechen ohne Zweifel ihren vielfältigen und frühen Kontakten zu den Hochkulturen des Vorderen Orients, die über eine reiche, sowohl literarisch wie bildkünstlerisch verarbeitete und gestaltete Mythologie verfügten.

Mythologie nennt man die Gesamtheit der Göttersagen eines Volkes. Die Mythologie der Griechen ist unendlich reich. Die der Römer nimmt sich dagegen dürftig aus. Ja mancher Forscher ist geneigt, den Römern eine eigene Mythologie ganz abzusprechen. Das ist unberechtigt, denn auch auf italischem Boden wurden Göttersagen erdacht, denen die Römer manchen liebenswerten Zug hinzufügten. Bei der Betrachtung der römischen Götter sind zwei Grundsätze zu berücksichtigen:

1. Das Denken und Trachten der Römer, das vorwiegend den praktischen Lebensbedürfnissen galt, bestimmte auch das Wesen der Religion. Eine Unzahl kleinlicher Vorschriften regelte den Kultus. Religion und Kultus wurden dem Staatsinteresse untergeordnet. Sie sollten das römische Machtstreben begründen und verwirklichen helfen.

2. Wie für alle Gebiete des Lebens bezogen die Römer auch für ihre Religion vieles von den Griechen, deren Phantasie die italischen Mythen nicht nur bereicherte, sondern vielfach überwucherte.

Ein wesentlicher, griechische und römische Göttervorstellungen unterscheidender Zug ist der Anthropomorphismus der griechischen Götter, der den römischen ursprünglich völlig fehlte und erst unter griechischem Einfluß auch auf sie übertragen wurde. Die italisch-römischen Gottheiten waren gestaltlose Mächte, abstrakte Wesenheiten, deren Wirken sich allenthalben äußerte und im Kult aufs sorgfältigste beachtet wurde.

Obwohl Griechen und Italiker den Himmelsgott, die Wetter- und Lichtgottheit, den Himmelsvater (dieses Wort ist zugleich die Deutung des Namens Jupiter: im Griechischen heißt er vollständig *Zeus patér*) aus der gemeinsamen indoeuropäischen Vergangenheit übernommen hatten, so verehrten sie ihn später mit mancherlei Unterschieden, die sich aus Eigentümlichkeiten der gesellschaftlichen Entwicklung ergeben hatten. Jupiter

Ihm wurde als dem obersten Gott der römischen Staatsreligion ein Heiligtum auf dem Mons Capitolinus errichtet. Dort verehrte man ihn als Jupiter Optimus Maximus, den Besten und Höchsten. Jupiter Optimus Maximus blieb er indes auch allerorts, wo seiner gedacht wurde.

Daneben trug er noch eine große Zahl anderer Beinamen, die seinem weitgespannten Aufgabenbereich entsprachen. Als Schleuderer des Blitzes hieß er Fulminator, als Herr des Donners Tonans, als Förderer des militärischen Sieges Victor, als Gott, der Standhaftigkeit im Kampfe verleiht, Stator. Manche dieser Eigenschaften betonten die Römer durch den Bau besonderer Tempel, in denen Jupiter dann in ganz spezieller Funktion verehrt wurde. Alle Gebete aber, die für den Staat bedeutend waren, mußten auf dem Kapitol verrichtet werden. Dort opferte ihm der Konsul, der sein Amt antrat, dort erflehte der in den Kampf ziehende Feldherr seine Hilfe und erwies ihm Dank, wenn er erfolgreich zurückkehrte. Der Triumphzug, die höchste militärische Auszeichnung, die der Senat dem Feldherrn verleihen konnte, führte zum Kapitolinischen Tempel. Bis ins kleinste waren alle Handlungen im Dienste Jupiters festgelegt und vorgeschrieben. Auf dem Kapitol wurde ihm an den Iden eines jeden Monats ein Opfertier geschlachtet. Die Iden waren die Vollmondtage. Sie waren Jupiter heilig, weil an ihnen das Licht des Himmels Tag und Nacht ununterbrochen strahlte.

Die strengen Bräuche des Jupiterkultes, vor allem die Verbindung zwischen militärischen Unternehmungen und Verehrung des Gottes, charakterisieren vortrefflich die Ausnutzung der Religion im Interesse des Staates.

Hatten die Menschen Zeus oder Jupiter und seinen Kult selbst geschaffen, so hatten sie sich auf dem Umweg über die Götter sittliche Normen gesetzt. Auch die römische Staatsreligion stellte dem Menschen sittliche Ziele. Dennoch darf sie für sich nicht die charakterformende Kraft beanspruchen, die das Volk der Griechen seinen Göttern verliehen hatte und die von den Göttern dem Volke wieder zuströmte. Obwohl aus der religiösen Ethik der Griechen manches nach Rom hinüberfloß, blieb Zeus viel lebendiger, gegenwärtiger, „menschlicher" als der römische Jupiter. Das „Menschliche" gaben ihm die Griechen durch den Flug ihrer Phantasie, durch die mythische Ausschmückung seines Götterdaseins. Jupiter fehlt das im Anfang seiner italischen Existenz anscheinend völlig, und was der Mythos ihm später andichtete, erweist sich bei genauem Hinschauen als griechisch. Besonders deutlich wird das in seinen Verwandtschafts- und Familienverhältnissen. Der Göttervater Zeus *heißt* nämlich nicht nur so, er *ist* Vater von Göttern, zeugt Götterkinder oder bringt sie sogar selbst zur Welt, wie zum Beispiel aus seiner Stirn Athene. Zeus hat Geschwister und eine Ehefrau, und er hatte schließlich Vater und Mutter, Kronos und Rhea, die er mit Hilfe seiner Brüder vom Götterthrone gestürzt hatte.

Vieles davon findet sich später bei den Römern wieder, all das nämlich fehlte ursprünglich dem römischen Jupiter. Doch das mythologische System der Griechen schien den Römern schließlich so überlegen, daß sie hier und da sogar auf eine eigene althergebrachte Gottheit verzichteten, um ihre Götterwelt den Auffassungen der Griechen anzupassen.

Juno

Am meisten hat noch Juno, obwohl später mit der griechischen Hera gleichgesetzt, eigene Züge bewahrt. Hera ist als Gemahlin des Zeus zwar die Erhabenste und Geehrteste aller Göttinnen, doch ihr Gemahl teilt mit ihr nicht die Macht. Sie hat den Vorzug, unter allen olympischen Göttern die einzige richtige Ehefrau zu sein, aber sie bleibt ihrem Gatten untergeordnet. Ihr fallen so wichtige Aufgaben zu wie der Schutz der Ehe und der Geburten. Die Machtfülle Junos dagegen steht nahezu ebenbürtig neben der des Jupiter, und einer ihrer Ehrennamen, nämlich das Cognomen Regina, verrät, daß sie als Himmelskönigin mit gleichem Rang an der Seite des Himmelsvaters herrschte. Im Laufe der Jahrhunderte verschob sich die himmlische Gleichberechtigung – entsprechend der irdischen – zugunsten Jupiters, und Juno erwarb mehr und mehr spezielle Funktionen als Frauengottheit. Auch sie schützte dann vornehmlich Ehe und Geburt.

Als die Römer Geld zu prägen begannen, legten sie die Prägestätte in den kapitolinischen Tempel der Göttin, die dort etwa zur gleichen Zeit den Beinamen Moneta erhielt.

Obwohl sich dieses Wort leicht von *monere* herleiten und etwa mit *Ratgeberin* übersetzen ließe, bleibt in der Deutung doch eine Unsicherheit. Was hat es mit geprägtem Gelde zu tun, wenn jemand einen Rat erteilt? Schon die Römer wußten keine befriedigende Antwort. Sie erzählten eine kleine an den Haaren herbeigezogene Geschichte: Als im Pyrrhoskriege Geld fehlte, habe die Göttin auf Befragen erklärt, sie sollten die Waffen mit Gerechtigkeit führen, und es werde an Geld nicht mangeln. – Juno ist aus unserem Alltagsleben geschwunden, die Moneten sind geblieben. Wenn wir scherzhaft dieses Wort gebrauchen, sind wir den Römern eigentlich näher als mit der daraus entstandenen 'Münze'.

Brüder des Zeus waren Poseidon und Pluton. Poseidon erhielt bei der Verteilung der Welt das Meer, Pluton das Reich der Toten. Beide fanden auch bei den Römern Aufnahme, unter dem Namen Neptunus und Pluto. Doch genossen sie längst nicht die Verehrung, die ihnen die Griechen zollten.

Pluto

Pluto – sein römischer Name Dispater zeigt ihn als altertümliche Gegengestalt zu Jupiter, dem Himmelsgott – hat ältere italische Vorstellungen von der Gottheit der Unterwelt verdrängt. Nur vereinzelt taucht im Totenkult eine Erinnerung an die alte Dea Muta, die Stumme Göttin, auf. Den Italikern war einst sie die Herrin über die Verstorbenen. In der Dichtung, die uns die sichersten Nachrichten vom Totenglauben vermittelt, ist jedoch Pluto an ihre Stelle getreten. Er herrscht über den Orcus, d. i. das Reich des Totengottes, gemeinsam mit seiner Gattin Proserpina, die bei den Griechen Persephone genannt wurde.

Neptun

Neptunus müßte eigentlich schon vor der Gründung der Stadt in Italien bekannt gewesen sein. Denn die Landung des Aeneas war nur mit seinem Einverständnis möglich. Wie der Odysseus der homerischen Gedichte hatte auch Aeneas mancherlei Gefahren zu bestehen, die der Meeresgott heraufbeschworen hatte. Erst als Mutter Venus bei Neptun für ihren Sohn ein gutes Wort einlegte, gelangten die flüchtigen Trojaner ans Ziel. Neptuns Verdienste um die Stadt hätten ihm also ergebene Verehrung einbringen müssen. Und doch vernachlässigten ihn die Römer lange Zeit, hatten sie doch über Jahrhunderte mit dem Meer nur wenig zu schaffen. Erst als die Seefahrt ihren Lebenskreis erweiterte, kam auch er zu beträchtlichen Ehren.

Minerva

Zeus hat eine zahlreiche Nachkommenschaft. Athena – oder Minerva, wie sie nach etruskischem Vorbild in Rom hieß – ist auf besonders merkwürdige Weise in die Welt gekommen. Zeus verschlang seine erste Gemahlin Metis, die Göttin der Klugheit. Darauf reifte in seinem Haupte ein neues göttliches Wesen. Er gebar Athene aus seiner Stirn. Sogleich besaß sie volle Jugendkraft und war schon bei der Geburt bewaffnet und gewappnet. Hauptzüge ihres Wesens sind Weisheit, Geschicklichkeit und Kraft. Sie hilft allen klugen und tapferen Menschen und schützt alles, was dem Wohle der Bürger dient, die Landwirtschaft genauso wie das Handwerk. Auch im Kampfe wirkt sie mit, als Göttin einer geordneten Kriegführung, die dem Tapferen und Gerechten zum Siege verhilft.

Roms Minerva war ursprünglich unabhängig von Athene. Aber auch sie mußte es sich gefallenlassen, mit der vergleichbaren griechischen Gestalt identifiziert zu werden. Da sie alle Gewerbe und Künste bewachte, dem Schuster ebenso half wie dem Lehrer, dem Bildhauer wie dem Dichter, da sie durch diese Eigenschaften zur Hüterin der Stadt wurde, trat sie fast ebenbürtig an die Seite Jupiters und Junos. Gemeinsam mit dem Ehepaar wurde sie im Jupitertempel auf dem Mons Capitolinus verehrt.

Außer dieser Götterdreiheit finden wir in Rom noch einen zweiten uralten Dreibund: Jupiter, Mars und Quirinus. Wirkt die erste Gruppe vornehmlich im friedlichen Leben des Bürgers, so begegnen wir hier einem Bunde, dessen Anliegen einzig der Krieg ist.

Jupiters Zugehörigkeit erklärt sich aus seiner Herrscherrolle unter den Göttern.

Quirinus

Quirinus ist eine der wenigen altitalischen Gottheiten, die von griechischen Mythen unbeeinflußt bleiben. Die Römer verehrten in ihm ihren Ahnherren Romulus, der von seinem Vater Mars zu den Göttern entführt worden war. In Wirklichkeit ist Quirinus älter als Rom. Seine Spuren weisen zu den Sabinern, die dem Mars den Beinamen Quirinus (wahrscheinlich *der Lanzenschwingende*) gegeben hatten. Noch bevor der Gott in Rom heimisch wurde, war aus dem bloßen Beinamen ein selbständiges Wesen geworden. Es bot sich geradezu an, den engen Zusammenhang Mars-Quirinus als Vater-Sohn-Beziehung zu betrachten.

Mars

Hauptgott des Krieges blieb natürlich Mars selbst. Auch er war in Italien heimisch, bevor er dem griechischen Ares gleichgesetzt und damit zum Sohn der Hera und des Zeus erklärt wurde. Nicht immer brachte er Verderben. In frühen Tagen vermochte er auch Segen zu spenden, die Äcker vor Schaden und das Vieh vor Seuchen zu bewahren. Die Griechen zollten ihrem Ares zwar Anerkennung, aber sie liebten ihn nicht, denn er war für sie der blind wütende, menschenvertilgende Herr des Krieges. Er fragte nicht nach Recht oder Schuld, sondern tobte von einer Schlachtreihe zur anderen und brachte beiden gleichermaßen Schmerz und Tod.

Anders dagegen sahen die Römer ihren Schutzherrn Mars. Er war ihnen nicht nur einer der mächtigsten, sondern auch einer der wichtigsten Götter. Er schirmte ihren Staat und half ihnen die Weltherrschaft erringen. Nach ihm benannten sie den Monat März, der für lange Zeit das Jahr einleitete.

Die Überlieferung schreibt diese Jahreseinteilung dem Romulus zu, der den ersten Monat nach seinem Vater genannt haben soll. Der erste Januar wurde erst später zum Jahresanfang. 153 v. Chr. wurde der Amtsantritt des Konsuls auf diesen Tag festgelegt. Seit Caesars Kalenderreform gilt dann der erste Januar offiziell als Beginn des Jahres, und während danach die Monatsnamen Quintilis und Sextilis (der fünfte und der sechste) durch Iulius (zu Ehren Caesars) und Augustus (dem ersten Kaiser gewidmet) ersetzt wurden, blieben die Namen für September bis Dezember, obwohl ihre Stellung im Jahreslauf nicht mehr der neuen Zählung entsprach, unverändert.

Vulcanus

Zeus und Hera hatten neben Ares einen zweiten gemeinsamen Sohn: Hephaistos, den Gott des Feuers. Er kann sein Element gegen die Menschen richten und Brände schicken, aber er vermag es auch zum Wohle der Menschen zu zügeln. Er ist der Schmied unter den Göttern, er schmilzt Metall und verarbeitet es zu kostbaren Waffen und Werkzeugen. Vulcanus, wie er in Rom hieß, war wie Mars den Römern schon in der Frühzeit der Stadt bekannt, unterschied sich dann aber wie viele andere kaum noch vom griechischen Hephaistos.

Leto, vor Hera Gemahlin des Zeus, hatte bereits dem Göttervater zwei Kinder geboren, das Zwillingspaar Apollon und Artemis.

Apollo

Apollo haben die Römer erst von den Griechen kennengelernt. Der Lebensweise der Italiker hatte der Gedanke an einen solchen Gott offenbar ferngelegen. Er ist nämlich Symbol alles Guten und Schönen in der Natur und bei den Menschen. Er besitzt die Gabe der Dichtkunst und des Gesanges und vermittelt sie den Sterblichen. Die neun Musen, ebenfalls Kinder des Zeus, sind deshalb oft in seinem Gefolge zu finden. Apoll verkündet den Willen des Göttervaters und überwacht seine Erfüllung. Weil durch seinen Mund die höchste göttliche Macht spricht, ist Apoll der Gott der Weissagung und des Orakels. Seine wichigste Orakelstätte war das Heiligtum zu Delphi. Schon in der Königszeit sollen auch die Römer den delphischen Apoll um Rat gefragt haben.

Diana

Seine Schwester Artemis, bei den Römern Diana geheißen, ist wie Apoll eine Licht und Leben spendende Gottheit. Eng verbunden mit der Natur und besonders dem Wald, wird sie zur Göttin der Jagd. Wie viele weibliche Gottheiten ist auch sie Schützerin der Geburten.

Merkur

Der Verbindung zwischen Zeus und Maia entsprang Hermes. Gleich nach seiner Geburt riß er aus, stahl aus den Herden der Götter 50 Rinder, verbarg sie und begab sich wieder zurück in seine Windeln. Die Missetat wurde dennoch entdeckt. Eine Seite seines Wesens macht sie sehr anschaulich: seine Gewandheit und seine Geschicklichkeit. Deshalb wird er auch, als ihm der Diebstahl verziehen war, zum Boten des Zeus und führte mit seiner List jeden Auftrag zum guten Ende. Der Streich, den er schon als Neugeborener vollführte, wurde ihm wohl angedichtet, weil er zugleich als Gott der Diebe galt. Er verhalf eben zum Wohlstand, selbst wenn der Weg dorthin unredlich war. Freilich konnte man auch durch ehrlichen Handel zu Vermögen gelangen, und daher wurde Hermes bei den Römern zum Schutzherrn der Kaufleute. Sein la-

Denar des C. MAMIL(ius) LIMETAN(us), 82 v. Chr.; Vs. Merkurkopf mit Petasos (Reisehut) und Cadeceus (Heroldstab); Rs. Der heimkehrende Ulysseus wird von seinem Hund Argos begrüßt

teinischer Name Mercurius (*merx, mercis – die Ware*) scheint das auszusprechen.

Venus

Tochter des Zeus ist – nach einigen Versionen des Mythos – auch Aphrodite, die der römischen Venus ihr Wesen verlieh. Eine andere Überlieferung läßt sie vor der Insel Zypern dem Schaume des Meeres entsteigen. Sie ist eine unbezwingliche Herrin, nicht nur der Sterblichen, sondern auch der Götter. Denn sie bringt jedem Wesen die Liebe, und alles Lebendige ist ihrer Macht unterworfen.

Die römische Venus hatte anfänglich nichts mit der Aphrodite der Griechen gemein. Sie war vielmehr eine Gottheit des Frühlings und der erwachenden Natur. Besonderes Ansehen erlangte sie im Zeitalter des Augustus, denn der Nationalstolz der Römer brachte ihr als Mutter des Aeneas und Ahnherrin des Populus Romanus besondere Verehrung entgegen. Außerdem führte die Gens Julia ihren Stammbaum bekanntlich bis zu dem Sohne des Aeneas zurück. Caesar, Augustus und seine Nachfolger galten also als Nachkommen der Göttin.

Das ist der Kreis der wichtigsten Götter Roms. Neben ihnen gab es eine Anzahl von Gottheiten, deren Aufgabenbereich zwar nicht unbedeutend, aber keineswegs so überragend ist, daß sie in dieser Reihe Platz finden könnten. Vor allem ältere italische Götter büßten unter dem Einfluß der griechischen Mythen im Laufe der Jahrhunderte an Macht und Bedeutung ein.

Priester und Kulthandlungen

Das Verhältnis zu den Göttern und ihre Verehrung war bei den Römern mehr als bei den Griechen eine Sache der gesamten Öffentlichkeit. Solange der römische Staat bestand, betrachtete er die Religion als Staatsangelegenheit. Er führte auch die Aufsicht über den Kultus, und die Priester waren Diener des Staates.

Daneben gab es auch einen häuslichen Gottesdienst, der aus Familienfeiern, Gebeten und Opfern bestand. Diese Kulthandlungen wurden vom Familienoberhaupt geleitet.

Umfangreich wie die Götterwelt war auch das priesterliche Personal, das für die Sacra publica, die öffentlichen Opferdienste, vom Staat eingesetzt wurde. Sacra publica

Die wichtigsten Priester waren die Pontifices. Sie bildeten ein Kollegium von anfangs fünf, später 15 Mitgliedern. An ihrer Spitze stand in der Frühzeit der Stammesfürst bzw. der König. Nach der Königszeit übertrug die Republik das höchste Priesteramt einem sogenannten Pontifex Maximus, der im Gegensatz zu den Beamten der Staatsverwaltung auf Lebenszeit gewählt wurde. Seit Augustus nahmen die Kaiser (bis Gratian, 382 n. Chr.) die Würde des Pontifex Maximus in Anspruch. Pontifices Pontifex Maximus

Die Pontifices versahen die Kontrolle über den gesamten Kult. Sie vertraten die Rechte aller Götter und führten die Aufsicht über die öffentlichen Opfer. Der Pontifex Maximus war der Leiter des gesamten religiösen Rituals.

Er hatte deshalb besondere Rechte, aber auch ungewöhnliche und sehr merkwürdige Pflichten: er durfte zum Beispiel keinen Leichnam berühren, nur einmal heiraten und Italien nicht verlassen. Zu den Pflichten der Pontifices gehörte die Ordnung des Kalenders, eine sehr verantwortungsvolle Aufgabe, da sie bis zur Einführung des Julianischen Kalenders durch Caesar (1. Januar 45 v. Chr.) durch Einfügung von Schaltmonaten die annähernde Übereinstimmung von Kalender- und Sonnenjahr zu gewährleisten hatten und außerdem die Einteilung der Tage in Dies Fasti und Dies Nefasti vornehmen mußten. Einen regelmäßig wiederkehrenden Festtag, etwa unserem Sonntag entsprechend, kannten die Römer nicht. Statt dessen bestimmten die Priester eine Menge jener Dies Nefasti, die als religiöse Feiertage galten und an denen Rechtsgeschäfte aller Art untersagt waren. Außerdem führten die Pontifices Archive über die wichtigsten Ereignisse im Staate und Listen mit den Namen der Beamten eines jeden Jahres.

In diesem Priesterkollegium gab es einen Mann, der den Titel Rex sacrorum trug. Sein Amt wurde erst nach der Vertreibung der Könige eingerichtet. Er hatte, von der Verrichtung einzelner Opfer abgesehen, eigentlich keine praktischen Aufgaben, sondern diente mehr repräsentativen Zwecken. Anscheinend fürchtete man, die Götter könnten sich in ihrer Ehre verletzt fühlen, wenn ihnen nach der Beseitigung des Königtums die Opfer nicht mehr von einem König dargebracht wurden. Die Funktion des Rex sacrorum blieb, obwohl sie kaum Bedeutung hatte und gelegentlich gar nicht besetzt war, bis ins 3. Jahrhundert n. Chr. bestehen. Rex sacrorum

Neben den Pontifices gab es etliche andere Vereinigungen von Priestern, die für spezielle gottesdienstliche Handlungen verantwortlich waren.

Die Hauptsache der Kulthandlungen war gewöhnlich das Opfer. Als Opfergaben wurden den Göttern vorwiegend landwirtschaftliche Erzeugnisse dargebracht: Früchte, Wein und Speisen. Vieh war nur bei be- Opfer sonderen Anlässen zu opfern, aber der besonderen Anlässe gab es freilich viele. Die Tiere mußten in tadellosem Zustand sein. Die Götter erhielten männliche, die Göttinnen weibliche Tiere. Für Jupiter war nur der Stier gut genug, und zwar ein weißer; die Gottheiten der Unterwelt wurden dagegen mit schwarzen Tieren befriedigt. Solche Formalitäten mußten genau beachtet werden, sollte nicht der Zorn der Götter über die Menschen kommen.

Namen, Verwandtschaft, Wirkungsfeld und Kennzeichen der wichtigsten griechisch-römischen Götter

Chaos
↓
Uranos + *Gaia oder Ge/Tellus* (mütterliche Erdgöttin mit Füllhorn und Früchten)
↓
Kronos/Saturnus (Herrscher des „Goldenen Zeitalters", später mißdeutet als Chronos, daher: Greis mit Sense und Sanduhr)
↓

Zeus/ Jupiter	*Poseidon/ Neptunus*	*Hades/ Pluto*	*Hera/ Juno*	*Demeter/ Ceres*	*Hestia/ Vesta*
oberster Gott; Blitz, Szepter, Adler	Gott des Meeres, d. Gewässer; Dreizack, Pferd	Gott der Unterwelt, d. Toten; d. Metalle, d. Kornes	oberste Göttin; d. Ehe u. Geburt; Pfau	Göttin d. Getreidebaus	Göttin d. Herdfeuers

↓
Athena/Minerva (Göttin des Handwerks, der Künste u. Wissenschaften, des Krieges; Helm und Lanze; Eule)

Zeus zeugte mit:

1. *Demeter:* *Persephone/Proserpina* (Göttin der Fruchtbarkeit, der Unterwelt)
2. *Hera:* *Hephaistos/Vulcanus* (Gott der Schmiedekunst)
   Ares/Mars (Gott d. Krieges; Vater von *Romulus u. Remus*)
3. *Leto:* *Artemis/Diana* (Göttin der Jagd, der Geburt; Jägerin; Hirschkuh)
   Apollo(n) (Gott des Lichtes, der Kunst, des Orakels; Lyra Schwan; Vater von *Asklepios/Aesculapius* (Heilgott, Stab mit Schlange)
4. *Maia:* *Hermes/Mercurius* (Gott der Händler, Diebe, Reisenden, Götterbote; Hut, Heroldstab, Flügelschuhe)

5. *Dione:* *Aphrodite/Venus* (Göttin der Liebe, der Schönheit; Taube; Mutter des *Aeneas*)

6. *Semele:* *Dionysos/Bacchus* (Gott des Weines, des Theaters; Weinlaub, -traube)

7. *Alkmene:* *Herakles/Hercules* (Löwenfell, Keule)

Rom und das Christentum

Bis weit in die Kaiserzeit hinein blieben die althergebrachte, hellenisierte Religion und ihre Kultordnung bestehen. Freilich war der Glaube der Menschen in den Jahrhunderten von unterschiedlicher Festigkeit, die Treue zu den ererbten Göttern nicht immer gleich.

Das religiöse Gefühl der Römer kannte eine ausgesprochene Weltoffenheit. Mancher Gott, den die Römer bei fremden Völkern antrafen, wurde, wenn er dem Staate Nutzen versprach, in Rom aufgenommen. Das hatte zugleich einen tiefen politischen Sinn: daß in der Hauptstadt jeder seine aus der Heimat vertrauten Gottheiten verehren durfte, diente der Festigung des Imperiums. Voraussetzung für diese Großzügigkeit war freilich, daß Vertreter anderer Glaubensvorstellungen zugleich die althergebrachten Götter der Römer tolerierten, zu denen in der Kaiserzeit auch bald die Herrscher selbst erhoben wurden. Mit diesem Anspruch mußten vor allem die Christen in Konflikt geraten, so daß die Römer sich gegen ihren Gott über viele Generationen hartnäckig wehrten.

Christentum

Das Christentum ist aus der Religion der Juden hervorgegangen, nach deren Lehre ein Messias das Volk Israel erlösen werde. Den Schriften der Evangelien zufolge trat in den ersten Jahrzehnten unserer Zeit Jesus aus Nazareth als wandernder Prediger bei den Judäern Palästinas auf. Viele sahen in ihm den erhofften Messias, aber die judäische Oberschicht, Unruhe und Umsturz fürchtend, ließ ihn um 30 n. Chr. durch die römische Besatzungsmacht beseitigen und am Kreuz hinrichten.

Seine Anhänger verbreiteten seine Lehre durch den Mittelmeerraum und gründeten vielerorts christliche Gemeinden. Die neue Religion fand rasch Freunde, denn die Hoffnung auf die Erlösung und Auferstehung kam den zahlreichen Armen und Sklaven entgegen. Jedoch hat die römische Obrigkeit, da der christliche Messianismus mit der Glaubenslehre der Juden in engster Verbindung stand, im Christentum zunächst eine jüdische Sekte gesehen. So vermischen sich die ersten Auseinandersetzungen zwischen Rom und Christen mit der Unterdrückung von Unruhen, die in jüdischen Gemeinden ausgebrochen waren. Die deutliche Unterscheidung zwischen Juden und Christen wird erst durch die ausgedehnte Missionstätigkeit, besonders der Apostel Paulus und Petrus, provoziert, vor allem, als Petrus sich selbst nach Rom begeben und dort zwischen 63 und 67 n. Chr. eine christliche Gemeinde begründet hatte.

Wie in anderen Kulten so schienen sich auch im Christentum oppositionelle Stimmungen zu äußern, die in Rom ganz besonders wegen der Verweigerung des Kaiserkultes als eine Herausforderung empfunden wurden.

Kein Wunder, daß sich das Kaisertum wie die ganze römische Aristokratie mit blutigen Verfolgungen gegen die neue Lehre zu schützen suchten. Unter Diokletian erreichten die Christenverfolgungen ihre grausamen Höhepunkte. Erst nach Diokletian erkannte Kaiser Konstantin, daß das Christentum zu einer Macht gewachsen war, der sich die Regierung Roms ohne Schaden nicht länger widersetzen durfte. Die vielen christlichen Gemeinden hatten sich zu einer starken Kirchenorganisation zusammengeschlossen. Konstantin erkannte im Jahre 313 n. Chr. das Christentum als gleichberechtigte Religion an und suchte die Kirchenorganisation für seine politischen Absichten einzusetzen. So hielt auch der Christengott Einzug im Römischen Reich.

Dieser aber erhob einen Anspruch, der den alten Göttern fremd war. Die Lehre der Christen ist eine monotheistische Religion, das heißt, sie duldet nur den einen Gott und keinen zweiten an seiner Seite. Jupiter, Mars, Minerva und alle anderen mußten weichen. Ihre Tempel verödeten oder wurden zerstört, viele ihrer Bilder – wertvolle Werke antiker Bildhauerkunst – gingen auf diese Weise zugrunde.

Das Imperium Romanum, obwohl schon längst vom Untergang gezeichnet, doch immer noch eine Weltmacht, erschloß dem Christentum den Weg zur Weltreligion.

Spiele, Zirkus und Amphitheater

Als Romulus den Plan hegte, die Töchter und Frauen der Sabiner zu rauben, ließ er – so erzählt die Sage – dieses Nachbarvolk zu Spielen einladen. Damit bekundet die Überlieferung, daß die Veranstaltung öffentlicher Spiele in Rom ein uralter Brauch war, der sicherlich aus Kulthandlungen im Dienste der Götter entstanden war.

Olympische Spiele

Spiele kannten auch die Griechen. Am berühmtesten waren die Wettkämpfe zu Olympia, die alle vier Jahre zu Ehren des Zeus stattfanden, bis Kaiser Theodosius sie im Jahre 393 n. Chr. verbot.

Allzu leicht werden wir verleitet, den olympischen Gedanken auf das Streben nach sportlichen Höchstleistungen zu beschränken, allenfalls noch die völkerverbindende Idee anzuerkennen. Die Griechen waren sich jedoch des pädagogischen und moralischen Wertes des Sportes zumindest ebenso bewußt wie wir. Freilich empfanden auch sie Freude am Wettkampf. Der körperlichen Ausbildung hatte dieses Volk überhaupt viel Aufmerksamkeit gewidmet. Zahlreiche Meisterwerke der Plastik legen Zeugnis davon ab, welche Bewunderung dem schönen – auch dem durch sportliches Training schönen – Körper galt. Aber die Zeusverehrung in Olympia förderte nicht nur die Körpererziehung, sondern vor allem das, was unsere Zeit als Fairneß zu bezeichnen pflegt. In der Gegenwart ist Fairneß erst durch den Wettkampf zum sittlichen Gesetze des Sportes geworden. Für die Griechen ist das eher umzukehren: der Wettkampf wird geübt um der Gebote der Gerechtigkeit, der Ehrlichkeit und Aufrichtigkeit willen. Die Teilnehmer messen nicht nur die physischen, sondern zugleich die moralischen Kräfte. Der Sport wurde ganz bewußt auch zum Zwecke ethischer Erziehung und sittlichen Handelns betrieben.

Spiele in Rom

In den Spielen der Römer ist kaum etwas von einer solchen sittlichen Zielsetzung zu spüren. Im Gegenteil: je mehr sich die Macht der römischen Sklavenhalterobrigkeit festigte, desto sichtbarer verloren die Spiele ihre ursprünglichen Beziehungen zu bestimmten Götterkulten und dienten mehr und mehr der bloßen Unterhaltung des Volkes. Ja, mit den großen Massenveranstaltungen verband sich ein politischer Zweck. Die Mächtigen täuschten unzählige arme Bürger über ihr soziales Elend hinweg und lenkten sie durch oft recht abgeschmackte Unterhaltung von den Sorgen des täglichen Daseins ab. Während der Bürgerkriege und in der Kaiserzeit verstanden viele Politiker, die Empfänglichkeit der Masse für derartige Veranstaltungen auszunutzen: sie warben durch glanzvolle Spiele um Sympathien und wollten die Stimmung des Volkes in die ihnen genehme Richtung lenken.

Die Zahl der althergebrachten Spiele vergrößerte sich, besonders im letzten Jahrhundert der Republik, ständig. Es gab kaum einen Monat ohne größeres Fest. Zu Anfang der Kaiserzeit waren gut hundert Tage des Jahres mit größeren Feiern gefüllt, zu denen häufig Veranstaltungen im Zirkus oder im Amphitheater gehörten.

Zirkus

Der Zirkus war älter als das Amphitheater. Der Circus Maximus, der sich in einem Tale südwestlich des Mons Palatinus befand, soll der Überlieferung nach schon von Romulus angelegt worden sein. Er war der Ort für Pferde- und Wagenrennen, die auf einer 600 m langen und 200 m breiten Bahn stattfanden. Die Arena wurde in der Längsachse durch eine Mauer in zwei Hälften geteilt. Diese Mauer wurde an den Enden von den Gespannen umfahren. Zu beiden Seiten der Kampfbahn erhoben sich die mehrmals erweiterten Tribünen, die 250 000 Zuschauern Platz boten.

Gladiatorenkämpfe

Das Amphitheater war für Tier- und Gladiatorenkämpfe bestimmt. Es unterschied sich vom griechischen Theaterbau dadurch, daß die Tribünen nicht im Halbrund, sondern auf elliptischem Grundriß errichtet waren. Das erste hölzerne Amphitheater wurde im Jahre 53 v. Chr. erbaut. Gladiatorenkämpfe hatte es allerdings schon früher, mindestens seit 264 v. Chr., bei Bestattungsfeierlichkeiten römischer Adelsfamilien, gegeben. Daß man bis in die Mitte des letzten Jahrhunderts v. Chr. besondere Baulichkeiten dafür nicht als notwendig erachtete, zeigt, daß erst in den Wirren der Bürgerkriege das blutige Schauspiel des Kampfes auf Leben und Tod zu einem abscheulichen Mittel der Massenbeeinflussung wurde.

Den ersten Gladiatorenkampf, dem unzweifelhaft eine politische Absicht zugrunde lag, ließ Gaius Gracchus 122 v. Chr. auf dem Forum veranstalten. Der Volkstribun wollte damit seine Popularität erhöhen.

Die Gladiatoren (sie waren Sklaven, Verurteilte, Berufsfechter) wurden in eigens dafür eingerichteten „Schulen" für die Schaustellung vorbereitet. Jahrelang mußten sie trainieren, mit dem einzigen Ziele, in der Arena zu töten oder selbst getötet zu werden.

Ein Gladiatorenspiel begann mit dem feierlichen Einzug der Kämpfer in die Arena. Vor der Ehrentribüne begrüßten sie den Veranstalter der Spiele. Dem Kaiser erwiesen sie Ehre durch den Ruf: „Ave, Caesar, morituri te salutant – Heil, Kaiser, die Todgeweihten grüßen dich!" Auf ein Zeichen begann der Kampf, den die Masse mit Begeisterung verfolgte.

Ein besiegter Gladiator, der noch am Leben war, durfte durch Erheben des Armes um Gnade bitten. Die Entscheidung über Leben und Tod stand in diesem Falle zwar dem Veranstalter zu, der sich jedoch gewöhnlich nach der Meinung des Publikums richtete. Hielten die Zuschauer den Daumen nach unten, so bedeutete das unwiderruflich das Ende des Besiegten, denn im gleichen Augenblicke tötete der Sieger seinen Gegner. War dem Gefallenen Gnade zuteil geworden, so erwartete ihn der Tod in einem der nächsten Kämpfe.

Die Zahl der in den Wettkämpfen auftretenden Gladiatoren wurde in den letzten Jahrzehnten der Republik immer größer. Trotzdem galt es noch als ein außergewöhnliches Ereignis, als Caesar ein Spiel mit 320 Gladiatoren veranstaltete. Augustus dagegen rühmte sich bereits, insgesamt etwa 10 000 Menschen in die Arena geschickt zu haben.

Tierkämpfe

In der Kaiserzeit wurde der Kampf zwischen Mensch und Tier die besondere Attraktion des Amphitheaters. Schließlich war es langweilig geworden, immer nur Menschen aufeinanderzuhetzen. Deshalb erfand man immer neue Formen der Darbietung. Die Gladiatoren mußten mit verschiedenen Waffen, besonders kräftige und gewandte Kämpfer auch mit bloßen Händen, wilden Tieren gegenübertreten, deren Angriffslust dadurch gesteigert wurde, daß man sie zuvor tagelang in den unterirdischen Räumen des Colosseums ohne Nahrung gelassen hatte.

Manchem mag die Einrichtung dieser Spiele unerklärlich sein. Lebte nicht in Rom eine Gesellschaft, die im Wechsel der Jahrhunderte feinsten Kunstsinn erworben, Freude am Schönen gelernt, Verständnis für Wissenschaft und menschliche Werte gewonnen hatte? Wie konnte im Gegensatz zu solcher Sinnesart eine blutrünstige, jede Menschlichkeit verachtende Gesinnung bestehen? Die Römer strömten zu Zehntausenden ins Amphitheater, um zu sehen, wie sich nach gräßlichem Kampfe Menschen erdolchten, erstachen oder erschlugen. Kaum einen der Zuschauer quälte Mitleid, Grauen oder Zorn.

Massenbeeinflussung durch Spiele

Eben diese Gleichgültigkeit zu erzeugen, gehörte zu den Zielen der Veranstaltung. Ein Staat, der Eroberung und Krieg zum Ziele der Politik erhoben hat, muß seine Bürger an Unmoral und Grausamkeit, Brutalität und Blut gewöhnen. Achtung und Ehrfurcht vor dem Menschen, seiner Würde und seinem Leben sollen erstickt, niedrigste Triebe dagegen gezüchtet werden.

Länder und Völker unter Rom

Über 60 Längengrade hin von Ost nach West und zwischen 30 Breitengraden von Nord nach Süd, die Länder rings um das Mittelmeer, ein Orbis terrarum, ein Orbis Romanus – das war das Imperium Romanum zur Zeit seiner größten Machtentfaltung. Umschlossen von der weiten Wasserwüste des Ozeans, von gewaltigen Strömen, hinter denen sich die undurchdringlichen Wälder Germaniens und die endlos scheinenden Steppen Sarmatiens ausdehnten, umgeben von den Bergen des kleinasiatisch-iranischen Hochlands, den Wüsten Arabiens und Afrikas, vereinigte das römische Weltreich Völkerschaften in sich, die in Sprache und Lebensweise, gesellschaftlichen Zuständen und kulturellen Traditionen sich auf die vielfältigste Weise voneinander unterschieden.

Bereits in Italien hatten den Römern Etrusker, Kelten und Griechen gegenübergestanden. Rom unterwarf die Karthager, wagemutige und geschäftstüchtige Kaufleute und Seefahrer, es unterwarf die Städte Griechenlands, die – Athen vor allen – ihre wirtschaftliche, politische und kulturelle Blütezeit bereits erfahren hatten, während Rom noch als ein unbedeutendes Städtchen am Tiber mit seinen Nachbarn in Latium in nicht enden wollende Kriege verstrickt war, es unterwarf nomadische Völker in Nordafrika und die stolzen Bauern und Hirten der iberischen

Halbinsel, die Kelten in Gallien und auf der britischen Insel, germanische Stämme an Rhein und Donau, die Völkerschaften der „rossenährenden Thrake". Alte griechische Handelsstädte an den Küsten des Ägäischen Meeres und ihre Kolonien am Schwarzen Meer, die Königreiche Kleinasiens, von denen die berühmtesten wohl das von Pergamon und das Pontische Reich des Mithradates Eupator, mit vielen durch Landwirtschaft, Handwerk und Handel blühenden Städten, sie alle gerieten unter römische Herrschaft ebenso wie die Reiche der Seleukiden in Syrien, der Ptolemäer in Ägypten, die kleinen Staatengebilde auf palästinensischem Boden am Rande der arabischen Wüste: hier, in diesen hellenistischen Nachfolgestaaten des letzten der altorientalischen Großreiche, des Perserreiches, hatten griechische Kultur und Sprache bereits über zwei, drei Jahrhunderte gewirkt. Als Beispiel für die lebendige Kraft dieser Hellenisierung sei nur Alexandria genannt, das sich rasch und sehr dauerhaft zu einer in Politik, Wirtschaft, Wissenschaft und Kunst führenden Stadt entwickelte.

Der militärischen Okkupation von Territorien folgte stets bald die militärische Sicherung und die administrative Angliederung als Provincia Romana. Nach strategischen Erwägungen und mit geradezu technischer Perfektion erbaute Straßen, Legionslager, Kastelle, Wachstationen, das jeweilige Territorium wie ein Netz überziehend, banden die eroberten Gebiete fest an die römische Herrschaft. An Rhein und Donau schützte der Limes, am Ende des 1. Jahrhunderts begonnen und in den folgenden Jahrhunderten weiter ausgebaut, ein für damalige Zeiten recht wirksames, natürliche Hindernisse geschickt nutzendes Verteidigungssystem, das provinziale Hinterland. Noch heute folgen Straßen- und Eisenbahnverbindungen der Staaten, die auf dem ehemaligen Provinzialland liegen, dem römischen Straßennetz und führen immer wieder zu Städten und Ortschaften, die einstmals römische Militärstützpunkte waren.

Die Legionslager (stativa castra) lockten bald Handwerker, Händler und allerlei fahrendes Volk an. Einen beträchtlichen Teil der Bauarbeiten bei der Anlage von Straßen, Befestigungswerken, Wasserleitungen verrichteten, wie wir aus Ziegelstempeln und Inschriften wissen, die Legionäre selbst; doch Waffen, Ausrüstungen, Werkzeuge und sonstiges Gerät wurden in speziellen Werkstätten produziert. So schlossen sich allmählich an die Lager zivile Siedlungen mit städtischem Charakter an (dies ist z. B. dank der Ausgrabungen für Acquincum/Budapest nachweisbar). Dabei diente der nach einheitlichem Plan gestaltete Grundriß des militärischen *castrum* als Vorbild für die Stadtanlage: quadratische oder rechteckige Grundfläche, an jeder Seite von einem Tor durchbrochen, die Tore durch rechtwinklig sich schneidende Hauptstraßen verbunden, im Zentrum Forum und repräsentative öffentliche Gebäude. Dieses Schema findet sich überall fast gleichförmig wieder, ob in Timgad (Algerien) oder in Silchester (Britannien) oder in Hissar (Bulgarien), ja sogar der riesige Kaiserpalast, den sich Diokletian am Ende des 3. Jahrhunderts in Spalatum (Split) am Adriatischen Meer bauen ließ, weist diesen *castrum*-Grundriß auf.

Läßt uns Hissar noch erkennen, wie Römerstädte im Grenzgebiet befestigt waren – fast 2,3 km der antiken Stadtmauer samt Toren und Wehrtürmen sind noch recht gut erhalten –, so zeigen Nikopolis ad Istrum (bei Veliko Tirnovo/Bulgarien) oder Acquincum, wie sie im Innern aussahen. Da gab es ein prachtvolles, reich geschmücktes Forum mit Rathaus, Tempeln, Kaufhallen, Wandelgängen, Straßen mit ebenmäßiger Pflasterung und Kanalisation, Theater, Thermen und Wasserleitungen; manche Städte besaßen sogar große Amphitheater und Bauten für Zirkusspiele. Von den Thermenanlagen gewinnt man einen schönen Eindruck in Varna/Bulgarien. Das Bad und die Fußbodenheizung (hypocaustum) brachten die Römer in die Provinzen mit: es gibt dort kaum eine militärische oder zivile Anlage, die solche zivilisatorischen Errungenschaften nicht aufweist. Freilich, nördlich der Alpen waren derartige Anlagen erst dadurch sinnvoll, daß zu Beginn unserer Zeitrechnung der Flachguß von Glas zu Fensterscheiben gelang.

Ein Statthalter der Provinz Pannonia inferior, der spätere Kaiser Hadrian (117–138), war es wohl, der sich den prachtvollen Palast auf der Donauinsel gegenüber Acquincum hatte bauen lassen; einen vielgliedrigen Gebäudekomplex mit Wohn- und Repräsentationsräumen, Bad, Vorratskammern und Werkstätten, Amtstuben und Wachquartieren, mit einem offenen Wandelgang (porticus), der den Ausblick auf die Landschaft genießen ließ. Alle Wohn- und Prunkräume waren durch Hypokausten heizbar, die Fußböden mit Mosaiken, Wände und Decken mit farbigen Malereien und Stukkaturen reich geschmückt.

Jedoch nimmt sich dieser Statthalterpalast bescheiden aus neben den Prachtbauten, die noch in der späteren Kaiserzeit in den Städten entstanden, die als neue Residenzen das altehrwürdige Rom zu übertreffen suchten. Trier, die Colonia Augusta Treverorum, seit etwa 300 Kaiserstadt, erlebte unter Konstantin (306–337) ihre Glanzzeit. 285 ha groß, etwa 80000 Einwohner zählend, war Trier Sitz eines Verwaltungsgebietes, das sich von Schottland bis Spanien, vom Atlantik bis zum Rhein erstreckte. Starke Befestigungen schützten die Stadt. Das unter den römischen Toren wohl auch heute noch eindrucksvollste Werk, die Porta Nigra, vereint in vollendeter Weise Zweckbau und Prunkbau. Noch immer stützt sich die Moselbrücke auf die alten römischen Brückenpfeiler. Gewaltige Speicheranlagen standen einst am Flußhafen, Denkmäler der Literatur und der Bildkunst künden vom lebhaften Schiffsverkehr. In der Stadt dienten zwei Thermenanlagen, wahre Badepaläste, die drittgrößten des ganzen Imperiums, sowie Rennbahn und Amphitheater der Zerstreuung der Einwohner. Der Kaiserpalast besaß einen prunkvollen, mit einer regulierbaren Heißluftheizung ausgestatteten Thronsaal (die sog. Basilika): verschiedenfarbiger Marmor verkleidete die Wände, die geschickte Anordnung der Fenster lenkte unmerklich, doch unwiderstehlich den Blick des Betrachters auf die in Gold und farbigen Glasmosaiken strahlende Apsis, wo der Thron des Kaisers stand.

Baumaterialien wie Stein, Lehm, Holz fand man fast überall vor, die Gewinnung, Verarbeitung und der Transport stellten aber hohe Anforderungen an die technische und organisatorische Leistungsfähigkeit. Marmor mußte jedoch in die nördlichen Provinzen – sofern man sich nicht mit Imitationen begnügen wollte – oft importiert werden.

Überhaupt spielte der Import von Gebrauchsgütern zunächst eine große Rolle: kostbares Tafelgeschirr (Terra sigillata) ließen sich die Offiziere am Niederrhein zu Beginn u. Z. aus Arretium in Etrurien kommen. Aber schon wenige Jahrzehnte später sind die Produktionsstätten von dort über Südgallien an Mosel und Rhein verlagert, und der Export geht nun schon rheinaufwärts und bis in den Donauraum sowie nach Germanien. Die römischen Glasfabriken um Köln und Trier regten durch ihren Export – ähnlich wie im Falle der Keramikproduktion – die Glasherstellung in Pannonien an. Dem Import der Produkte folgte der der Produzenten, und schließlich entstand, waren die Umstände günstig, eine eigene Produktion in den Provinzen.

Der Transport erfolgte zu Lande mit großen von Ochsen gezogenen Lastwagen, auf den Wasserwegen mit Ruder- oder Treidelbooten. Tacitus berichtet von dem Projekt, mittels eines Kanals eine durchgehende Schiffsverbindung zwischen den Mündungen von Rhône und Rhein zu schaffen. Die Wasserkraft wurde auch für Mühlenwerke genutzt: wir kennen Wassermühlen aus der Beschreibung des Vitruvius; bei Arles/Südfrankreich wurde eine Mühlenanlage entdeckt, bei der unter Ausnutzung des natürlichen Geländeabfalls in zwei parallelen Reihen je 32 Mühlen hinter- und untereinander angeordnet waren, so daß das verfügbare Antriebswasser maximal ausgenutzt wurde und an einem Tag ca. 100 Tonnen Getreide vermahlen werden konnten.

Reizvolle Landschaft mit freundlichem Klima und ertragreichem Boden lockte zum Bau von z. T. sehr luxuriösen Villen, die den italischen Grundtypen der Villa urbana und Villa rustica nachgebildet waren. Schlichter waren die Gutshöfe der in den Provinzen angesiedelten Veteranen, der nach 20 bis 25 Dienstjahren aus dem Heere entlassenen Soldaten, die das römische Bürgerrecht und ein Stück Land (seit dem 2. Jahrhundert n. Chr. ca. 15–20 ha) erhielten. Die nach italischem Vorbild geführten landwirtschaftlichen Betriebe förderten die Ausbreitung der Sklavenwirtschaft, später des Kolonats sowie die Verbreitung fortgeschrittener Methoden und Geräte, desgleichen die Einfuhr neuer Kulturen (Wein, Obst, Gemüse) in den Provinzen.

Dank dem Aufschwung der landwirtschaftlichen Produktion konnten sich auch Handwerk, Handel und Städtewesen rasch entfalten. Römische Bürgersiedlungen (coloniae) wurden von den Kaisern begünstigt, denn sie verbreiterten damit die Grundlagen ihrer Macht. Fast immer erwiesen sich die zu Ansehen, Wohlstand und Bürgerrecht gekommenen Veteranen als kaisertreu und loyal. Sie und die Legionen waren Träger des Kaiserkultes und der Verehrung der römischen Götter in den Provinzen. Die einheimischen Götter wurden weiterhin verehrt, nicht selten in römischer Umdeutung (interpretatio Romana). Vor allem die Soldaten der Hilfstruppen waren es, die aus ihrer Heimat die ihnen vertrauten Gottheiten mitbrachten, und so finden wir den iranischen Lichtgott Mithras am Niederrhein, die ägyptische Göttin Isis in Pannonien (in Szombathely, der antiken Colonia Claudia Savaria, wurde ein solches Heiligtum entdeckt und restauriert), die gallische Pferdegöttin Epona in Mösien. Die Vielfalt der Kulte spiegelt die Zusammensetzung der Provinzbevölkerung wider: Aus Inschriften wissen wir, daß z. B. in Acquincum außer italischen Legionären auch Soldaten aus Gallien, Kleinasien, Syrien, Nordafrika und Germanien standen, daß eine gallische Terra-sigillata-Fabrik dort eine Handelsfiliale besaß, daß es in der Stadt eine regelrechte „Kolonie" kölnischer Kaufleute gab.

Das einigende Band stellte, vor allem im westlichen Teil des Imperiums, die lateinische Sprache dar, die in Heer und Verwaltung allgemeine Verkehrssprache war. Davon wich nur der griechischsprachige Osten ab, der auch unter römischer Herrschaft zäh am Griechischen festhielt. Latein als Sprache der Herrschenden wurde von den zum Bürgerrecht gelangten Veteranen und Provinzialen aufgenommen und gepflegt. Verhandlungen vor Gericht, Geschäftsabschlüsse, Urkunden, Verträge, Stiftungs- und Grabinschriften verfaßte man lateinisch, alle Bildung, im Grunde jede offizielle Verlautbarung bediente sich des Lateinischen. Und so wurde es, ohne die einheimischen Sprachen völlig zu verdrängen, zu einer von breiten Kreisen verstandenen und gesprochenen provinzialen Umgangssprache. Wer aber sprach dieses Latein? Wer nahm es auf? Wie wurde es weitergegeben und aufgenommen? Die das Lateinische zuerst in die Provinzen brachten, waren Soldaten, Händler, Handwerker, einfache, wenig gebildete Leute. Die Provinzbewohner sprachen nach, was sie verstanden und wie sie es verstanden. Dabei veränderte sich die (dialektal differenzierte) Umgangssprache, das Vulgärlatein, unaufhörlich. Am Ende dieses Vorgangs standen schließlich, Jahrhunderte später, die romanischen Sprachen.

Die Städte in den Provinzen wurden zu Pflegestätten der Bildung, der Literatur und Kunst. Aus dem oberitalischen Gallien stammen Catull, Vergil, Livius, die beiden Plinii, aus Spanien Seneca, Martial, Lukan, Quintilian, aus Nordafrika Apuleius, Phaedrus aus Nordgriechenland, Ammianus aus Syrien. Nicht nur die wohlerhaltenen Theaterbauten von Arausio/Orange (Frankreich) oder Sabratha (Algerien) und anderswo, sondern auch das Odeion, eine Art Kammermusiksaal, in Nikopolis ad

Istrum oder der Mosaikfußboden aus Oescus/Gigen (Bulgarien), der eine Szene aus der bislang unbekannten Menanderkomödie „Die Achäer“ zeigt, sprechen von der Theaterbegeisterung, vom Kunstsinn der Provinzbewohner. So ist es wohl auch kein Zufall, daß neben sehr vielen wirklich provinziellen Stücken eine Fülle kostbarer Originale der bildenden Kunst in Stein und Bronze und Kopien klassischer Werke zutage kam. (Von der im Original verlorenen Erosstatue des Praxiteles, 4. Jahrhundert v. Chr., fand man in Nikopolis ad Istrum eine sehr schöne, im 2. Jahrhundert n. Chr. gefertigte Kopie.)

Alle Bereiche des Daseins, Produktion und Handel, materielle Kultur und geistiges Leben, die Sprache, wurden von der Romanisation erfaßt, mit unterschiedlicher Tiefe und Intensität, aber mit fortdauernder Wirkung bis auf unsere Zeit. Die Errungenschaften vieler Völker waren in der Zivilisation des Imperium Romanum zusammengeflossen. Rom als die herrschende Macht wurde nun selbst zum Vermittler. Das geschah nicht zufällig, unbewußt, auch nicht aus dem uneigennützigen Wunsch, andere Völker an der eigenen hohen Zivilisation teilnehmen zu lassen. Nur allzu oft war, wie ein namhafter Gelehrter sagte, „schnödester Eigennutz die einzige Triebfeder“.

Die Romanisierung ist mit der Römerherrschaft verbunden. Aber sie wäre niemals so folgenreich geworden ohne die Tätigkeit auch der anderen Völker, ohne die schöpferische Kraft der vielen einfachen, unbekannt gebliebenen, tagtäglich fleißig sich mühenden, arbeitenden Menschen.

Gewalt, Aggression, Eroberung, skrupellose Diplomatie, Krieg – das waren die Mittel, mit denen die herrschenden Schichten Roms ihr Imperium gründeten, Unterdrückung, Versklavung und Ausplünderung und wieder Gewalt und Verführung – das waren die Mittel, mit denen sie ihr Reich zu erhalten suchten. Dazu bedurfte es aber auch all der Dinge, von denen hier die Rede war. Auf weite Teile des Imperiums, auf die Provinzen an Rhein und Donau, auf Westeuropa und Nordafrika wirkte der römische Einfluß durchaus stimulierend. (Für Ägypten, Syrien, Kleinasien, Griechenland, zur Zeit der Eroberung bereits ökonomisch und kulturell hochentwickelte Regionen, traf das so keineswegs zu.) Das Aufblühen der Provinzen in den beiden ersten Jahrhunderten n. Chr., die Entfaltung ihrer produktiven Kräfte lockerte allmählich die Bindungen an Italien und Rom, ließ zentrifugale, ja sogar Zerfallstendenzen wirksam werden, denen dic Staatsmacht mit meist militärischen Mitteln entgegenzuwirken versuchte. Zugleich hatten aber die Provinzen auch über die Reichsgrenzen hinaus bei den „barbarischen“ Völkerschaften ihren Einfluß ausgeübt und zur Entstehung von gesellschaftlichen Verhältnissen beigetragen, unter denen die römischen Provinzen selbst zu lohnenden Objekten für Beutezüge und Eroberungen wurden. Und wieder war Gewalt, militärische und administrative, nötig, um die römische

Herrschaft zu sichern und zu erhalten. Im 3. und 4. Jahrhundert stießen die einander widerstrebenden Tendenzen mit zunehmender Wucht aufeinander, so daß alle Mittel, Niedergang und Verfall aufzuhalten, versagten. Produktion und Handel stockten, der Druck des unproduktiven Militär- und Verwaltungsapparates nahm zu und erzeugte wachsendes Desinteresse in breiten Kreisen, immer wieder aufflammenden Widerstand. Schließlich mußten um 400 immer mehr Gebiete aufgegeben werden, die römischen Truppen zogen sich zurück, die Städte verödeten, die städtische Kultur verfiel. Aber nicht überall und nirgendwo vollständig wich die romanisierte Provinzbevölkerung vor den andringenden „Barbaren". Die vor allem in den westlichen Provinzen verbreiteten, nahezu autarken Grundherrschaften existierten fort, das Handwerk hielt sich, wenn auch nicht mehr für alle seine Zweige die frühere Nachfrage bestand, noch immer in den Städten, und die kirchliche Organisation blieb über die Stürme und Erschütterungen der Völkerwanderungszeit hinweg erhalten. So waren zwar sehr bescheidene, aber doch im ganzen ausreichende Voraussetzungen für das Fortwirken der antiken, der römischen Kultur vorhanden, die von neuen Kräften bald aufgenommen werden sollte.

As (Bronze), Rom, um 230 v. Chr., Januskopf, ca. 270 g

Anhang

Literaturempfehlungen

Nachschlagewerke

J. Irmscher (Hrsg.): Lexikon der Antike. Berlin 1989.

H. Lamer/P. Kroh: Wörterbuch der Antike mit Berücksichtigung ihres Fortwirkens. Stuttgart 1976.

R. Nickel/F. P. Waiblinger: Kleines Lexikon zur römischen Welt. Bamberg 1985.

Der kleine Pauly. Lexikon der Antike. 5 Bde. München 1979.

H. Gärtner: Kleines Lexikon der griechischen und römischen Mythologie. Leipzig 1989.

H. Hunger: Lexikon der griechischen und römischen Mythologie mit Hinweisen auf das Fortwirken antiker Stoffe und Motive in der bildenden Kunst, Literatur und Musik des Abendlandes bis zur Gegenwart. Reinbek 1974.

P. Kroh: Lexikon der antiken Autoren. Stuttgart 1972.

Geschichte (allgemein)

S. Lauffer: Daten der griechischen und römischen Geschichte. München 1987.

H. Krefeld (Hrsg.): Res Romanae. Ein Begleitbuch für die lateinische Lektüre. Frankfurt a. M. 1988.

W. Fietz: Sagen der Römer. Geschichten und Geschichte aus der Frühzeit Roms. Leipzig 1979.

A. Heuss: Römische Geschichte. Braunschweig 1976.

E. Kornemann: Römische Geschichte. Bearbeitet v. H. Bengtson. Stuttgart 1977.

H. Bengtson: Römische Geschichte. Republik und Kaiserzeit bis 284 n. Chr. München 1985.

K. Christ: Die Römer. Eine Einführung in ihre Geschichte und Zivilisation. München 1979.

K. Christ: Geschichte der römischen Kaiserzeit. München 1988.

R. M. Ogilvie: Das frühe Rom und die Etrusker. München 1988.

M. Crawford: Die römische Republik. München 1990.

C. Wells: Das römische Reich. München 1988.

H. D. Stöver: Die Römer. Taktiker der Macht. Eltville a. Rhein 1990.

H. Gesche: Rom. Welteroberer und Weltorganisator. München 1981.

Geschichte (Spezialprobleme)

O.-W. v. Vacano: Die Etrusker in der Welt der Antike. Leipzig 1962.

M. I. Finley: Die antike Wirtschaft. München 1976.

M. I. Finley: Die Sklaverei in der Antike. München 1981.

R. Günther: Der Aufstand des Spartacus. Die großen sozialen Bewegungen der Sklaven und Freien am Ende der römischen Republik. Köln 1980.

H. Drexler: Politische Grundbegriffe der Römer. Darmstadt 1988.

J. Bleicken: Die Verfassung der römischen Republik. Grundlagen und Entwicklung. Paderborn 1978.

J. Bleicken: Verfassungsgeschichte und Sozialgeschichte des römischen Kaiserreichs. 2 Bde. Paderborn 1978.

A. Wilinski: Das römische Recht. Leipzig 1966.

W. Kunkel: Römische Rechtsgeschichte. Weimar 1964.

J. Bleicken: Staat und Recht in der römischen Republik. Wiesbaden 1978.

M. Kaser: Römische Rechtsgeschichte. Göttingen 1967.

D. Liebs: Lateinische Rechtsregeln und Rechtssprichwörter. München 1982.

E. Simon: Die Götter der Römer. München 1990.

A. Wlosok: Rom und die Christen. Zur Auseinandersetzung zwischen Christentum und römischem Staat. Stuttgart 1970.

Bildende Kunst, Technik, Topographie

E. Paul: Antikes Rom. Leipzig 1970.

H. A. Stützer: Das antike Rom – die Stadt der 7 Hügel: Plätze, Monumente, Kunstwerke, Geschichte und Leben im alten Rom. Köln 1985.

F. P. Maulucci: Pompeji. Archäologischer Führer zu den Ausgrabungen von Pompeji mit Rundgängen, Stadtplänen und Rekonstruktionen. Neapel 1987.

L. B. Dal Maso: Das Rom der Cäsaren. Florenz 1974.

H. v. Heintze: Römische Porträts. Darmstadt 1974.

W. Schindler: Römische Kaiser, Herrscherbild und Imperium. Leipzig 1985.

J. G. Landels: Die Technik in der antiken Welt. München 1979.

W. Müller: Architekten in der Welt der Antike. Zürich 1989.

H. A. Stützer: Römische Kunstgeschichte. Freiburg 1979.

Lateinische Literatur

R. Hahn: Lexikon zur lateinischen Literatur. Stuttgart 1990.

L. Bieder: Geschichte der römischen Literatur. 2 Bde. Berlin 1980.

K. Büchner: Die römische Lyrik. Stuttgart 1976.

M. L. Clarke: Die Rhetorik bei den Römern. Göttingen 1968.

O. Seel: Weltdichtung Roms zwischen Hellas und Gegenwart. Berlin 1965.

Lateinische Sprache

B. Snell: Neun Tage Latein. Göttingen 1987.

Eisenhut: Die lateinische Sprache. Darmstadt 1989.

F. Wolff/O. Wittstock: Latein und Griechisch im deutschen Wortschatz. Lehn- und Fremdwörter. Berlin 1990.

G. Drews: Latein für Angeber. Nahezu 1 000 flotte Sprüche und Redewendungen. Augsburg 1990.

Alltag und Unterhaltung

G. Ürögdi: Reise in das alte Rom. Leipzig 1966.

U. E. Paoli: Das Leben im alten Rom. Bern/München 1979.

H. Eschebach: Pompeji. Leipzig 1978.

E. Brödner: Die römischen Thermen und das antike Badewesen. Eine kulturhistorische Betrachtung. Darmstadt 1983.

G. Lukas: Der Sport im alten Rom. Berlin 1982.

C. W. Weber: Panem et Circenses. Massenunterhaltung als Politik im alten Rom. Düsseldorf/Wien 1983.

D. P. Kallistow: Antikes Theater. Leipzig 1974.

Sachgruppenverzeichnis

Gesellschafts- und Staatsverfassungen

Soziale Gruppen und Sozialgeschichte

Recht und Gesetze

Sklaverei

Wirtschaft

Landwirtschaft

Militärwesen

Beziehungen zu anderen Völkern

Provinzen

Zu den Illustrationen

Als Illustrationen für dieses Buch wurden Münzen gewählt, eine Quellengruppe, die für viele Wissenschaftsbereiche wertvoll, ja unentbehrlich ist.

Die Römer haben sich lange primitiver Geldformen bedient: Wörter wie *pecunia* (von *pecus – Vieh*) weisen auf einen alten Wertmaßstab, *aerarium – Schatzhaus* und *pendere – wägen, zahlen* auf ungemünzte Kupferstücke (*aes rude*) von oft beträchtlichen Massedifferenzen (zwischen 2 und über 2 000 g). Dies ist der Fall bei den mit dem Bilde eines Stieres geschmückten Kupferbarren. Gleichzeitig aber wurden nach griechischem Vorbild runde Münzen gegossen, der As zu ca. 320 g und seine Teilstücke. Das Wort für *Münze, nummus*, ist aus einer italogriechischen Dialektvariante zu *nomisma* entlehnt, ebenso der Brauch, die Herkunft der Münze durch das Bild der Stadtgottheit zu kennzeichnen. Seit 230 ist es der doppelköpfige Janus, seit ca. 211 auf in Silber geprägten Denaren (4,5 g; 10 Asse) die ROMA, deren behelmtes Haupt an Athena erinnert; die Rückseite zieren die Dioskuren Castor und Pollux, Zwillingssöhne des Zeus, Nothelfer in der Schlacht und Schützer der Seefahrt. Solche stereotypen Bilder scheinen nach den Punischen Kriegen nicht mehr so bindend, die Münze wird als Propagandamittel von Gruppen und Personen benutzt. Caesar ist übrigens der erste Politiker, der laut Senatsbeschluß (SC = *senatus consulto*) von 44 v. Chr. schon zu Lebzeiten sein Bildnis auf Münzen setzen darf. Sein Gegner, der „Republikaner und Freiheitsheld" Brutus, tut es ihm gleich und setzt auf die Vorderseite ebenfalls sein Bildnis.

Das magistratische Prägerecht nehmen die Kaiser in Anspruch. Sie prägen in Gold und Silber (der Senat in Kupfer) und zeigen stets ihr Bild – damit haben wir eine Porträtgalerie der Herrscher, oft auch ihrer Familie. Bildwahl und Münzaufschrift sind stets wohldurchdacht. Die Rückseitenbilder stellen oft die Siege des Kaisers dar, auch seine innenpolitischen Wohltaten. Das Vorderseitenbildnis zeigt interessante Wandlungen: Augustus ist mitunter ohne Kranz abgebildet, der schlichte *princeps civium*, der er sein wollte, seine Nachfolger später tragen oft den Lorbeerkranz, die Dominatskaiser oft ein Perlendiadem. Die Inschrift trägt nicht nur protokollarischen Charakter mit der sorgfältigen Aufzählung aller Titel, sondern dient vorrangig propagandistischen Zielen: die Titelreihe als Machtsymbol. In den wirren Jahrzehnten des 3. Jh. nehmen Münzen mit Losungen wie CONCORDIA, FIDES MILITUM, VICTORIA auffällig zu, ein auch nur etwas erfolgreicher Herrscher präsentierte sich rasch als RESTITUTOR ORBIS. Geblieben waren die herkömmlichen Münznamen, aber seit Nero hat der Silberdenar, der seit Ende des 2. Jh. v. Chr. 16 Asse galt, nur noch 3,4 g, der Kupferanteil steigt um 200 auf 30 bis 50 Prozent des Metallgehalts. Erst Konstantin stellt das Münzwesen auf eine neue Grundlage, den Goldsolidus, der noch in der Zeit des Byzantinischen Reiches die Hauptmünze bleibt.

(Die Abbildungsmaße entsprechen etwa den Originalmaßen. Formelhafte Münzaufschriften werden nur einmal, beim ersten Vorkommen im Buch, aufgelöst.
Vs. = Vorderseite, Rs. = Rückseite)

DIE ENTWICKLUNG DES RÖMISCHEN REICHES

- Rom 272 v. Chr.
- Erwerbungen Roms bis 201 v. Chr.
- bis 44 v. Chr.
- bis 117 n. Chr.
- vorübergehende Erwerbungen
- Grenze des Römischen Reiches zur Zeit seiner größten Ausdehnung (117 n. Chr.)
- 143 Jahr der Erwerbung
- v. vor Christus
- n. nach Christus
- ⚔ Schlacht
- Grenzbefestigung

ISBN 3-06-561063-9: Das Alte Rom

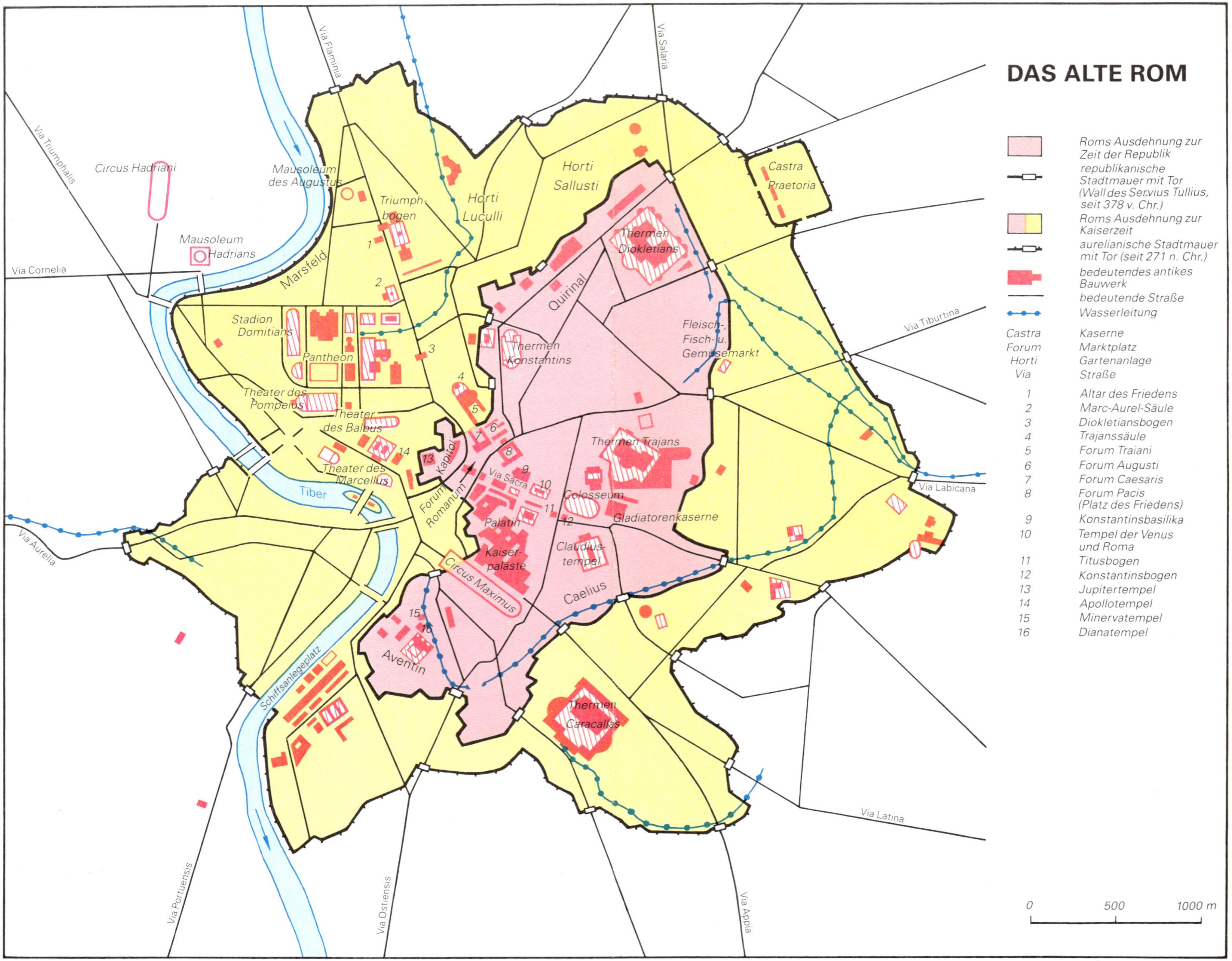
DAS ALTE ROM
Roms Ausdehnung zur Zeit der Republik
republikanische Stadtmauer mit Tor (Wall des Servius Tullius, seit 378 v. Chr.)
Roms Ausdehnung zur Kaiserzeit
aurelianische Stadtmauer mit Tor (seit 271 n. Chr.)
bedeutendes antikes Bauwerk
bedeutende Straße
Wasserleitung
Castra Kaserne
Forum Marktplatz
Horti Gartenanlage
Via Straße
1 Altar des Friedens
2 Marc-Aurel-Säule
3 Diokletiansbogen
4 Trajanssäule
5 Forum Traiani
6 Forum Augusti
7 Forum Caesaris
8 Forum Pacis (Platz des Friedens)
9 Konstantinsbasilika
10 Tempel der Venus und Roma
11 Titusbogen
12 Konstantinsbogen
13 Jupitertempel
14 Apollotempel
15 Minervatempel
16 Dianatempel
0
500
1000 m
Via Flaminia
Via Salaria
Via Triumphalis
Via Cornelia
Via Tiburtina
Via Labicana
Via Aurelia
Via Latina
Via Appia
Via Ostiensis
Via Portuensis
Circus Hadriani
Mausoleum Hadrians
Mausoleum des Augustus
Marsfeld
Triumph-bogen
Horti Luculli
Horti Sallusti
Castra Praetoria
Thermen Diokletians
Quirinal
Fleisch-, Fisch- u. Gemüsemarkt
Thermen Konstantins
Stadion Domitians
Pantheon
Theater des Pompeius
Theater des Balbus
Theater des Marcellus
Tiber
Kapitol
Forum Romanum
Via Sacra
Palatin
Kaiser-paläste
Circus Maximus
Thermen Trajans
Colosseum
Gladiatorenkaserne
Claudius-tempel
Caelius
Aventin
Schiffsanlegeplatz
Thermen Caracallas